跨国公司
治理机制研究

KUAGUO GONGSI ZHILI JIZHI YANJIU

贾 琳／著

知识产权出版社

全国百佳图书出版单位

图书在版编目（CIP）数据

跨国公司治理机制研究／贾琳著．—北京：知识产权出版社，2017.12
ISBN 978－7－5130－5322－8

Ⅰ.①跨… Ⅱ.①贾… Ⅲ.①跨国公司—企业管理—研究 Ⅳ.①F276.7

中国版本图书馆 CIP 数据核字（2017）第 304571 号

责任编辑：彭小华 　　　　　　　　　　责任校对：王　岩
封面设计：SUN 工作室 　　　　　　　　责任印制：孙婷婷

跨国公司治理机制研究

贾　琳　著

出版发行：知识产权出版社 有限责任公司　　网　　址：http：//www.ipph.cn
社　　址：北京市海淀区气象路 50 号院　　　邮　　编：100081
责编电话：010－82000860 转 8115　　　　　责编邮箱：huapxh@ sina.com
发行电话：010－82000860 转 8101/8102　　发行传真：010－82000893/82005070/82000270
印　　刷：北京九州迅驰传媒文化有限公司　经　　销：各大网上书店、新华书店及相关专业书店
开　　本：720mm×1000mm　1/16　　　　　印　　张：17.75
版　　次：2017 年 12 月第 1 版　　　　　　印　　次：2017 年 12 月第 1 次印刷
字　　数：337 千字　　　　　　　　　　　定　　价：68.00 元
ISBN 978－7－5130－5322－8

目录 Contents

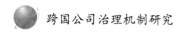

第四编　走向全球管制治理的跨国公司监管机制

第五编　实践篇

导　　言

·····································

一、研究意义

尽管跨国公司的定义还未被普遍接受，但它作为一种不容忽视的力量，已经站在国际政治、经济舞台的中央。[①]根据 2011 年《世界投资报告》，2010 年跨国公司的全球生产带来了约 16 万亿美元的增值，约占全球 GDP 的 1/4。跨国公司外国子公司的产值约占全球 1/10 以上和世界出口额的 1/3。[②] 跨国公司已经潜移默化地改变了全球的投资、生产和经营，改变了当代世界政治和经济的基本结构和运行模式。在其推动下，经济全球化明显进程加快。

然而，越是强大的力量越是需要约束。股东利益最大化是公司的本份，也是公司危险性的根源。跨国公司各组成实体经济上一体性与法律上独立性之间的矛盾，国际税收体系的模棱两可，各国民商事法律的冲突，各国监管理论的不同等诸多因素的叠加，给跨国公司留下了大量的自由空间，使得有效监管跨国公司成为世界性的难题。

实际上，与市场经济相伴而生的监管通常是对经济事件或市场失灵感应的特殊回应[③]。市场的失灵导致监管的必要，尤其是世界经济处于一个"系统性崩溃"的边缘，形

---

① ［美］马丁·柯尔文："跨国公司对世界的统治"，梁洁摘译，载《国外理论动态》2006 年第 5 期。

② 资料来源：UNCTAD，World Investment Report 2011。

③ ［美］丹尼尔·F. 史普博：《管制与市场》，余晖等译，上海三联书店，上海人民出版社 1999 年版，第 15 页。

势的严峻性意味着强有力的监管是正当的①。传统意义上监管者的角色一直是各国政府或国际组织。政府监管本身存在制度失灵的问题，常常是自由市场经济"监管俘获"对象。为了吸引外资，东道国还竞相出台优惠政策，放松监管。各类国际组织的监管权力源于国家的主权让渡，"先天不足"。那么存在一个替代么？如何在跨国公司实力强劲且有着强烈的"去监管"意愿的现实基础上，构建一个合理的机制以加强对跨国公司的监管，进而有助于逆转世界资源不断两极分化的倾向？探索这些问题的答案成为本文写作的初衷。然而，这样一个庞大复杂的研究任务，并不是一本书可以完成的。基于跨国公司的国际生产是以国际投资为核心的，本书拟将研究对象定位于对跨国公司国际投资行为的监管，从分析现行跨国公司投资监管机制的不足为出发点，探讨完善监管跨国公司投资行为的制度设计。

二、研究现状

学术界对跨国公司法律问题的研究至今可分为两个阶段：一是20世纪60年代的早期研究。经济学论著较法学论著多。法学研究涉及跨国公司的基本理论问题，尤其是有关限制性商业行为的论著较多。二是20世纪80年代以来的晚近研究。80年代关于管辖权冲突的理论探讨不少，90年代联合国关于跨国公司的丛书系统研究了跨国公司的法律问题，此后国外又有一些专门的论著出版②。但遗憾的是国内很少有跨国公司的法学论文和专著③，而且大多局限于对跨国公司本身的研究。从跨国公司监管视角对跨国公司问题的法律探讨还停留在研究的初期阶段，局限于介绍跨国公司监管的规则，未能深入其核心。对跨国公司监管机制成因的研究、对现行跨国公司监管规则的梳理和对跨国公司监管趋势等方面的研究尚不够系统和全面。本书试图弥补这一缺憾，从投资监管角度对跨国公司问题进行较为系统的研究。

三、研究方法

学科之间的渗透与交叉是当代科学的发展趋势。本书所论及的跨国公司治理问题既属于国际法学的研究范畴，又涉及经济学、国际关系学的研究领域。因而研究不能仅仅停留在法的规范分析层面，而应深入到"法"的背后探求

---

① ［英］Janet Dine：《公司集团的治理》，黄庭煜译，北京大学出版社2008年版，第224页。

② "跨国公司法律问题研究的历史与现状"，参见李金泽著《跨国公司与法律冲突》，武汉大学出版社2001年版，第1~7页。

③ 余劲松：《跨国公司法律问题专论》；张宇霖编著：《跨国公司法律问题》；李金泽：《跨国公司与法律冲突》；陈东：《跨国公司治理中的责任承担机制》等。

跨国公司发展的内在经济规律、行为模式以及跨国公司与国家之间的合作与竞争关系，从而达到对该问题的深刻认识。所以，本书除了运用法学分析的常规方法——规范分析、历史分析、比较法研究和实证研究之外，还将经济学和国际关系学的分析方法和研究成果作为理论背景和重要论据。

四、基本思路

跨国公司带来了很多经济和社会问题，然而跨国公司特殊的身份使得单独一国政府的力量无法实现对其有效监管，监管必须建立在国际合作基础上。但国际社会对其行为进行多边监管的实体法努力，自巴黎和会提出《外国人待遇协定》以来，迄今为止尚未取得实质性进展。① 传统的强权"自由主义"国际投资法律机制没落了，而发展中国家倡导的 NIEO 国际投资法律机制尚未获得稳定地位，国际投资领域至今没有一套重要的专门调整外国直接投资的国际制度。②

笔者认为现有跨国公司实体治理机制的盲点在于其一直徘徊在二元社会结构框架之内，走不出"山重水复"的泥沼。马克思曾说过："要获得理解人类历史发展过程的钥匙，不应当到被黑格尔描绘成'整栋大厦的栋梁'的国家中去寻找，而应当到黑格尔所轻蔑的'市民社会'中去寻找。"这就要求我们突破二元论的束缚，在三元社会结构内寻找"柳暗花明"的出路。跨国公司治理问题是一项涉及经济、法律、政治和国际关系等多学科领域的课题，需要寻找综合性的治理方法，而建立在市民社会基础上的全球治理理论的提出无疑为其提供了有利的思想武器。

基于这样的思路，本书尝试综合运用经济学、国际关系学和法学的分析方法，在剖析跨国公司的本体问题和跨国公司与利益相关者关系的基础上，梳理现行跨国公司机制，认为"政府和市场的二元监管模式"是现行跨国公司外部治理机制的桎梏。完善的途径之一是建构"政府、市场和市民社会结构"下的跨国公司全球管制治理机制。二是充分重视冲突法机制的作用。最后，尝试运用全球管制治理机制和冲突法方法解决在华跨国公司的监管难题。

本书从结构上可分为 5 部分，共 15 章内容。

第一部分：跨国公司的解构

本部分主要围绕跨国公司的本体问题展开。有效的治理是建立在对治理对

---

① 世界银行：《2005 年世界发展报告》，清华大学出版社 2005 年版，第 185 页。

② 王彦志：《新自由主义国际投资法律机制：兴起、构造和变迁》，法律出版社 2016 年版，第 40 页。

象的全面认识基础上的。因此从不同的视角全面审视跨国公司的特征、国籍和地位等本体性问题，剖析跨国公司的行为模式，就成为有效规制跨国公司的前提。

第二部分：跨国公司与利益相关者的关系

本部分首先分析跨国公司的利益相关者，其次，从政治学、经济学和法学多视角考察跨国公司与利益相关者的关系，重点分析跨国公司与国家之间的关系。最后，探讨跨国公司治理过程中的东道国与母国的管辖权冲突，从而奠定跨国公司监管机制由二元监管走向三元治理的基础。

第三部分：现行跨国公司治理机制及其制度性缺陷

本部分在系统梳理现行跨国公司治理规则的基础上，剖析其存在的缺陷。首先，剖析跨国公司内部治理机制及其缺陷。其次，以不同层面的监管制度为经线，以跨国公司投资的不同阶段为纬线，描绘跨国公司外部投资机制及其缺陷。国内机制无论是东道国监管还是母国监管都存在管辖权的"短板"，单一国家无法实现对跨国公司"全球"经营的有效监管。国际机制无论是双边、区域或多边监管都是国家在跨国公司监管问题上做出的部分"主权让渡"和"妥协"，不可避免地存在"国家中心主义"。此外，现行外部机制的碎片化严重制约了跨国公司的蓬勃发展。冲突机制的薄弱更是跨国公司法制上的重大缺陷。

第四部分：走向全球管制治理的跨国公司监管机制

本部分系统阐述了跨国公司全球治理机制形成的依据、具体模式和实现途径。原有的徘徊在二元结构框架之内的监管机制不能够满足全球化时代对跨国公司外部性问题监管的客观需要，这就要求我们突破二元结构的束缚，在国家、市场、市民社会的三元社会结构内寻找"柳暗花明"的出路——建立跨国公司全球管制治理机制。

全球管制治理没有简单的模式，而是一种不断演进的动态互动决策过程。它由三个层次的治理构成：跨国公司自治、国家中心治理与全球市民社会治理。全球治理强调国家、私人企业、公民社会和地方部门的共同参与。各主体之间不再是监管与被监管的关系，而是合作关系。全球管制治理规则包括法律（国家法和国际法）、政策与关系规则。三者存在互补、替代与转化关系，而国家法仍居中心地位。

第五部分：在华跨国公司监管机制之完善

全球管制治理机制并不是空中楼阁，需要建立在国家实践的基础上。本部分将其运用于中国的实践，探讨如何建立符合中国国情的跨国公司管制治理机制，迎接中国入世后跨国公司在华蓬勃发展的挑战。

第一编

跨国公司之解构

　　跨国公司是科学技术和生产力发展到垄断资本主义阶段的产物，是公司制度发展的高级阶段。时至今日，跨国公司已经将触角伸向了世界各个角落。然而，跨国公司的发展是柄双刃剑，它在环境、人权、劳动等诸多领域都对国际社会的可持续发展产生了一些负面影响，甚至干预东道国的政治和经济生活。如何对跨国公司进行有效的治理，一直是国际社会共同关注的话题。

　　有效的治理是建立在对治理对象全面认识基础之上的。本编首先从经济学、法学和政治学不同视角对跨国公司进行深度扫描。跨国公司的本质特征是"经济内容与法律形式和政治表象之间存在的不一致"。经济内容上，跨国公司表现为一个统一的经济实体。法律形式上，跨国公司各成员依据不同国家的法律组建或在不同国家有住所，是所在国家的国内法人，跨国公司集团不是任何一个国家的法人，也不是具有国际法主体地位。政治表象上跨国公司具有自身的生命力，是能够与"国家主权"相抗衡的"工业主权"。正是这种不一致，使得如何监管跨国公司成为世界性难题。

　　继而，探寻跨国公司的行为模式，作为构筑跨国公司治理机制的基础。跨国公司在一体化国际经营和内部化政治市场的不完全过程中面临三大基本矛盾：国家主权与工业主权的交锋；跨国公司管辖权的冲突；跨国公司集团内部的各实体间以及跨国公司与其他组织之间的利益冲突。跨国公司的国际关联属性，使得跨国公司在面对这三大基本矛盾时产生了复杂的法律关系，衍生出不同的法律行为。跨国公司与东道国的关系，在跨国公司法律关系中居于中心位置。

第 一 章 跨国公司的经济学解构

第一节 全球一体化的统一经济实体

作为一种现代企业的组织形态，跨国公司这个词可谓尽人皆知，但它又是一个从名称就莫衷一是的词语。[①] 跨国公司是里思索尔 1960 年 4 月在卡内基工业大学工业经济学院创立 10 周年纪念会上第一次提出的。随后在西方国家的报刊上经常出现"多国公司""国际公司""宇宙公司""多国企业""全球公司"等的名称。西方学界习惯使用"多国企业"的名称，意指在两个或两个以上国家拥有生产和服务设施的企业。但这一名称与安第斯条约国家共同创办和经营的多国联营公司名称重复。为避免混淆，1974 年由联合国经济社会理事会做出决议统一使用"跨国公司"（Transnational Corporation 缩写为 TNCs），并沿用至今，成为较为通用的称谓。

一、经济学界定的不同标准

尽管跨国公司的名称统一起来了，但对跨国公司定义的解释却众说纷纭。一方面，因为跨国公司一直处于动态发展过程中，互联网时代的来临，使它呈现出日新月异的变化。另一方面，正如经济学家施蒂格勒所言："市场定义

[①] 这个称谓最初见于 1947 年蒂姆伯格 S. Timber《国际联合企业与国家主权》一文。

是人类智慧的黑洞"一样，跨国公司的定义因不同的研究主题，分析对象或场合的需要，可以有不同的解释。

经济学学者用不同的特征和标准来区别跨国公司和国内公司，主要有结构标准、股权标准、管理控制标准、经营业绩标准等莫衷一是①。这些差别反映出不同的分析目的或学术理念。结构标准一般采用"国家分布""生产服务设施""所有权"等作为划分跨国经营与国内经营的尺度。它是确认跨国公司最普遍的标准，最常用的结构变量包括国家分布和所有权。采用国家分布标准的将跨国公司界定为在国外设有营业性子公司、分公司或附属机构的企业。采用所有权标准的认为跨国公司是因所有权为不同国家居民所分散持有的公司，所有权是高度国际分散的。② 经营业绩性标准主要以跨国公司在国外的生产、销售、赢利或资产等绝对或相对数作为标准，但对金额或比率尚无统一认识。例如哈佛大学商学院著名的教授雷蒙德·弗农领导下跨国公司项目研究小组认为，跨国公司是那些在海外 6 个以上国家拥有生产制造子公司、并且拥有子公司 25% 以上股权的国际企业。管理控制标准是指只有那些以全世界为目标，实行全球中心战略的公司才是跨国公司。

二、全球一体化的统一经济实体

经济内容上，跨国公司表现为以本国为基地从事跨国界经营的公司集团，具有全球经营一体化特征，是一个统一的经济实体。跨国公司的全球一体化经营表现为国家界限的国际一体化经营和企业界限的企际一体化经营的融合，而且在国家界限和企业界限的边界处，彰显出跨国公司的"生命力"。跨国公司的经营活动已不像国内公司那样"完全"从属于国家。跨国公司与国家之间出现了平等对话的平台，而且这一平台上的"权力让渡"单向性地由国家流向跨国公司③。

（一）国家界限上的"国际"一体化经营

跨国公司的全球一体化经营首先表现在国家界限层面的国际一体化经营。跨国公司要面对来自母国、东道国和国际社会的三重约束。

---

① 张纪康主编：《跨国公司与直接投资》，复旦大学出版社 2004 年版，第 2～11 页。
② ［美］戴维·K. 艾特曼等：《跨国金融与财务》，贺学会等译，北京大学出版社 2009 年版，第 3 页。
③ 杜文中：《界限经济与市场主体行为》，经济科学出版社 2004 年版，第 2 页。

1. 生产经营的跨国性

跨国公司以本国为基地而从事跨越国界经营之特性，是其区别于一般国内公司的本质特征①。跨国经营是指企业开展的超越一国主权范围的生产经营活动，以企业为主体所实现的超越国界的商品、服务、资本、技术等经济资源的传递和转化过程。②

第一，跨国经营要求组成跨国公司的两个或者两个以上的经营实体必须分处不同国家，在本国以外控制生产和分配，但不要求其组成实体必须具有不同的国籍③。"分处不同国家"是基于"营业地"标准，而非"注册地"标准。跨国公司在国外经营可以采用子公司、分公司、合营企业，非股权安排等多种形式，所以多国籍并不是跨国公司的必要条件。

第二，跨国公司是以母国为基地从事国际化生产的经济组织。无论组成跨国公司实体的各个部分位于几个国家，作为一个整体的公司集团而言，跨国公司必然有一个决策中心（母公司）对其他分支机构保持绝对控制。母子公司的这种非对称关系赋予了母公司在整个跨国公司企业集团中的特殊性，尤其是在跨国公司发展的早期阶段（这一时期跨国公司具有鲜明的科层等级）。因此母公司的国籍常常被等同于跨国公司的国籍。母公司所在国被称为跨国公司的母国，也称为国籍国。跨国公司的母国是跨国公司的（1）公司成长国、（2）权力首要国、（3）总部所在国、（4）公司利润和技术的最大受益国，而且公司的主要所有者和管理者一般持有该国国籍。④

第三，公司生产经营的跨国性使得跨国公司不得不面对不同国家的社会文化、政治法律和经济背景的多样性和冲突，面对比一般国内公司更加复杂的经营环境。如面对一些国内业务经营中通常并不存在的风险，如政治风险、汇率转换的经济风险等。

2. 拥有垄断优势

跨国公司是在国内垄断基础上为进一步垄断国际市场形成的跨国投资企业。与一般国内公司相比，跨国公司尤其是大型跨国公司拥有垄断优势，体现为其具有核心竞争力，这也是当代跨国公司的本质属性⑤。

---

① 联合国跨国公司中心：《再论世界发展中的跨国公司》，商务印书馆 1982 年版，第 218 页。

② 原毅军：《跨国公司发展论》，大连理工大学出版社 1999 年版，第 3 页。

③ 范剑虹编著：《国际投资法导读》，浙江大学出版社 2000 年版，第 89 页。

④ 康荣平："无母国型跨国公司的产生"，载王志乐主编：《静悄悄的革命——从跨国公司走向全球公司》，中国经济出版社 2008 年版，第 73 页。

⑤ 胡峰："传统跨国公司理论及其发展路径"，载《重庆社会科学》2003 年第 1 期。

这些垄断优势包括：（1）技术优势是跨国公司最重要的垄断优势。大型跨国公司拥有极强的科研力量，一流的先进技术，一整套适应现代化生产的先进管理经验，对生产经营活动实行高效率的管理和控制；（2）规模经济优势。跨国公司可以利用国际专业化生产，避免本国和东道国市场对规模经济的限制。跨国公司利用各国生产要素的差异，通过横向一体化取得内部规模经济的优势，通过纵向一体化取得外部规模经济的优势，并使之转化为公司内部的利润；（3）信息优势。跨国公司拥有先进的通讯设备，分支机构遍布世界各地，信息灵通；（4）资金优势。跨国公司具有雄厚的资金实力，公司总部可以在公司内部的各子公司之间灵活调整数额庞大的资金；（5）销售渠道优势。跨国公司有自己独立的销售系统，且与国际包销商有长期而稳定的业务联系，在销售成本和便捷方面占有优势；（6）品牌优势。跨国公司大都历史悠久，品牌深入人心，产品更容易打入国际市场。（7）国家差异优势。除了规模经济和范围经济以外，国家差异也被认为是跨国公司竞争优势的源泉（Bartlett&Ghoshal，1995）。

3. 经营战略的全球化

在制定竞争战略时不再局限于区域或者某个国家的视野，而是从整个公司的利益出发，以全球市场为目标，在全球范围内配置生产、研究、销售以及服务环节，从而最大限度获得高额利润。

4. 管理体制的一体化

为了实现跨国公司的全球战略，它必须以母公司为中心，通过股权控制或者其他非股权控制对分布国外的分支机构和子公司施加"重要影响"，而将其统一为一个整体，实行一体化管理。

各个民族国家的历史和文化传统影响使得跨国公司的组织结构存在系统性差异，有单母国型、双母国型、多母国型跨国公司甚至无母国型跨国公司之分。但这仅仅是"外表"的差异，任何一家跨国公司中的母公司对其他成员公司都拥有高度集中的管理权，都是对跨越国界的经济活动进行控制与协调的战略中心。

5. 业绩评估的复杂性

一般的国内公司是以单一的货币单位来评估业绩，而跨国公司必须合并在多个国家的分支机构的不同货币和计量方式的业务报表。业绩评估具有复杂性。实践中，跨国公司往往利用这一特征，通过转移定价的方式逃避税收。

6. 外部性

跨国公司控制着使资本增值的跨国界活动，并将跨国界的中间产品市场内部化，而这种内部化是需要采取一些非经济手段来实现的。① 这些非经济手段即跨国公司的政治行为就使其具有了一般国内企业缺乏的"外部性"。

（二）企业界限上的"企际"一体化经营

借由跨国公司推动的经济全球化虽然首先表现在国家界限层面，但实质上并非是国家界限上的"国际"一体化，而是基于企业实体的经济界限上的"企际"一体化。只是由于政治上主权国家仍然分割着国际社会，国家界限短期内难以消除，而表现为"国际"一体化。与在国家界限上的表现出的"国际性"相对照，跨国公司在企业界限上具有微观经济体追求自身发展的统一性和一体化特征。

跨国公司的"企际"一体化包括内部一体化和外部一体化。

所谓"内部一体化"体现为处于同一个决策体系下的各经营实体之间分享知识、资源并分担责任的活动。（1）根据一体化的形式不同，内部一体化可以分为纵向、横向和混合型一体化三种。纵向一体化是跨国公司在产供销方面进行扩张，即前后相关产业或生产阶段由市场契约关系转变为企业内部关系的过程。横向一体化是跨国公司在水平方向扩大其主要产品，主要指跨国公司各子公司之间执行相同或相似的职能，其中一方的产出不构成另一方的投入。横向一体化本质上是对原有生产能力的复制，这种复制在很大程度上是跨国公司对外投资地区化的结果。② 混合一体化是指跨国公司"既不像在横向一体化中那样在水平方向扩大其主要产品，也不像纵向一体化那样在产供销方面进行扩张，而是在既不同但又相关的领域进行扩张。③ （2）根据一体化的内容不同，内部一体化可分为内部化经济市场的不完全和内部化政治市场的不完全两种。内部化经济市场的不完全表现为跨国公司全球一体化的经营活动；内部化政治市场的不完全体现在跨国公司应对政府决策者的"政治人"特征。

所谓"外部一体化"主要体现为跨国公司之间全球战略联盟的形成。战略联盟的出现，标志着跨国公司一体化进入了崭新的阶段。战略联盟是在信息网络时代连接市场与企业的中介，是在经济全球化的背景下自然产生的全球"企际"关系，发挥着连锁型"组织化市场"的功能。跨国公司"企际一体化"的发展，最终的结果可能是跨国公司之间形成"全球直接投资组织"，从而构成全球化"新的经济结构"的基础。④

---

① 唐勇：《跨国公司行为的政治维度》，立信会计出版社 1999 年版，第 5 页。
② 《新帕尔格雷夫经济学大辞典》第 1 卷，经济科学出版社 1992 年版，第 963 页。
③ 《新帕尔格雷夫经济学大辞典》第 1 卷，经济科学出版社 1992 年版，第 963 页。
④ 杜文中：《界限经济与市场主体行为》，经济科学出版社 2004 年版，第 239 页。

无论是国家界限下的"国际一体化"经营还是企业界限下的"企际一体化"经营，跨国公司都体现为一种与现代化大生产相适应的新型企业组织形式，是有能力以所有权优势加之内部化优势配置全球资源的世界微观经济主体。①

第二节　跨国公司国籍之去母国化

作为一个法律概念，国籍始自法国大革命。② 但至今，何谓"国籍"以及国籍的适用对象，各国的学者、立法和法院仍有不同的解释。③ 狭义的国籍专指自然人的国籍，"一个人属于某一个国家的国民或公民的法律资格。"④ 只是从 19 世纪开始，随着法人越来越多地参与到国际民商事交往中，大多数国家才承认法人也具有国籍。⑤ 广义的国籍定义认为"国籍是指自然人、法人及其某些财产与一国有特殊关系时，根据国际法原则，该国国内法为行使管辖权赋予的法律联系。可赋予国籍的财产有船舶、航空器和空间物体等"。⑥

一般而言，各国都赋予本国公司和外国公司不同的待遇。相应的行为能力、组织机构及清算也有不同的规定。因而，公司国籍对公司而言非常重要，它决定着公司的归属、人格及相应的权利和义务。另一方面，公司国籍也是确定国家管辖权的先决问题，对国家而言同等重要。

跨国公司在经济上的一体化和法律上的分离化，造就了跨国公司的国籍制度在经济学和法学上的不同影像。经济学意义上，母公司的国籍被等同于跨国公司的国籍。网络时代，公司结构日益深化，母国的特殊性不再明显，无母国型的全球整合企业方兴未艾，跨国公司的国籍属性日益模糊。现代社会，国籍越来越多地成为跨国公司的经营战略。⑦

---

① 杜文中：《界限经济与市场主体行为》，经济科学出版社 2004 年版，第 92 页。

② ［荷］Richard Plender：《国际移民法》，翁里译，中国人民公安大学出版社 2006 年版，第 7 页。

③ 张庆元：《国际私法中的国籍问题研究》，法律出版社 2010 年版，第 14～17 页。

④ 王铁崖：《国际法》，法律出版社 2004 年版，第 121 页。

⑤ 张潇剑：《国际私法学》，北京大学出版社 2000 年版，第 256 页。

⑥ ［韩］柳炳华：《国际法》（上册），朴国哲等译，中国政法大学出版社 1997 年版，第 306 页。

⑦ 张磊："论全球化条件下跨国公司对国籍的持续依赖"，载《大庆师范学院学报》2012 年第 5 期。

一、传统上母国国籍的优越性

经济学意义上，跨国公司是对在一个以上国家的增值财产拥有全部或部分所有权，并进行控制和管理的任何公司①。这种控制和管理是通过一个决策中心（母公司）来完成的。早期的跨国公司具有明显的科层组织结构，母子公司之间的从属关系很强。母公司是整个企业系统的最高决策和管理中心，负责制定整个企业的全局性战略，它对整个公司的各个下属机构拥有高度集中的管理权和决策权。母子公司的这种非对称关系赋予了母公司在整个跨国公司集团中的特殊性，因此母公司的国籍常常被等同于跨国公司的国籍。

母公司所在国被称为跨国公司的母国。母国主要是：（1）公司成长国、（2）权力首要国、（3）总部所在国、（4）公司利润和技术的最大受益国，而且公司的主要所有者和管理者一般持有该国国籍。②

跨国公司母国的形态是多种多样的，历史上曾经出现了单母国型、双母国型、多母国型的跨国公司。目前正向无母国型跨国公司演变。单母国形态是跨国公司最原始的形态，至今仍占统治地位。欧洲还存在着由两个国家的资本来分享公司所有权的双母国型跨国公司。典型代表是英荷壳牌石油公司（1907年由英国壳牌运输贸易公司和荷兰皇家石油公司合并而成）以及联合利华公司（1930年由荷兰人造黄油公司与英国利华兄弟制皂公司合并而成）。公司所有权与管理权由两个以上国家分享则是多母国型跨国公司，典型代表是宜家集团。宜家的主要所有者定居在瑞士，控股的基金会注册在荷兰，高层管理机构分处丹麦、比利时等地，原来的创始国瑞典只剩下少量工厂、一批连锁店和一个二级管理公司。21世纪以来，网络的普及推动了一些跨国公司与母国在经济方面的强对应关系和政治效忠逐渐减弱，成为无母国型的全球性整合企业。典型代表是米塔尔钢铁公司、趋势科技公司、IBM公司。

二、网络时代的去母国化

网络时代，随着全球化水平的提升和全球价值链的发展，跨国公司的国际生产网络不再是以母公司为中心的垂直结构，而是以全球总部、大区总部、国家级总部为结点的扁平系统。分支机构的分散股权和交叉持股使得公司结构日

---

① J. H. Dunning, *Multinational Enterprises and the Global Economy*, Addison Wesley, 1992, pp. 3.

② 康荣平："无母国型跨国公司的产生"，载王志乐主编：《静悄悄的革命——从跨国公司走向全球公司》，中国经济出版社 2008 年版，第 73 页。

益深化。跨国公司在全球范围统一配置资源和从事经营，对母国的附属性越来越小，公司竞争力正在同母国的国家利益相脱离。互联网的虚拟化进一步弱化了总部的重要性。网络时代，跨国公司以及与之相应的投资者国籍正日益模糊，传统的以母国国籍或者总部的位置判定跨国公司国籍的方法正越来越不合时宜。

正如米尔伯格所认为的，"当深度一体化的进程继续发展，企业对某个'母国'的附属性越来越小，而母国的利益变得越来越与跨国公司的竞争力相分离。"因此，考察跨国公司国籍的因素应该更加开放，包括但不限于："1. 公司的大部分资产和雇员配置在哪个或哪些国家？2. 世界各地的分支机构被谁拥有和控制，母公司在哪一国被拥有和控制？3. 在母公司的组织机构中，重要职位人员（如执行官和董事会成员）的国籍如何，在东道国的分支机构中，最高决策者的国籍如何？4. 母公司的法定国籍是什么？5. 在出现突发事件情况下，公司整体向谁寻求外交保护和政治支持？6. 哪一国的政府税收机构，如果愿意的话，有权向公司的全球收入而非其在当地的收入课税？"[①] 具有以上特征的国家可以认定为跨国公司的国籍国。

尽管如此，跨国公司仍然抹不掉它的国家烙印。因为：（1）母国是跨国公司的全球化的重要依托。母国除了运用税收减免、优惠信贷以及投资保障等经济手段扶持本国公司对外投资以外，还经常运用各种政策和外交手段，帮助本国公司在国际竞争中赢得优势。跨国公司遭遇危难之际，母国更是施以援手。2010 年墨西哥湾漏油事件使得 BP 公司在美国成为过街老鼠。针对美国政府的种种制裁措施，英国政府支持 BP 公司的举动证明了母国的意义绝不只是市场份额的大小和利润比重的高低问题。（2）跨国公司的全球经营活动仍受制于母国的国家利益，否则就会受到母国的制裁。（3）母国仍然是跨国公司利润的最大收益者。跨国公司在各个东道国投资经营后的收益均在当地增资或以各种形式汇回了母国。（4）母国仍然是跨国公司的核心利益所在国。跨国公司全球经营的价值链核心仍然集中在母国，尤其是研究与开发更是集中于母国。（5）"母国"仍具有统计学意义。西方权威财经报刊上的各类企业和品牌排名，依然清晰地标明了其国籍属性，而没有将它视为是多个国家的公司。[②]例如众所周知沃尔玛、IBM 属于美国，丰田、索尼是日本公司，诺基亚是芬兰的骄傲。

---

①② 阎志军："经济全球化中跨国公司的国籍属性"，载《国际经济合作》2003 年第 10 期。

第三节　跨国公司经济地位之演进

一、跨国公司发展的历史

企业制度在漫长的演进过程中，分别经历了古典企业、近代企业和现代企业三个阶段。企业具有独立于所有者的法律地位是现代企业区别于古典和近代企业的重要特征。按照产权角度划分，先后有业主制企业、合伙制企业与公司制企业等三种企业形态在不同历史时期占据主导地位。① 跨国公司是现代企业制度高度发展的结果，公司与非公司企业的最重要区别是公司具有独立法律人格。作为当今世界上最重要的企业组织形式，公司的产生和发展经历了漫长历史过程，跨越古代原始公司、近代公司和现代公司三大发展阶段。跨国公司则是公司制度发展的最高级阶段，是科学技术和生产力发展到垄断资本主义阶段的产物。

对公司权力的主要限制——不得购买其他公司股票——曾深深根植于普通法和大陆法的历史传统中。美国内战后，宾夕法尼亚州取消了"公司拥有其他公司股权的禁令"，就像一个不知名的阿拉伯数学家把零引入了数学一样，成就了单一公司形态走向公司集团形态的关键之举。这是"公司演进史上的转折点"②。新泽西州公司法允许"公司享有持有其他公司股权"的权利，更是促使了1897—1903年的美国企业史上的第一次兼并潮，250家具有支配力的大公司形成。经过这次"公司革命"，企业公司，尤其是巨型公司，不仅在美国、而且在世界范围内，起着一种主要的令人不胜吃惊的作用。③ 时至今日，发达国家的公司已经由最初的单一公司形态完成了向关联公司以及公司集团形态的转变。④ 公司集团，尤其是跨国公司已经遍布世界。

正如任何事物的发展轨迹一样，作为现代公司的高级形式，跨国公司的发展也不是一蹴而就的，它是科学技术和生产力发展到垄断资本主义阶段的产物，与国际资本流动密不可分。

---

① 王建文："公司形态的发展路径——历史线索与发展规律的探求"，载《南京大学法律评论》2005年秋季号。

② A. Chandler, *The Visible Hand*: *The Managerial Revolution in American Business*, Harvard Univ Press, 1977, p. 320.

③ ［美］伯纳德·施瓦茨：美国法律史，王军等译，法律出版社2007年版，第292页。

④ 吴越：《企业集团法理研究》，法律出版社2004年版，前言部分。

（一）跨国公司萌芽阶段（19 世纪中期到 1914 年）

19 世纪中期资本输出的主要方式是国际间接投资，但已经开始有了国际直接投资的形式。1890 年到 1914 年，在资本输出总额中，借贷资本和证券投资占的比重很大，而直接在国外建厂生产的投资比重很小。1914 年，真正生产性的私人直接投资在全部私人长期资本输出总额中所占的比重只有 10%。主要资本主义国家对外投资多半集中在自己的殖民势力范围内，属于初级产品领域的纵向投资，而它们彼此之间的资本渗透的横向投资规模不大。①

这一时期的跨国公司的组织结构通常是以贸易为基石的"母国制造 + 国际分销"的结构，采用简单的中心辐射型网络管理。虽然它的海外分支机构所有权是国际性的，但受制于没有现代通讯和运输可利用，其管理在功能和性质上基本上是国家性的，具有全球性观点的管理活动仅限于"财务报告"，相互之间很少合作，因此也称之为"多国国内企业"或"多国当地企业"。②

国别方面，1914 年英国占海外投资存量的一半，德、法、荷兰占了 43%，美国这一时期的份额是 6%。③ 英国作为这一时期最大的资本输出国，在诸如纺织、贸易、船运等领域进行了大量投资。这些投资主要采用的是"独立式公司"方式（free - standing companies）。"独立式公司"是指海外投资是以在英国注册的公司为总部，主要运营资产位于国外并在国外管理的跨国企业。④ 这些公司主要是为了利用伦敦的资本市场作为海外项目的融资手段，因此还算不上是现代意义上的跨国公司。英国进行第一批市场导向型的外国投资即真正意义上的跨国公司出现在 19 世纪 90 年代。这批企业包括肥皂业中的 lever Brothers，棉纱业中的 J&P Coats，轮胎业中的 Dunlop 以及唱片业的 Gramophone Company⑤。与此同时，欧洲大陆的跨国公司也开始出现，但不占重要地位。德国的化工、纺织及电子产品占有优势地位。其他欧洲国家的跨国公司如瑞典的 the Nobel Company，荷兰的 Philips 等也在这一时期发展起来。这期间美国最早的跨国公司也发展起来。美国的 Singer 可以被认为是第一个真正的制造业跨国公司。1867 年 Singer 在英国的格拉斯哥设立工厂，实现了从单纯的出口销售到国际直接投资的转变。日本的跨国公司起步于为本企业集团产品的国际营

---

① 滕维藻 郑伟民："资本国际化与现代国际垄断组织"，载《中国社会科学》1982 年第 2 期。

② ［美］J. C. 伦蒂亚兹：《全球企业管理》，田俊丽 孔维峰译，广西师范大学出版社 2002 年版，第 13 页。

③ ［美］巴利特等：《跨边界管理》，马野青等译，人民邮电出版社 2002 年版，第 40 页。

④ 转引自李金泽：《跨国公司与法律冲突》，武汉大学出版社 2001 年版，第 15 页。

⑤ 余劲松：《跨国公司法律问题专论》，法律出版社 2008 年版，第 6 页。

销服务的跨国贸易会社——综合商社。第一家跨国公司是 1876 年成立的三井公司（Mitsui Bussan）。

（二）跨国公司缓慢发展阶段（1918 年—1939 年）

两次大战期间，国际政治经济秩序不稳定，加之受 20 世纪 30 年代世界性经济危机影响，各国普遍推行贸易保护主义的政策。这些因素导致了这一时期资本输出的速度比较缓慢，国际直接投资不是十分活跃，甚至间接投资比重也有所下降。跨国公司的发展相对平稳，数量增加不多。投资流向仍然以发达国家向发展中国家的纵向直接投资为主。国际投资政治化色彩的逐步消除，使跨国公司真正以"企业"这种经济组织的本来面目在世界范围内正常发展，为以后的繁荣奠定了基础。

国际卡特尔分割市场是这一时期欧洲国家国际直接投资的主要特征之一①。欧洲各主要国家同一国籍的企业之间的联合得以发展，组成康采恩或者托拉斯。国内康采恩又与外国竞争者缔结卡特尔协议，划分市场。如 1929 年，世界上第一家真正的国际股份公司——尤尼列弗公司（Unilever Company）正式宣告成立。它是由 1885 年在英国利物浦成立的 Lever Brother's 公司和荷兰的 Marganire Unie 公司合并而成的。该公司成立后，在世界各地广设产销机构，生机勃勃，左右逢源。国际卡特尔虽然一定程度上阻碍了跨国公司国际生产的一体化，但其参与企业康采恩和托拉斯的海外投资仍在持续增长，表现为海外分支机构数量的增加，只是增长速度比较缓慢。

由于反托拉斯法等原因，美国虽然没有形成托拉斯和康采恩等大型垄断组织，但这一时期美国跨国公司的发展首次超于欧洲老牌资本主义国家，投资领域从一战前的资源行业开始转向制造行业。

（三）跨国公司恢复和发展阶段（1945 年—20 世纪 60 年代末）

"二战"后，国际直接投资规模迅速扩大，跨国公司在全球的分支机构数量也急剧上升。托拉斯和康采恩逐步取代卡特尔在世界市场上处于主导地位。它们的生产过程和生产活动日益跨越国界，具有越来越明显的国际性。这一时期跨国公司的经营仍然局限于单一民族国家的传统界限内，按地区市场组织生产，也可称之为"多地区经营的本地公司"。

国别方面，"二战"的影响使得欧洲跨国公司损失惨重，而美国跨国公司借战争生产和欧洲战后重建之际，占据了支配地位，并凭借其新技术扩大了它们的优势。到 1960 年，美国占据海外投资存量的 49.2%，而先前四个主要欧

---

① 张纪康主编:《跨国公司与直接投资》，复旦大学出版社 2004 年版，第 94 页。

洲国家的总份额滑落到 23.5%①。这一时期，发达国家战后经济增长为跨国公司提供了市场机会，而发展中国家的国有化运动增加了对其投资的政治风险，使得投资流向发展中国家的份额有所下降，由以前总量的 2/3 下降到 2/5。发达国家的投资更多地流向其他发达国家的制造业和服务业等领域。

（四）跨国公司空前发展阶段（20 世纪 60 年代末至今）

1. 跨国公司的新生竞争时代（20 世纪 60 年代末—80 年代）

这一时期，随着欧洲、日本的经济复苏，美国跨国公司独占鳌头的局面结束了。西欧和日本的跨国公司地位上升，发展中国家的跨国公司开始步入世界舞台，使得跨国公司的国别分布呈现新的态势。国际投资流向表现为横向直接投资大规模替代纵向直接投资。随着跨国公司在世界经济中所占比重的不断增加，跨国公司的政治功能显现，"工业产权"开始挑战"国家主权"。同时，伴随着殖民地国家的独立，众多发展中国家为了捍卫经济主权，强化了对跨国的管制，并在国际舞台上要求建立国际经济新秩序。

2. 跨国公司的全球化经营时代（20 世纪 80 年代至今）

20 世纪 80 年代末，世界经济发生了重要的变革。贸易和投资日益自由化。信息技术革命降低了跨国公司运营的成本，促使全世界的技术和商业经营走向标准化的同时，也改变了跨国公司对全球化的理解。跨国公司的国际生产经营活动呈现出与以往明显不同的战略创新。国家边界越来越不能划定企业思想或实践的界限。部分跨国公司，如 IBM、趋势科技等公司进入了一个全球化发展的新阶段——全球整合企业（GIE）阶段。全球整合企业是一种为追求新的目标而改变其战略、管理和经营业务的公司，在全球范围内整合生产和价值交付。②

二、国际经济关系的最主要参与者

跨国公司在国际经济关系中居于核心地位，成为国际经济关系的最主要参与者。经济全球化的微观层面——国际生产主要是通过跨国公司的海外分支机构实现的。2010 年跨国公司的全球生产带来了约 16 万亿美元的增值，约占全球 GDP 的 1/4。跨国公司外国子公司的产值约占全球 1/10 以上和世界出口额

---

① J. Dunning, "Changes in the Level and Structure of International Production: the Last One Hundred Years", in M. Casson （ed.）, The Growth of International Business, George Allen and Unwin, 1983, p. 87.

② ［美］塞缪尔·帕米萨诺："全球整合企业"，载《中国外资》2008 年第 3 期。

的 1/3。① 与此同时，跨国公司及其子公司的数量呈现几何数的增长。20 世纪 60 年代后期，西方跨国公司总数为 7276 家，受其控制的海外子公司和分支机构为 27 300 家，到 70 年代末 80 年代初，跨国公司数量已增至 1 万多家，海外子公司和分支机构为 10 万多家。② 2000 年，跨国公司总数 6 万余家，海外子公司和分支机构增至 82 万家。2008 年，全世界有近 8.2 万家跨国公司，其国外分支机构达 81 万家。③ 2017 世界投资报告显示，2016 年跨国公司海外分支机构的国际生产继续扩大，其销售额和附加值分别增长了 7.4% 和 6.5%，外国分支机构的雇员人数达到 7950 万人。

作为一种新的企业组织形式，它已经潜移默化地改变了全球的投资、生产和经营，改变了当代世界政治和经济的基本结构和运行模式。

---

① 资料来源：UNCTAD, World Investment Report 2011.

② 资料来源：UNCTAD, *World Investment Report* 1997.

③ 资料来源：UNCTAD, *World Investment Report* 2009.

第 二 章 跨国公司的法学解构

第一节 不同国家法人的联合体

一、法学界定的不同标准

与跨国公司在商业领域被充分理解形成鲜明对比的是，法学界对于跨国公司的内涵和外延还没有权威的界定，至今仍未形成准确的概念。

自从 S. Timberg 在其文章《国际联合企业和国家主权》中第一次提到了"多国公司"，此后，各国法学家、学术团体和国际文件从不同的角度对其进行了界定。如有的学者界定跨国公司是"国际经济事务上的一种既有的存在"，"但并没有在国际法或内国法体系中获得特定的地位"；"一家跨国公司通常包含一个公司集团，其每个成员公司依据特定国家的法律而设立，由某种统一的管理和财务控制所联系并追求一体化的战略。"① 英国著名法学家施米托夫认为："多国企业是根据一国法律设立但又在其他国家具有商业利益的公司，无论此项商业利益采取何种形式，如在其他国家设立子公司、或在联合公司中占有股份、或参加经营

---

① American law Institute, Corporate Nationality, Restatement of the Law: The Foreign Relations Law ofthe United States, 1（1986）, Chapter 1. §213, comment f., in S. J. Rubin & D. Wallace, Jr.（ed）, supra, p. 65.

管理，或采用其他的形式。"①

国际文件也从不同角度对其界定。1976 年《OECD Guidelines for Multinational Enterprises》："这些企业通常包括在不同国家里设立的私有、国有或混合所有制的公司或其他实体，这些公司或实体相互联合起来，其中一个或若干个公司或实体可以对其他公司或实体的活动施加重大影响，特别是与其他公司或实体分享知识和资源。在各种多国企业中，各实体相对其他实体的自主程度有很大差异，取决于这种实体之间联系的性质和有关的活动范围。"②《国际法学会》1977 年的定义："凡由位于一国的决策中心和位于一他国以上的营业中心（具有或者不具有法律人格）所组成的企业，应被视为多国企业。"1980 年《United Nations Multilaterally Equitable Principles and Rules for the Control of Restrictive Business Practices》："企业一词系指：从事商业活动的，无论以何种方式创办、控制或拥有的，私营和国营的商号、合伙、有限公司、公司、其他社团、自然人或法人，或他们的任何结合，包括他们的分支机构、子公司、附属公司或直接、间接受他们控制的其他实体。"2003 联合国人权委员会《跨国公司和其他工商企业在人权方面的责任准则》："跨国公司指在不止一个国家中经营的一个经济实体或在两个或两个以上国家经营的一群经济实体——不论其法律形式如何，不论是在本国还是活动所在国，也不论是单独经营还是集体经营。"联合国开发计划署对跨国公司给出了最广泛的定义，即"在两个或更多国家拥有资产的所有企业。"

国际社会之所以尚未能对"跨国公司"给出一个确定的、清楚的概念，究其原因首先是分析视角的不同导致对其内涵和外延的理解不同。③ 其次，跨国公司是一种非常复杂的现象，无法一言以概之。并不是所有在海外从事业务的公司都是跨国公司，认定一企业是否是跨国公司的关键在于该企业是通过一个完全独立的外国公司，还是通过自己完全控制的代表机构或者自己控制的子公司在国外开展业务④；再次，跨国公司的全球性经营活动的种类、范围、性质和介入程度总在动态的变化中，这也加剧了界定跨国公司的难度。已有学者清醒地认识到，跨国公司的结构和行为的变迁带来了跨国公司本身的概念的变

---

① Clive M. Schmitthoff, *Clive M. Schmitthoff's Select Essays on International Trade Law*, Amsterdam: Kluwer Academic Publishers, 1988, p. 3.

② OECD Guidelines for Multinational Enterprises, 21 June 1976, introduction, para. 8.

③ ［美］A. L. 科宾：《科宾论合同》，王卫国等译，中国大百科全书出版社 1997 年版，第 8 页。

④ Ray August：《International Business Law》（third edition），高等教育出版社 2002 年影印版，第 192 页。

化，"只有那种最为综合性和总括性的描述至今还算是有生命力"。

目前，被人们较为普遍接受的一个定义是 1986 年联合国《跨国公司行动守则（草案）》中的案文："本守则中使用的跨国公司一词系指在两国或更多国家之间组成的公营、私营或混合所有制的企业实体，不论此等实体的法律形式和活动领域如何；该企业在一个决策体系下运营，通过一个或一个以上的决策中心使企业内部协调一致的政策和共同的战略得以实现；该企业中各个实体通过所有权或其他方式结合在一起，从而使其中的一个或多个实体得以对其他实体的活动施行有效的影响，特别是与别的实体分享知识、资源和分担责任。"这种"决策中心论"的优势在于为母公司某种情况下承担子公司的债务提供了依据。

二、不同国家成员的联合体

经济上一体化的跨国公司被人为地基于国界而割裂为法律上的受各国国内法约束的成员的联合体。跨国公司在法律上处于一种松散状态。

（一）国籍独立性

"跨国公司是各种单元——公司、分部、子公司和关联企业的总和"。[①] 而这些单元是分别依据两个或两个以上国家的法律组建的，或在两个或者两个以上的国家有住所。与跨国公司在经济学上表现出来的一体化特征不同，在法律意义上，跨国公司虽然也具有一般公司集团的内部关联属性，但这种内部关联属性被国籍分割了，使得跨国公司首先表现出"国籍独立性"特征。

（二）内部关联的国际性

企业集团是一种非单体的复合式企业组织，是一种企业间的经营联合体，不具有独立的法律地位。成员间资本的相互渗透成为企业集团的连结纽带。[②] 非股权安排以及其他事实关联也是公司集团成员间相互关联的表现形式。跨国公司充分体现了企业集团的集合体特征：各实体之间尤其是母公司与其他实体之间表现出持续性和稳定性的内部关联。但跨国公司与一般国内的企业集团的区别在于跨国公司内部关联的国际性。跨国公司每一单元乃由某个特定国家的内国法所创设，这些单元之间无论发生何种关联都必须以跨越不同国家的法律为背景，往往受两个或两个以上国家的法律调整。[③] 而一般的国内企业集团只在一个国家领土范围内从事活动。

---

① P. Muchlinski, *Multinational Enterprises and the Law*, Blackwell Pub, 1995, p. 80.

② 陈爱蓓　李建明："企业集团组织的若干法律问题探讨"，载《法学》2002 年第 11 期。

③ 李金泽：《跨国公司与法律冲突》，武汉大学出版社 2001 年版，第 73 页。

（三）母国为基地

跨国公司是以母国为基地从事跨国经营，不论其实体分布在多少个国家，都受一个机构（母公司）的统一控制和管理。跨国公司母公司的国籍通常被视为跨国公司的国籍。而多国公司是指由多个国家共同出资（或提供条件）、在某国或地区注册成立、从事国际经营活动的国际企业。这种形式的多国企业没有明确的母国。南美洲安第斯条约的国家里，由两个或几个国家共同创办和经营的公司即属此类。

第二节　跨国公司对传统法人国籍制度的挑战

一、跨国公司对传统法人国籍制度的挑战

传统的法人国籍制度表现为法人总是隶属于某一特定的国家及其法律秩序的，法人的国籍表明法人与特定国家之间的固定法律关系。一个法人一个国籍。虽然各国确定法人的标准尚未统一，但每个国家都有自己的确定法人的标准。

而跨国公司与国内公司的区别在于存在复杂的"国籍问题"。[1] 跨国公司每一单元乃由某个特定国家的内国法所创设，这些单元之间无论发生何种关联都必须以跨越不同国家的法律为背景，往往受两个或两个以上国家的法律调整。[2] 平均而言，位于三个司法管辖区的实体拥有同一分支机构。跨国公司这种国际关联特质使得确定法人国籍的传统制度面临严重的挑战：

（一）全球整合企业的出现在一定程度上冲击着法人的国籍属性

传统的法人国籍制度中法人总是隶属于某一特定国家及其法律秩序的。而跨国公司与国内公司最大的不同在于它具有了自己的"生命"和"主张"，与母国的依附关系越来越小。全球整合型企业的出现更是冲击了法人的国籍属性。全球整合企业是一种为追求新的目标而改革其战略、管理和经营业务的公司，在全球范围内整合生产和价值交付[3]。"跨国公司"与"全球整合企业"在物理上的差别最为直观：跨国公司以地理为边界，定义多个遍布全球的、相互平等的业务单元，作为综合实体运营；而全球整合企业作为一个协作实体运

---

① 陈东：《跨国公司治理中的责任承担机制》，厦门大学出版社 2003 年版，第 49 页。
② 李金泽：《跨国公司与法律冲突》，武汉大学出版社 2001 年版，第 73 页。
③ ［美］塞缪尔·帕米萨诺："全球整合企业"，载《中国外资》2008 年第 3 期。

营，并具有多个全球卓越中心，每个中心都拥有独特的定位和专业知识领域。例如，IBM 在上海设置了全球支付中心，在中国深圳设立了采购中心，在吉隆坡设置了财务中心，在马尼拉设立了人力资源中心，在北京和澳大利亚布里斯班有援助中心和客户服务中心，会计中心则在马来西亚。每个月，不论是美国或是日本的 IBM 员工手中的工资单，都是从马来西亚的结算中心分发的。这就像以前我们要自己做菜，在家里自己洗菜、切菜、煮菜，然后才能吃晚饭。现在已经有中央厨房给你做了，所以就不用洗菜，也不能煮饭，要做的是配菜。国家边界越来越不能划定企业思想或实践的界限，也不再是组织结构划分的主要准绳，而"功能"才是。可见，全球整合企业作为当今企业发展的最高级形式，已经脱离了"国籍"的束缚，冲击着传统法人的国籍属性。

（二）国际关联的特质，打破了一个法人一个国籍的传统

传统的法人国籍制度中，一个法人只有一个国籍，或依法人的成立地，或依法人的住所地，或者兼采复合标准。而跨国公司的"表面分离"和"实质一体"的国际关联特质，打破了一个法人只有一个国籍的传统。跨国公司的成员分别依据两个或者两个以上国家的法律组建，或者在两个以上国家有法定住所。跨国公司采用的股权控制、各种契约安排、国际联盟等法律结构，对国籍的认定均有不同程度的影响。[①]

（三）组织结构日趋网络化冲击着传统的确立法人国籍的住所地标准

传统的确定法人国籍的住所地标准认为：法人的住所在哪个国家就应以其为国籍国。法人的管理中心或营业中心为其住所。跨国公司的管理中心或营业中心为母公司（总部）所在地。但是随着企业的经营规模、产品结构和竞争环境的变化，跨国公司组织结构已经超越了初期分权式的海外子公司、早期国际事业部的设立，迈向全球性组织结构之展开[②]。外部市场的全球化和信息技术的发展淡化了跨国公司传统的刚性边界，弱化了母子公司之间中心——附庸的关系。跨国公司正经历着"去殖民化"的组织结构变革。网络化的跨国公司中，母公司从传统的决策中心变为支持性机构，甚至进一步发展为成员之间的联邦制。跨国公司整体相关的战略设计由多个中心共同参与、共同决策。[③]这种全球化下跨国公司管理中心的多元化，冲击着传统的确立法人国籍的住所地标准。

---

①　郭雅菲："互联网环境中跨国公司的国籍认定问题"，载《法制博览》2016 年第 12 期。

②　J. M. Stophford&L. J. Wells, *Managing the Multinational Enterprise：Organization of the Firm and Ownership of the Subsidiaries*, New York：Basic Books Inc, 1972.

③　李波："跨国公司进化的必然之路"，载《中国企业家》2005 年第 5 期。

（四）法人国籍的确定标准日趋灵活化，侵蚀着传统标准的单一性和明确性

虽然国际上对如何确定法人的国籍尚无统一标准，但各国都有一个主要标准（英美法系依注册登记地说，欧洲大陆法系依住所地说），再根据具体情况灵活加以运用。为了实现对跨国公司的管辖权，一些国家采用更为灵活的法人国籍标准。这种灵活化的法人国籍标准直接冲击着传统标准的单一性和明确性。① 如美国《对外关系法第三次重述》指出国内公司或个人对外国公司的控制可以作为类似于国籍的联系，并支持内国对外国子公司的管辖权②。《重述》采用"包含了合理和公正原则的更为广泛的标准"来取代传统原则的"僵硬观念"："（a）行为与调整领域的联系，即行为……对于或在领域内有实质的、直接的和可预见的影响的程度；（b）调整国和业务主要责任人员之间的诸如国籍……或经济活动等联系……；（c）被调整的活动的特征，调整对调整国的重要性，其他国家调整这些活动的范围，以及这种调整被普遍接受的程度；（d）通过调整所保护或伤害的合理期望的存续性；（e）调整对于国际政治、法律或经济体制的重要性；（f）调整与国际体制的传统的协调程度；（g）另一个国家对调整该行为可能具有利益的程度；（h）与另一国的调整发生冲突的可能性。"③ 这种灵活化的法人国籍确定标准直接冲击着传统标准的单一性和明确性。④

二、跨国公司国籍上的"国家烙印"

诚然，全球化时代，跨国公司的母国属性越来越弱，效忠义务日益淡化。但是不依赖特定国家并不等于可以离开所有国家。只要有国家存在，国籍仍然是跨国公司抹不去的烙印，区分跨国公司的国籍仍有其法律上的必要。东道国无一不将国籍划分作为规制外国投资的法律和政策的基础⑤，"尽管公司的业务、股东、债权人、董事和职员可能分散于很多国家，因而公司具有世界性，但为了适用某特定规则，它常不是被明确地看成是内国公司，就是被明确地看成是一个外国公司。"⑥ 此外它还关乎管辖权、国际求偿权和外交保护、条约

---

① 李金泽：《跨国公司与法律冲突》，武汉大学出版社 2001 年版，第 146 页。

② Restatement (Third) of the Foreign Relations Law of the United States §216, 414 (2) (b) §414 comments a and b.

③ Restatement (Third) of the Foreign Relations Law of the United States §403 (2).

④ 李金泽：《跨国公司与法律冲突》，武汉大学出版社 2001 年版，第 146 页。

⑤ P. N. Doremus, w. w. keller, L. W. Pauly&S. Reich, The Myth of GlobalCorporation, Princeton Univ. Press, 1998, p. 9, p. 139.

⑥ See "The Nationality of International Corporations under Civil Law and Treaty", Harvard Law Review, 74 (1961), 1429.

的解释、国内成文法的解释等。首先，公司是法律拟制的人，公司的设立需要国家的认许；其次，国家制定每个企业家和跨国公司必须遵守的规则。再次，公司利益的维护需要国家，尤其是战争和紧急状态情况下。在 ICSID、WTO 或者 NAFTA 的争端解决机制中，虽然公司可以作为一方提出对东道国的诉求，但首先要求公司所在国是缔约国，而且要求公司的国籍持续；最后，公司寻求外交保护时必须具有相应国家的国籍。国籍求偿权和外交保护权的实施依据的法律事实是该国与受损害者之间的国籍联系。[①]

全球化时代跨国公司的国籍并不是消失了，只是很难甄别，而"潜伏"了。国籍选择更多地时候成为跨国公司逐利本能的附属品，是跨国公司的经营战略之一。但无论如何，跨国公司仍是母国经济社会文化的产物，公司的国内根源对公司行为具有决定性作用。[②]

三、法学意义上的跨国公司国籍

法学意义上，跨国公司的各个成员（分公司除外）具有所在国的国籍，作为整体的跨国公司不具有任何一国的国籍。只是在特定情况下（母子公司发生了"人格混同"），则子公司被视为母公司的一部分，子公司的国籍由母公司国籍决定。

跨国公司不同的法律结构使得其成员具有不同的国籍属性。其中，基于股权控制的跨国公司集团是最为常见的法律结构。跨国公司集团成员通常包括子公司、分公司及相对应的母公司或总公司，进而有了母子公司之间和总分公司之间不同的关联关系。

对于母子公司而言，母、子公司具有独立的国籍。母公司的国籍由成立地国家的法律确定。子公司是依据东道国的法律设立的具有独立法人资格的实体。1992 年《罗马尼亚关于调整国际私法法律关系的第 105 号法》第 41 条第 3 款规定："法人的子公司的组织章程适用其本身营业所成立地法律而不取决于建立该公司的法人所适用的法律"。[③] 可见，母子公司国籍的确定应该依据各自成立地的法人属人法加以判定。只是在特定情况下（人格混同）和特定领域内（环境侵权），可以适用"揭开公司面纱"原则或"企业实体"理论，将子公司被视为母公司的分支机构，子公司的国籍由母公司国籍决定，其责任

---

① 杨卫东等："论投资者功能性国籍冲突及其解决"，载《华北电力大学学报（社会科学版）》2008 年第 4 期。

② 张庆伟："美国对英国石油公司漏油事件的管制分析"，载《中共济南市委党校学报》2010 年第 4 期。

③ 于喜富："法人属人法的确定及其适用范围"，载《山东审判》2011 年第 4 期。

也由母公司承担。

对于总分公司而言，只具有总公司一个国籍。分公司是跨国公司在总部（总公司）以外国家设立的分支机构，在东道国登记但是以外国公司的身份进行活动。分公司本身不是独立的法人，是总公司的一部分，因此总公司的国籍就是分公司的国籍，总公司对分公司的行为直接负责任。

可见，跨国公司仅仅是一个经济上的而非法律上的庞然大物。[①]

第三节　跨国公司法律地位之分歧

如何界定跨国公司的法律地位已成为一个世界性的法律难题，是将跨国公司视作独立且自治的单个实体之组合，还是将其看作是单一的整体经济单元？[②]

一、国内法地位之争

法律地位即法律上的人格，是法律主体享有权利承担义务的资格。著名国际法学者 M·阿库斯特将其表述为"当法学家们说一个实体是法律人格者，或它是法律的主体时，他们的意思是指它具有创设法律关系和负有法律上的权利义务的资格。[③]"由此，跨国公司是否具有法律主体地位的判断标准，并且是唯一的判断标准就是法律是否直接赋予其权利和课以义务[④]。

就跨国公司本身的国内法地位而言，法学界有肯定说和否定说之争。肯定说认为：（1）某些国家的法律赋予了企业集团法律主体地位，而跨国公司是企业集团的跨国形式，因而其国内法实体地位亦不可否认。例如德国、巴西、葡萄牙等国相继制定了企业集团法来规范企业关联现象。尤其是德国的股份法明确承认了一定条件下支配企业在康采恩中的统一管理权，被视为德国承认企业集团法律主体地位的标志。（2）法律主体资格就是意志资格，即实践或形成自己意志的资格。[⑤] 法律主体的基本要素之一就是具有独立的意志。集合体的意志独立要求集合体具有独立于其成员意志的集合体的"共同意志"。虽然跨国公司的成员众多，但子公司、分公司的意志要受母公司控制，服从跨国公司的整体利

①　程蕊："论跨国公司在国际法律关系中的地位"，载《山东电大学报》2006 年第 4 期。

②　顾昕："浅谈跨国公司的法律地位"，载《江苏经济报》2011 年 9 月 14 日，法治观察版。

③　[英] M·阿库斯特：《现代国际法概论》，汪瑄、朱奇武等译，中国社会科学出版社1983 年版，第 80 页。

④　于文婕："论跨国公司之法律主体地位"，载《河北法学》2009 年第 3 期。

⑤　李锡鹤："论作为主体资格的人格"，载《思想战线》2005 年第 3 期。

益。跨国公司具有独立其成员的、统一的集团意志，因此是国内法主体。

否定说认为跨国公司各实体具有共同的商业目的、中央控制和内部资源共享的特征，使得跨国公司在更多的意义上是一个经济实体，而非法律实体。理由如下：（1）跨国公司的各成员（不包括分公司）都是依据某一特定国家国内法成立的。但成员的国内法的资格并不当然意味着集合体的主体资格。主体资格只能由国内法赋予，跨国公司没有也不可能仅依据一个国家的法律而成立，作为整体它不具有特定国家的国内法律主体资格。（2）一般而言，跨国公司行为所产生的法律责任是由每一个成员来承担的，跨国公司并不以自己的名义承担法律义务或者享有权利。以全球快餐业霸主麦当劳为例，麦当劳的总部在美国。它在全球拥有超过 31 万家连锁店。这些连锁店都是依据东道国法律成立的合资（或独资）公司。在中国，除了一个麦当劳（中国）有限公司（注册地在香港）之外，还有广东三元麦当劳和北京三元麦当劳两个合资公司。各合资公司以自己的名义从事各类经营活动，并独立承担责任。（3）任何一个国家的法律都无法直接规范跨国公司所有成员的具体行为。依据有限责任原则，即使是母国的法律，也只能约束母公司的行为，无法直接规制子公司的行为。

笔者认同否定说的观点，认为跨国公司经济上的一体性并未反映在法律上。跨国公司在法律上处于一种松散状态，各成员分别是相应国家的法律主体，而跨国公司本身只是若干不同国家的国内公司（企业）的集合体，不是国内法主体。虽然母公司及各个组成部分分别在某个具体国家注册，但作为整体的企业集团，跨国公司不是任何一国的法人，而处于民族国家的法律管辖之外。[①] 因为：（1）"企业集团"在国内法上主体地位的缺失。即使是在开企业集团法律规制先河的德国，法律使用关联企业的概念仅是出于立法技术的考虑，本身不产生独立的法律后果。《德国股份法》第 15 条规定了关联企业的问题，但"关联企业"是一个集合概念，不是实体法上的某一具体的企业群体。[②] 不能因此证明德国认可了企业集团的国内法律主体地位。（2）跨国公司缺乏法律意义上的集团意志。团体人格的本质是团体的为社会允许存在的旨在建立民事关系的单个意志。[③] 跨国公司各成员是不同国家的国内法主体，虽然母公司的意志在某种情况下有可能影响子公司的决策，但就其集团本身而言，尚不具有独立的法律意义上的集团意志，无法以集团的名义独立承担法律责任。

---

① 韩朝东："论跨国公司的权力性质及其对世界政治的影响"，载《世界经济与政治》1996年第 11 期。

② 吴越：《企业集团法理研究》，法律出版社 2004 年版，第 5 页。

③ 李锡鹤："论法人的本质"，载《法学》1994 年第 2 期。

二、国际法地位之争

国际法主体是指能够独立地参加国际关系，直接在国际法上享受权利和承担义务，并具有国际求偿能力者。① 国际法主体应具备的三个要件是独立参加国际关系的能力、直接承受国际权利和义务的能力以及独立进行国际求偿的能力。判断跨国公司是否具有国际法主体地位同样取决于其是否具有这种能力。

学界对于跨国公司的国际法律地位。主要有肯定说和否定说。肯定说认为应该肯定跨国公司的国际法主体身份，理由如下：（1）跨国公司具有独立参加国际关系的能力。20 世纪末，传统的政治性国际关系正在被现代的综合性国际关系所取代。作为经济全球化的推动力，跨国公司对世界经济和政治有着重要影响，其直接参与国际关系的现实和能力毋庸置疑。跨国公司、其他大型企业以及非政府组织正逐渐地参与到国际法律事务之中。② （2）在某些国际司法实践中，已出现个人和法人直接承担国际权利和义务的现象。例如欧共同体制定的法律直接为共同体内的自然人和法人创设了权利和义务，从而直接适用于跨国公司。③ 2003 年联合国《跨国公司和其他工商业企业在人权方面的责任准则》更是直接对跨国公司课以保护人权、劳动、消费者、环境等义务。（3）某些条约为个人和法人创设了独立求偿的能力。例如：NAFTA 和《ECT》创设了投资者和国家争议解决程序赋予投资者直接提起对国家争议解决程序的权利；《联合国海洋法公约》规定法人可以成为国际海洋法法庭海底争端分庭的当事人。④ 这些规定显示了个人和公司在国际法的某些领域已经具有了一定的国际求偿能力。⑤ （4）国家契约中跨国公司可以成为除国家外另一方主体，从而认定跨国公司具有国际法主体资格。⑥

否定说认为跨国公司还不是国际法上的主体。理由如下：（1）认定标准的不统一。跨国公司的众多定义显示目前国际社会对于何谓跨国公司并未统

---

① 王铁崖主编：《国际法》，法律出版社 1995 年版，第 64 页。

② ［英］诺塞琳·希金斯："变迁的国际体制中之国际法"，载《外国法译评》2000 年第 3 期。

③ 吕国平："论欧洲共同体法的直接适用性和直接适用原则"，载《外国法译评》1994 年第 1 期。

④ 《国际海洋法法庭规约》第 37 条规定：国际海洋法法庭海底争端分庭应对各缔约国、管理局和第Ⅺ部分第 5 节所指的实体开放（作为合同当事各方的缔约国、管理局或企业部、国营企业以及自然人或法人）。

⑤ 马骧聪编译："国际生态仲裁和调解法院"，载《外国法译评》1996 年第 4 期。

⑥ 国家契约的性质目前还有争议，有的学者认为属于国内法范畴，有的学者认为属于国际法范畴。

一，这直接导致其主体资格的不确定。（2）跨国公司的各个成员分别具有所在国的国籍，需要服从其所在国的管辖。基于这种国家管辖产生的后果是跨国公司没有根据自己的意志独立参加国际关系的能力。（3）现有国际条约对跨国公司的规制都是由国家来直接承担责任，跨国公司只是间接承担者。只有当国际条约转化为国内法时，跨国公司才能享有和承担该国际条约上规定的权利和义务，跨国公司无法独立承担国际法上的权利和义务。（4）虽然在国际法的某些领域个人或者法人具有特定的国际求偿能力（出诉权），但这种出诉权都是在相关国家授权或者首先承担了诉讼权利和义务的前提下，个人或法人才享有的间接权利。例如 ICSID 赋予另一缔约国国民（投资者）将其与东道国的投资争端提交中心管辖的权利，但投资者享有这项权利的前提是投资者母国是 ICSID 的成员。投资者的这一权利是投资者母国赋予投资者的。而且投资者在东道国通过注册成为东道国一个法人的地位并未发生本质变化。在绝大多数情况下，该法人仍受东道国管辖，ICSID 只是在特定条件下通过有限的国际解决来对投资者的利益提供保护。（5）目前并不存在国际公司法之类的法律，跨国公司仍是国内法而非国际法的产物。[1] 跨国公司的各个成员（子公司、分公司、避税基地公司）分别依各国的国内法创设并受其相应规制。与之相应，作为一个整体的跨国公司在不同国家界限内受到不同的法律对待，享有和承担不同的权利和义务。跨国公司作为一个整体既不可能成为单一国家的法人，也无法成为国际法的主体。（6）跨国公司的活动的确对于国际秩序产生重大影响，但政治影响并不能在逻辑上或事实上支持其获得法律地位。由于跨国公司组成部分的分散性和广泛性，在可以预见的未来，国际社会无法将跨国公司作为一个整体进行有效的技术性约束。[2] 跨国公司经济上的内部化和法律上的外部化使得各国只能对跨国公司的组成部分进行个别地规制和加强整体地国际协调。

目前，跨国公司还不是国际法主体。但随着国际法的人本化的发展趋势，依据国际法直接追究跨国公司社会责任的可能性正在加大。[3] 既然个人在当今国际法实践当中直接享受权利和承担义务或责任，独立参与国际关系的事例屡见不鲜，而且有继续扩大的趋势，[4]那么未来跨国公司成为国际法上的主体，独立承担责任的可能性也逐渐增多。

---

① 康卫东："浅论跨国公司的法律地位"，载《深圳大学学报（人文社会科学版）》1990 年第 2 期。

② 程蕊："论跨国公司在国际法律关系中的地位"，载《山东电大学报》2006 年第 4 期。

③ 刘笋："国际法的人本化趋势与国际投资法的改革"，载《法学研究》2011 年第 4 期。

④ 李伯军："对个人作为国际法主体问题的重新认识"，载《河北法学》2004 年第 5 期。

第三章 跨国公司的政治学解构

第一节 新兴的工业主权

从产生伊始，跨国公司就要面对变化莫测的世界市场环境。世界市场的不完全性使得其不可避免地介入了国际政治生活，从一个单纯的经济实体，演变成国际政治中具有相当行为能力的独立政治行为体。从国际政治学的视角看，跨国公司可以理解为：直接拥有或控制着虽然没有完全受控于母公司的决策但必须对之回应的海外子公司的大型工商企业，母公司决策的影响范围并不与国界吻合。[①]

一、新兴的工业主权

传统上，主权是国家的专属权力。但跨国公司使主权国家陷入困境，主要表现为国家的经济权力被削弱、税收权力被侵蚀、再分配的能力大大降低。[②] 实际上，主权是决定产权、解决纠纷和监控绩效的集体权力（Dugger，1993）。跨国公司在跨国经营中凝聚了强大的组织力量，一旦形成其治理结构，就与国家权力非常类似，可以被称之为"工业主权"或"公司国家"。公司即国家，国家即公司。国家

[①] 范菊华："跨国公司在国际关系中的作用"，载《现代国际关系》1999 年第 12 期。

[②] 孙辉、江乃兵："如何看待跨国公司与民族国家权力的消长"，载《国际论坛》2003 年第 5 期。

在公共议题上的相对自主性已然让位于大公司的利益诉求①。

　　这里用工业主权来概括跨国公司在其发展过程中所凝聚起来的强大经济力量以及由此衍生出的巨大权力。② 但这并不意味着工业主权将完全替代国家主权乃至各国主权的事务，而只是说明跨国公司确实拥有着不可小视的有组织的力量，并以此影响其所处社会（社区）的公共行为，影响国家的政治行为，进而侵蚀国家主权。③ 跨国公司对政治生活产生的影响将会长期存在，而且随着时代的变迁而发生变化，表现出动态性的特征。④

二、工业主权对国家主权的挑战

　　"跨国公司是一种潜在的、强有力的政治力量，它可能、有时确实想方设法地对一国的法律和政治政策施加影响，而且它对一国的政治环境确实影响很大。"（J. E. 斯贝茹）。这种政治影响体现在国内和国际两个层面：（1）国内层面体现为跨国公司直接或间接地扮演着国家政策的决策者或影响者的角色。⑤ 跨国公司进入东道国经营，必须遵守当地的法律。如果它发现某项东道国法律对其不利，它可以通过直接谈判等方式要求东道国改变政策，或者用脚投票从东道国撤资。当母国政策影响其全球经营时，跨国公司也会采用政治游说等方式施加影响。（2）跨国公司对国际政治的影响，首先表现在被它们联系着的东道国与母国政治关系深受跨国公司的制约，其次表现为以民族国家为核心的国际政治体系受到了跨国公司的猛烈冲击。⑥ ①跨国公司在全球经营过程中面临着许多国际政治风险，其中之一就是与其业务相关的国家之间（母国和东道国之间）的政治经济关系。一方面，正是由于跨国公司组织体系的扩张才形成了发达国家对发展中国家的政治——经济强权地位。另一方面，为了保证自身利益不受损害和经营目标的顺利实现，跨国公司必须对两国关系施加重要影响。②在当今国际政治舞台上，经济全球化使跨国公司获得了越来越多的话语权，尽管它们尚不能对国际政治变革发生决定性的影响，但却是诱致这种变革的重要变量。跨国公司法人权力的扩张，正日益形成某种"非国家主体或超国家实体"。它们在国际政治生活中的作用不仅反映了国家间联系的

---

① 吴晓波："世界正被商业力量操控"，《中国经济周刊》2007年3月21日。
② 范春辉："跨国公司政治学分析的理论维度"，载《公共管理高层论坛》第4辑。
③ 姜岩："跨国公司行为与政府规制析论"，载《财经问题研究》2001年第3期。
④ 范春辉："跨国公司政治学分析的理论维度"，载《公共管理高层论坛》第4辑。
⑤ 唐勇："客大会不会欺店"，载《瞭望新闻周刊》2000年第16期。
⑥ 韩朝东："论跨国公司的权力性质及其对世界政治的影响"，载《世界经济与政治》1996年第11期。

多样性和复杂性，而且也反映出在新的国际政治格局中权力对抗的多元性。苏珊·斯特兰奇就曾指出，由于全球政治经济结构变革，外交表现为三维特性，即国家政府间、公司间、政府与公司间三个方面。[①]

　　跨国公司的工业主权与国家主权之间的确存在此消彼长的趋势。但对于不同类型国家而言，跨国公司的影响是迥异的。[②] 1. 跨国公司与发达国家：权力互为推动。经济全球化是一场以发达国家为主导，跨国公司为主要动力的世界范围内的的产业结构调整。[③] 跨国公司的发展不但没有削弱发达国家税收收入和社会支出实力反而增强了其国家实力，两者的关系很大程度是耦合的。2. 跨国公司与发展中国家：情况比较复杂。对于新兴工业化国家而言，跨国公司带动了其经济实力增长，但一定程度也侵蚀了新兴工业化国家的经济主权；跨国公司与社会转型国家基本上实现了利益的互动；边缘化国家的国家一般很少有跨国公司进行投资，其主权的削弱更多归因于自身体制和政府管理能力问题。

第二节　跨国公司政治地位之演进

　　跨国公司的崛起代表了当代世界政治经济关系的基础性变革。这种基础性变革改变了国家与市场的状态，也改变了国家与跨国公司的关系。[④] 跨国公司的"工业主权"挑战"国家主权"是当今世界的显著特征。[⑤] 产生之初，跨国公司是国家扩张的政策工具，母国为跨国公司的海外扩张保驾护航。随着实力的增长，它越来越要挣脱国家的束缚，大型跨国公司基于雄厚财力为基础的企业家权威正在以财产权的形式挑战传统的国家政治权威。

一、天生的政治动物

　　借用马克思的话说，跨国公司自产生之日起，血管里就流淌着利益的欲望和权力的梦想，它们天生就是一群政治动物。[⑥] 因为垄断所确立的经济权力必

---

　　① Susan Strange, " States, firms and diplomacy". International Affairs 68：1 (1992).

　　② 孙辉、汇乃兵："如何看待跨国公司与民族国家权力的消长"载《国际论坛》2003 年第 5 期。

　　③ 国际货币基金组织：《世界经济展望》，中国金融出版社 1997 年版，第 2 页。

　　④ 宋新宁、陈岳：《国际政治学概论》，中国人民大学出版社 2001 年版，第 225 页。

　　⑤ 唐勇著：《跨国公司行为的政治维度》，立信会计出版社 1999 年版，第 45 页。

　　⑥ 范春辉："跨国公司的政治逻辑"，载《文化纵横》2011 年第 1 期。

然会超越自由市场的边界，转化为政治权力。跨国公司在当代国际关系中正在成为一支独立的政治力量。① 正如罗伯特·吉尔平所说的"跨国公司因为掌握了世界投资资本、技术和全球市场份额的大部分，所以这些公司不仅在国际经济中唱主角，而且在国际政治中也是不可或缺的角色"。②

二、跨国公司政治权力演进的逻辑

从经济利益出发，维护经济权利，并借助垄断优势获取经济权力，借助利益表达谋取政治影响力和政治权力，依托法人治理结构和法人权力形塑利益实现的组织基础和制度结构，这是跨国公司内在政治健乏济关系互动与融合的基本脉络和行为轨迹。③

跨国公司是经济上的庞然大物，具有富可敌国的经济力量。跨国公司的这种经济力量又使得跨国公司成为一种"超越民族国家"的资本形态或者说"超国家实体"。正如美国政治学家里普森（Leslie Lipson）所言"商业自身的扩展开始带来权力——所有意义上的权力：财富的汇集、对人民的控制、社会影响力的分配，当然首要的还是对国家的管理。"但工业主权的扩张又受到国家主权的约束，面临很多不确定性和外部性。所以，谋求与政治权威的协商与合作，通过利益表达参与政治过程巩固经济权力，并借以提升自身经济权力的合法性，就成为跨国公司在既定制度结构中维护经济利益的最为有效和便捷的途径。④跨国公司的政治权力是通过利益表达来实现的。跨国公司法人权力的扩张又在很大程度上扩展了这种政治权力的组织基础和制度结构。

三、跨国公司的政治形态

跨国公司在参与政治过程、实现政治利益的过程中必然表现出特定的政治形态。跨国公司的政治形态是跨国公司在社会交往中形成的各种政治关系和结构体系的组织化表现形式。又因政治利益和经济利益的相互关系不同，体现为积极型、动员型、冷漠型和厌倦型四种不同的政治形态。⑤

积极型跨国公司体现为经济利益和政治利益正相关，通常主动参与政治过程。动员型跨国公司会以暂时的经济利益损失为代价来获取政治利益的，通常

---

① John M. Stopford and Susan Strange, with John S. Henley: Rival States, Rival Firms: Competition for World Market Shares, New York: Cambridge University Press, 1991.

② ［美］罗伯特·吉尔平：《全球资本主义的挑战》，杨宇光、杨炯译，上海人民出版社2001年版，第22页。

③④⑤ 范春辉："跨国公司的政治形态探析"，载《江苏行政学院学报》2012年第5期。

会与政治权威立场一致，成为政治号令及公共政策的响应者和支持者。冷漠型跨国公司的政治活动不仅不会带来经济收益，反而会造成经济利益的损失，因此不会主动参与政治过程。厌倦型跨国公司政治利益和经济利益都为负值。突发的政治事件不能使其获得任何政治和经济收益，反而会导致利益损失，跨国公司会采取退出市场的方式改变自己的不利地位。

第四章 跨国公司的行为模式

作为多维的跨国经济行为体，跨国公司的行为模式非常复杂。作为一个经济体，它必然从事维持经济体运转的一般经营行为，又因企业边界的扩展而延伸为跨国经营行为；国际一体化经营过程中政府决策者的"经济人"特征和政治市场的不完全引发了跨国公司的政治行为；无论是经济行为还是政治行为，一旦它产生、变更或者消灭一项国际经济法所调整的社会关系时，它就变成了一项国际经济法律行为①。

第一节　跨国公司的经济行为

一、跨国公司的一体化国际经营

当今世界的政治经济关系，相互依存性更加紧密，产品、服务以及资本市场都呈现全球化的态势。这种经济全球化既体现在宏观层面国家间的区域一体化和全球一体化又体现为微观层面跨国公司主导的一体化国际经营。

（一）跨国公司的一体化国际经营

跨国公司的一体化国际经营（跨国公司国际生产体系）

---

① 车丕照：《国际经济法》，中国法律出版社 2008 年版，第 38 页。

是企业内部分工在国际范围内的再现，是跨国公司控制下国际价值增值活动的区位安排。国际生产不仅局限于制造过程的增值，包括从研发、制造、销售到售后服务的各个环节，而且拓展到服务提供的全部阶段。[①]

跨国公司采用的是集国际采购、国际生产、国际营销和国际 R&D 体系为一体的国际生产体系。国际采购是指利用全球资源，为跨国公司在全球范围内寻找能够提供质量好而价格合适的供应商，以满足其生产需要。国际生产是企业经营的核心环节，是连结员工、消费者、供应商和股东的纽带。生产管理的三个基本问题是质量管理、成本管理和进度管理。国际营销包括母国市场营销和国外市场营销。国际 R&D 是指研发环节的国际化。

国际生产体系发展的趋势之一是专业化。跨国公司在生产价值链的技术开发、产品制造、市场营销三大环节中，主要抓两头：一头抓技术创新、技术标准的制定和推广、新产品的开发和升级；另一头抓产品销售渠道，在品牌管理、市场营销、售后服务等环节上不惜重金。专业化的国际生产衍生出产业集群、外包、合同制造商、资本运营等新型生产形式。

（二）一体化国际经营的方式

跨国公司以对外直接投资为主体的跨国经营，导致了最终产品、中间产品以及技术和服务在全球范围内的大流动。这种流动又以其内部贸易为媒介，实质是跨国公司全球范围的资本、技术和管理三位一体的"合成资源"配置的过程。其主要表现为国际贸易、国际技术贸易和国际直接投资。

二、跨国公司的国际贸易行为

（一）跨国公司的国际货物贸易

传统的国际货物贸易是跨国经营的最古老形式。[②] 国际贸易的发展催生了跨国公司，而跨国公司又有力地促进了国际贸易的发展。不仅体现为跨国公司对国际贸易量的贡献，而且跨国公司还创造了内部贸易的形式，改变了传统国际货物贸易的质。

跨国公司内部贸易是为了克服国际市场的不完全而在公司内部展开的跨越国界传输却未越出公司界限的国际贸易，即跨国公司母公司与分支机构之间，以及同一体系分支机构之间产生的国际贸易关系。

跨国公司内部贸易与一般的国际贸易有本质区别。（1）内部贸易的利益

---

① 丁勇、朱彤："跨国公司国际生产体系和我国制造业发展策略"，载《国际经济合作》2006 年第 11 期。

② 王晓萍："国际贸易与跨国公司的关系初探"，载《兰州学刊》，2005 年第 2 期。

原则和获利动机不是以一次性交易为基础，而是以综合交易为基础。（2）内部贸易的交易机制是与产品成本偏离的转让定价。（3）内部贸易不同于一般贸易的临时安排，是公司内部经营管理的一种形式，其数量安排、销售方向、价格制度等都要受跨国公司全球战略的统筹计划。（4）中间产品贸易成为跨国公司经营活动正常进行的重要途径。跨国公司通过直接投资建立以母公司为终极结点（树冠）的全球网络体系，凭借本国外部环境优势（阳光）培养企业特定优势（光合作用），通过内部贸易（营养传输管道）将国内优势在全球范围扩张，同时也从具有区位优势的国家获取收益，如此循环往复，最终建立起富可敌国的庞大经济体系。

（二）跨国公司的服务贸易

跨国公司是服务业国际转移潮流的发轫者和主体。战后跨国公司的兴起促进了服务贸易和服务业国际投资的发展。服务贸易的蓬勃发展也造就了服务业跨国公司在 20 世纪 70 年代后的异军突起，成为继制造业跨国公司全球扩张之后，跨国公司发展的再一次飞跃。

三、跨国公司的国际技术转让

跨国公司是国际技术转让最重要的主体。国际技术转让既是跨国公司海外投资的结果，也是其开展全球化经营的重要方法和扩张手段。跨国公司的国际技术转让主要采用国际技术贸易、国际直接投资以及资本货物的进出口的方式。国际技术贸易是国际技术转让的最主要方式，是一种国际间的以纯技术的使用权为主要交易标的的商业行为。主要包括许可证贸易、特许经营、技术协助、交钥匙项目、合作生产与合作开发研究以及成套设备和关键技术设备的进出口等方式。此外，跨国公司的国际技术转让，相当一部分是通过直接投资完成的。目前，这种跨国公司体系内部技术转让的比重高达 80% 以上[1]。第三种形式是资本货物的进出口。资本货物主要是指一种储存性财富或者生产制造模式。人们利用资本货物进行其他商品或货物的生产。跨国公司在资本货物转让的同时，使得物化在其中的技术得以转移。受方可通过反求工程对技术加以再创造，这已经成为后发展国家获得技术的一个捷径。21 世纪以来，跨国公司的技术转让呈现出技术研发离岸化、研发战略联盟化和国际技术转让内部化三大新特征。[2]

---

[1]　赵永宁："跨国公司国际技术转让及其对我国的启示"，载《经济问题探索》2004 年第 1 期。

[2]　吴林海、吴松毅：《跨国公司对华技术转移论》，经济管理出版社 2002 年版，第 98 页。

四、跨国公司的国际投资

跨国公司与对外直接投资密不可分。跨国公司是国内公司以对外直接投资的方式向海外扩展的必然结果。跨国公司一旦形成，又成为国际投资领域最基本、最重要的行为体。对外直接投资尤其是跨国并购成为跨国公司组织国际生产的基础和重要实现形式，也是跨国公司实施全球战略的重要手段。跨国公司主导的直接投资占全球直接投资总额的比例逐年上升，20世纪90年代后期，跨国公司直接投资占对外直接投资总额的比例甚至高达90%。[①] 2011年世界投资报告披露的2010年全球外国直接投资流量达到1.24万亿美元，其中跨国公司的全球生产带来16亿美元的增值，约占全球GDP的1/4。子公司的产值占全球GDP的10%和世界出口额的1/3。[②]

根据控制方式的不同，可以分为传统的和现代的国际投资。传统的国际投资方式是股权参与。股权参与是指以所有权为基础，以决策经营权为途径，以实现对企业有效控制或影响的直接投资方式。现代，控制方式多样化，新型直接投资蓬勃发展。主要表现为朝着国际资本流动和国际贸易两个方向扩展：一方面从股权直接控制向贷款投资和供货信贷方向转移；另一方面，从股权控制向技术服务、管理参与、供货合同等贸易方式转移，又称为非股权投资方式。非股权投资是指外国投资者通过各种合同安排和业务联系，部分地或间接地参与东道国企业的生产和经营并分享利润的投资方式。包括合约制造、服务外包、订单农业、特许经营、许可经营、管理合约及其他类型的合约关系。

根据投资者进入方式的不同，可以分为新设投资和并购投资。新设投资也称绿地投资或创建投资，是指跨国公司在东道国境内，依照东道国的法律设立的新的部分或全部资产所有权归外国投资者所有的企业。早期跨国公司的海外投资基本上采用这种形式。20世纪80年代以来，跨国公司的并购投资才逐渐成为国际直接投资中的主要方式，尤其是发达国家跨国公司间对外直接投资的主要方式。并购投资是指跨国公司通过兼并或收购一家东道国公司的全部或大部分股权或资产，从而达到控制这家公司，并进而利用这种控制促使公司价值提升的投资行为。跨国并购是国内企业并购的延伸，包括跨国兼并和跨国收购两种形式。

---

① 柳剑平："跨国公司直接投资与国际经济关系发展的新特征"，载《世界经济》1998年第9期。

② 资料来源：UNCTAD, *World Investment Report* 2011.

第二节　跨国公司的政治行为

跨国公司作为一个经营实体而言，它只是一般国内公司的特例，而与其并未有本质的不同。但其运行环境却与一般国内公司有很大差异①。国际市场的市场不完全性体现的更加明显，使得跨国公司在承担更大的风险和运行成本基础上，可以赢得更多的发展机会和更多的赢利。尤其是因政府决策者的"经济人"特征和政治市场的不完全导致跨国公司的国际生产必然会遇到一系列与政府有关的问题，从而引发相应的政治行为。

一、跨国公司的政治行为

"跨国公司的政治行为"是指跨国公司在非市场环境中，为了实现某种在市场环境中无法达到的目标而采取的特定手段。这些手段包括经济的（政治捐款和贿赂）政治的（利益集团和寻租）、社会的和文化的。② 跨国公司的政治行为是对政府行为的反应，并以内部化的形式得到政治中间产品和解决政治市场的不完全。③ 跨国公司政治行为的实质是跨国公司对政府决策过程的介入，以便获得有利其发展的政策和法规。政治行为背后仍是追求利润最大化的动机，是跨国公司经营管理的必要环节，更加明显地体现跨国公司利益与民族国家利益的冲突。

二、跨国公司政治行为的方式

依据行为主体的不同，跨国公司政治行为有以下 3 种：（1）跨国公司母公司对母国政府的政治行为；（2）跨国公司子公司对东道国政府的政治行为；（3）跨国公司对整个国际社会的政治行为。

依据行为方式的不同，跨国公司的政治行为有以下 5 种：（1）政治冲突与谈判。跨国公司与东道国利益的差异性导致冲突的必然性。谈判是跨国公司对付冲突的主要手段。政治谈判的目的在于与东道国达成协议，避免两败俱伤。（2）政治合作。为了降低风险，双方更多时候体现为合作。跨国公司的

---

① 毛蕴诗：《跨国公司战略竞争与国际直接投资》，中山大学出版社 2001 年版，第 107 ~ 116 页。

② 唐勇：《跨国公司行为的政治维度》，立信会计出版社 1999 年版，第 218 ~ 219 页。

③ 唐勇：《跨国公司行为的政治维度》，立信会计出版社 1999 年版，前言第 3 页。

合作对象包括政党、政府部门、宗教团体、当地企业等。（3）政治游说（又称为院外活动），就是跨国公司对政府决策和规制的决定过程（公共选择过程）的介入。院外活动不仅包括直接向相关决策者进言，也包括影响选举、和平示威、进行公开运动等。此外，跨国公司还通过与本行业的特殊利益集团合作，与政府正式或非正式的联合以及在科技、经济和法律等领域与双边或多边团体的联合实现其获得投资便利的目的。[①]（4）政治贿赂。政治贿赂是跨国公司的腐败活动，为各国和国际社会所禁止。政治贿赂有如下几种表现形式：向当局者行贿从而改变法律、法规的执行；收买政府官员（包括公司对法律和政策的收买）；政府采购的回扣等形式。[②]（5）参与国际事务决策。跨国公司在当代国际关系中正在成为一支独立的政治力量。[③] 跨国公司参与国际事务决策是跨国公司政治职能在当代国际关系中最具特色的表现。

正如罗伯特·吉尔平所说的"跨国公司因为掌握了世界投资资本、技术和全球市场份额的大部分，所以这些公司不仅在国际经济中唱主角，而且在国际政治中也是不可或缺的角色"。[④] 无论是从理论还是从实践出发，跨国公司政治行为都强烈地影响跨国公司和政府之间的关系、它们各自的行为方式以及国际政治经济的发展。

第三节　跨国公司的法律行为

一、跨国公司的法律行为

跨国公司在一体化国际经营和内部化政治市场的不完全过程中面临三大基本矛盾：国家主权与工业主权的交锋；跨国公司管辖权的冲突；跨国公司集团内部的各实体间以及跨国公司与其他组织之间的利益冲突。跨国公司的国际关联属性，使得跨国公司在面对这三大基本矛盾时产生了复杂的法律关系，衍生出不同的法律行为。

国家主权与工业主权的交锋体现在国家与跨国公司的关系，包括跨国公司

① 唐勇：《跨国公司行为的政治维度》，立信会计出版社 1999 年版，第 47～48 页。
② 唐勇：《跨国公司行为的政治维度》，立信会计出版社 1999 年版，第 198～200 页。
③ John M. Stopford and Susan Strange, with John S. Henley: Rival States, Rival Firms: Competition for World Market Shares, New York: Cambridge University Press, 1991.
④ ［美］罗伯特·吉尔平：《全球资本主义的挑战》，杨宇光、杨炯译，上海人民出版社 2001 年版，第 22 页。

与东道国关系和跨国公司与母国关系。其中跨国公司与东道国之间的关系，在跨国公司法律关系中居于中心位置。跨国公司与东道国之间是监管和被监管关系。东道国要管理跨国公司在东道国的投资，而跨国公司有义务遵守当地的法律，服从东道国的管理，实施"相对人行为"。相对人行为主要包括申请行为、申报行为和缴纳行为。[①]

跨国公司与母国之间也是监管和被监管的关系。母国出于国际收支和就业等考虑也会监管跨国公司的海外投资。母公司也需要实施"相对人行为"。不同的是东道国监管对象是跨国公司的分支机构，而母国监管对象是母公司。母公司有义务向母国交税、申报和申请。正是由于东道国和母国对跨国公司都有管辖权，才引发了第二重矛盾——跨国公司管辖权的冲突，使得两国之间需要就监管行为进行协调和约束，跨国公司的国际监管应运而生。

第三重矛盾主要是跨国公司的交易行为引起的。包括跨国公司内部各实体之间的关系和跨国公司与其他经济组织的关系两种情况。

跨国公司内部各实体之间的关系包括母子公司间的关系、总分公司间的关系、子公司之间关系、子公司与分公司的关系等等。其中最为重要是母公司与子公司之间的关系。母公司和子公司是依据不同国家的公司法创设的、相互独立的法人实体，两者之间的交易本应该体现为平等主体之间的合同关系。但因母公司对子公司在所有权、合同或事实等方面的垂直控制，使得母子公司之间的关系更多地体现为控股股东与所投企业之间的股权关系。母公司是子公司的控股股东，与一般的自然人股东不参与公司管理不同，母公司积极参与子公司的管理，子公司的董事一般也由母公司选任。这使得子公司利益在与母公司冲突时，子公司的利益经常被牺牲，而考虑整个公司集团的利益最大化。

即使是最大的跨国公司也无法包揽所有的生产环节，跨国公司的全球生产必然与其他企业发生业务往来。这种往来，法律上主要表现为合同关系和侵权关系。20世纪90年代以来，跨国公司专注核心业务的同时，扩大了非核心环节的外包业务。这种与其他经济组织的外部关联通常表现为合同关联。跨国公司的投资活动可能伴随着对环境的污染、产品责任、人身损害等侵权责任，而且往往性质比较严重，如印度博帕尔惨案、BP墨西哥湾污染事故等。故跨国公司与其他经济组织之间有时也会产生侵权关系。

二、国际贸易中的国际避税行为

跨国公司国际避税指跨国公司以合法的方式，利用各国税收法规的漏洞和

[①]　车丕照：《国际经济法》，中国法制出版社2008年版，第42页。

差异或利用国际税收协定中的缺陷，通过变更经营地点、经营方式以及人和财产跨越税境的流动、非流动等方法来谋求最大限度地减轻或规避税收负担的行为。[①]

跨国公司国际避税的方式主要有课税主体避税和课税客体避税两类：

（一）课税主体的避税

（1）课税主体的流动。主要是指跨国公司通过自身在各国税境之间的迁移，避免或者改变其居民身份，以规避无限纳税义务的行为。（2）课税主体的非流动。跨国公司并不实际迁移出境，只是采取在避税地建立信托的方式转移一部分财产或所得。或者滥用税收协定成立导管公司、脚踏石公司或者避税地控股公司避税。

（二）课税客体的避税

1. 课税客体的流动

跨国公司通过资金、商品、劳务、费用等相关要素在各国国境之间的流动，将课税对象从高税国向低税国转移，改变所得来源地，实现避税的目的。转让定价和不合理分配成本和费用是最为常用的方式。此外还可以通过国际避税地实现客体转移避税。（1）转让定价是跨国公司内部交易避税的最为常见的方式，它主要发生在具有资本控制的跨国母子公司之间或同一公司控制下的两个子公司之间。（2）不合理分配成本费用指跨国公司利用各所在国所得税税率的差异，在总部与分支机构之间，通过不合理地分配成本和费用的方式，人为地增加某一机构的费用开支，从而减少利润数额，以达到避税的目的。它主要发生在跨国公司总分公司之间。实践中跨国公司往往将两种方式结合使用。

2. 课税客体的非流动性避税

（1）利用资本弱化避税：跨国公司利用关联企业进行资本弱化，实现在同样的投资和回报率的情况下跨国公司集团纳税义务最小化。（2）利用延期纳税的规定避税：许多国家税法规定，如果公司未将利润以股息形式分配给股东，在计算股东的应税所得时，可以暂时不计这部分应取得而尚未实际取得的股息所得，从而股东可以取得延期纳税的好处。延期纳税对于跨国公司而言等于获得了一笔无息贷款，增加了流动资本，而且在通货膨胀的经济环境中，延期缴纳的税款的币值下降，从而减少了实际的纳税支出。（3）分支机构或子公司的选择：跨国公司决定在国外投资时，出于追求企业利润最大化的目的，

---

① 陈安主编：《国际经济法学》，北京大学出版社 2001 年版，第 389 页。

结合当地情况，考察设立分支机构或子公司的利弊，最终会选择一种总体税负最轻的投资方案。

跨国公司的国际避税是跨国公司在不违反税法的前提下，利用了各国法律上漏洞所为的行为，不是违法行为，也不是合法行为，是一种滥用法律的行为。这种国际避税行为是对已经发生的纳税义务和责任的规避，损害了国家的财政利益，所以必须对其有所限制。

三、国际技术转让中的限制性商业行为

关于限制性商业行为，目前国际上还没有一个明确、统一的法律定义。发达国家和发展中国家，基于各自的利益，对限制性商业行为的解释各不相同。发达国家基于竞争标准，认为凡是构成或导致市场垄断，妨碍竞争的行为即为限制性商业行为。发展中国家基于发展标准，认为凡不利于或妨碍技术受方技术发展的行为即为限制性商业行为。认定原则上，发达国家主张合理原则和本身违法原则，而发展中国家主张审判机构基于发展标准的自由裁量权。

目前最具影响的概念是 1980 年联合国第 35 届大会通过的《联合国关于控制限制性商业惯例的公平原则和规则的多边协议》中的界定，即："企业通过滥用或者谋取滥用市场力量的支配地位，限制进入市场或以其他方式不适当地限制竞争，对国际贸易，特别是对发展中国家的国际贸易及其经济发展造成或可能造成不利影响，或者是通过正式或非正式，书面或者非书面的协议或安排造成了同样影响的一切行动或行为都叫做限制性商业行为（惯例）"。其中"市场力量的支配地位"是指一个企业本身或与其他几个企业一起，有能力控制某一货物或服务、或几类货物或服务的有关市场；"企业"指从事商业活动的，不论以何种方式创办、控制或拥有的，私营或国营的商号、合伙、有限公司、公司、其他社团、自然人或法人、或它们的任何结合，包括它们的分支机构、子公司、附属公司或直接、间接受它们控制的其他实体。

1985 年《国际技术转让行动守则（草案）》第 4 章列举出了国际技术转让领域中限制性商业行为的 14 种表现形式，可供各国或国际组织参考。（1）专属回授条款。对于受方的技术改进，不合理地要求转让或回授给供方或供方指定的任何其他企业；（2）排除受方对技术效力的异议。不合理地要求受方对被转让的专利和其他保障发明办法的效力不表示异议；（3）独家经营。不合理地限制受方从其他来源（尤其是与供方相竞争的对手）购入技术或物品；（4）对研究的限制。限制受方从事旨在按当地情况吸收和更改所转让技术的研究发展；（5）对使用人员方面的限制。不合理地要求受方使用供方指定的人员；（6）限定价格。不合理地管制受方对用所得技术制造的产品或提供的

服务在作为技术转让对象的市场上所定的价格；（7）对技术更改的限制。不合理地禁止受方技术革新；（8）包销协定或独家代理协定。要求受方以包销权或独家代理授予供方或供方指定的任何人，除非当事方在分包安排或制造安排中已同意，根据技术转让安排生产的全部或部分产品由供方或其指定的任何人销售；（9）附带条件的安排。不正当地强使受方接受其不愿要的额外技术等；（10）出口限制；（11）共享专利或互授许可协定以及其他安排。技术供应人之间的共享专利或互授许可协定或其他国际技术转让安排引起的，会不正当限制取得新的技术发展的机会或会造成滥用支配某一工业或市场的力量因而对技术转让产生不利影响的，对地区、数量、价格、顾客或市场的限制，但合作安排（例如合作研究安排）附带的适当限制，则不在此限；（12）对宣传的限制。不合理地管制受方广告或宣传的限制；（13）工业产权期满后的付款和其他义务。对继续使用已失效、取消或满期的工业产权要求付款或承担其他义务；（14）在技术转让安排期满后的限制。[①]

国际技术转让中的限制性商业行为，实质上是技术转让方以保护行使专利、商标等合法权利为借口，以最大限度地谋取高额垄断利润为目的，不合理地利用自身的优势地位，人为地限制竞争，向其潜在的竞争对手技术受让方在转让技术时提出的一种单向的权利限制[②]。随着国际技术转让的蓬勃发展，限制商业行为越来越成为技术转让方特别是发达国家跨国公司攫取高额利润的方法。跨国公司的限制性商业行为不仅影响技术受让方的利益，也影响技术接受国的社会利益，阻碍了技术竞争和国际技术贸易的发展，成为一个普遍性的国际问题。

四、国际投资中的跨国并购行为

跨国并购是指国际直接投资中以兼并或收购方式进行的，受国内法和国际法多重规范的跨国产权交易行为。[③] 21 世纪以来，跨国并购成为外国直接投资增长的一个主要驱动因素和发达国家跨国公司对外直接投资的主要方式。

按照投资方式分类，跨国并购分为跨国兼并和跨国收购两种类型

跨国兼并通常是指一家企业以现金、证券或其他形式，购买取得其他外国企业的产权，使其他外国企业丧失法人资格或改变法人实体，并取得对这些外

---

① 中国百科网 http：//www.chinabaike.com/law/gjt/1426946_3.html，2011 年 5 月 1 日访问。

② 叶昌富：“国际技术转让中对限制性商业行为的法律调整”，载《广东外语外贸大学学报》2002 年第 1 期。

③ 漆丹：《跨国并购的法律规制》，武汉大学出版社 2006 年版，第 13 页。

国企业决策控制权的经济行为。跨国兼并可以分为新设合并和吸收合并两种。新设合并（Statutory Merger or Consolidation），又称联合或平等合并，是指在外国公司与东道国公司合并设立一个新的公司。最显著的特征在于新设公司的成立同时意味着参与合并各方的解散或消失。新设公司接管原来企业的全部资产和业务，重新组建董事机构和管理机构等。吸收合并（Consolidation Merger）又称兼并、法定合并，即外国公司吸收东道国公司。最显著的特征在于合并不意味着参与合并各方全部解散，而是外国公司作为存续公司继续存在，被吸收的公司（东道国公司）解散或消失，故吸收合并又称存续合并。

跨国收购是指企业用现金、债务或股票购买另一家外国企业的部分或全部资产或股权，以获得该企业的控制权。按照购买目标企业股权的比例，跨国收购可分为：（1）全部股权收购（100%股权）实际上是将被收购的目标公司整体买断，但其收购价格实际上通常是目标公司偿还债务后的出价，即交易完成之时，收购方已对被收购方的债务进行了清偿。[①]（2）多数股权（50%～99%）与少数股权（10%～49%）的收购，又称控股式收购，即通过购买目标公司的股票或股份来对其实行控制，但目标公司的法律主体资格仍然存在。至于收购方对被收购方的债务承担，是以其出资额为限。这种方式的运行是以目标公司的良好资产状况为前提的，只有在资大于债的情况下才予以采用。（3）承债式并购。是在目标公司的资产与债务相等情况下，其净资产为零时，收购方以承担目标公司的债务为条件，而不是支付货币资金，来全面收购目标公司的全部资产。这种交易不以价格为准，而以债务、资产的整体接受为准。其法律后果是目标公司的主体资格消灭。按照收购的目标公司不同，跨国收购可分为：（1）收购国外子公司（国外子公司增资）。（2）收购当地企业包括：收购当地私营企业和收购公有企业（私有化）。

实践中，跨国并购主要指跨国收购而不是跨国兼并。[②]据 UNCTAD 统计：1987 年至 1999 年跨国并购的总量中，绝大部分为跨国收购，而跨国合并仅占跨国并购总量的 3% 不到。[③] 这部分缘于兼并会导致原来企业的消失或者变化，程序要求较高，因此采用兼并的情形较少；而收购可以在资本市场上通过证券交割或者契约协商展开，而为商业实践所普遍采用。[④]

---

① 法定合并和全部收购的关键区别在于前者建立了一家新的法人实体，后者则没有。但在其他场合，这两种方式可以看做是相同的。

② 叶建木：《跨国并购：驱动、风险与控制》，经济管理出版社 2008 年版，第 18 页。

③ 资料来源：UNCTAD, World Investment Report 2000.

④ 陈长文主编：《企业家跨国财经法》法律出版社 2007 年版，第 58 页。

第二编

跨国公司与利益相关者的关系

跨国公司的利益相关者范围较之一般的国内公司更加广泛，其中母国和东道国是最为重要的利益相关者。跨国公司与东道国之间的监管与去监管的博弈关系是跨国公司与利益相关者关系的核心。体现为在合作互惠基础上的经济性建构和社会性嵌入；多阶段动态的正和博弈；纵向的经济行政管理关系；横向的投资合同关系。跨国公司法律上独立性与经济上一体性使得管辖权冲突不可避免，域外管辖权的问题突出。解决这一问题，各国应遵循行为完成地国家管辖权优先的原则。在有限度管辖的基础上，实行一定的礼让，才能更好地协调单一国家对跨国公司管辖权的争夺。

第五章 跨国公司与利益相关者的关系

第一节 跨国公司的利益相关者

一、外延广泛的利益相关者

利益相关者最早被记载于《牛津词典》（1708 年），指的是"赌注"或"押金"的意思①。直到 1929 年，通用电器公司的一位经理在就职演说时提出了"公司应该为利益相关者服务"的想法，第一次将利益相关者问题引入公司范畴（刘俊海，1999）。而将"利益相关者"用来表示"与企业有密切关系的所有人"，则出现在 1963 年斯坦福研究中心内部备忘录中的一篇管理论文里，是第一次对企业利益相关者的理论界定。20 世纪 70 年代，利益相关者理论逐渐被西方学者和企业所认识并接受，影响日渐扩大。

跨国公司的利益相关者范围较之一般的国内企业更加广泛，包括母公司和子公司、合资企业和战略联盟、外派经理和国际劳工以及母国和东道国政府等。宏观层面，跨国公司的利益相关者包括跨国公司母国、跨国公司东道国以及国际组织；中观层面，跨国公司的利益相关者包括跨国公司所在区域的社会活动团体、媒体、公众等；微观层面，跨国公司的利益相关者包括跨国公司的各单元（母公

---

① 李善民、毛雅娟、赵晶晶："利益相关者理论的新进展"，载《经济理论与经济管理》2008 年第 12 期。

司、子公司、分公司等）、各单元的股东以及各单元的债权人、客户、供应商、雇员、工会、消费者、自然环境。其中，母国政府和东道国政府是最为重要的利益相关者。跨国公司在保护股东利益的同时，跨国公司还应该考虑其行为对员工、消费者、供货商以及对社区、环境、母国、东道国和国际社会等利益相关者的潜在影响，并在此基础上承担其社会责任。

二、国家

国内法上，国家的法律人格是虚拟的。[①] 除了宪法在调整国家与公民关系时，将国家作为一个整体用于分析之外，国家不直接成为法律关系的主体，一般都是将国家权力分割后分别授予立法、行政和司法机关。

国际法上，国家拥有独立的法律人格。《奥本海国际法》认为，"当人民在他们自己的主权政府下定居在一块土地之上时，一个真正意义的国家就存在了"。即"国家是指居住在特定领土上的人民在一套政府机构的运作之下而形成的具有主权的实体"。[②] 牛津词典认为，"国家或政治社会是指生活在地球表面的确定部分、在法律上组织起来的并且人格化了的社会"。[③] 也有学者将"国家"一词指称在法律上代表公共利益的具有法律人格的特殊权利主体"。[④] 可见，从国际法意义上来说，国家的基本特征是定居的居民、确定的领土、政权组织和主权。[⑤]

在国际经济法体系中，国家可以三重身份出现。[⑥] 国际法意义上，相对于有国际经济交往的另一国家而言，是平等的主权者，有缔约权可以同其签订有关调整国际经济关系的条约；公法意义上，相对于在本国从事国际商事活动的私人主体而言，是处于支配地位的管理者，可以依据国内法对私人主体实施管辖；私法意义上，国家依据私法原则与其他国家私人主体进行国际经济交往时，是处于平等地位的参与者。但由于国家的特殊地位，一定条件下可以享受国家主权豁免。

---

①　薛克鹏：《经济法的定义》，中国法制出版社 2003 年版，第 247 页。

②　[德]奥本海著，詹宁斯、瓦茨修订：《奥本海国际法》第 1 卷第 1 分册，王铁崖等译，中国大百科全书出版社 1995 年版，第 92 页。

③　[英]戴维·M. 沃克：《牛津法律大辞典》，光明日报出版社 1989 年版，第 851 页。

④　张文显主编：《法理学》，北京大学出版社 1999 年版，第 376 页。

⑤　赵建文主编：《国际法新论》，法律出版社 2000 年版，第 69 页。

⑥　车丕照：《国际经济法》，中国法制出版社 2008 年版，第 26 页。

三、政府

在不同的学科领域，对于政府有着不同的界定。经济学中：政府是一个处于自然垄断地位的产业。它主要向社会提供两种产品：秩序和政策。政治学中：政府的概念有广义和狭义之分，广义的政府是指对整个国家进行组织管理的政权机构，包括立法、行政、司法机关。狭义的政府是指执行人民意志的中央和地方的各级行政机关。无论是广义还是狭义上的政府，以历史方法分析的结论表明，政府在本质上应该只是公众转让的社会权力的一种执行机构，其存在的合理性在于按人民意志行使社会管理职能和对外捍卫国家主权的职能。法学意义上：国内法上，政府是代表国家对市场进行干预行使行政权的机关。国际法上，政府是国家的政权组织，执行国家行政职能的机构。政府对内代表国家行使行政管理权力（统治权），对外代表国家进行国际交往。

政府在国内法中具有现实的法律人格，政府是代表国家对市场进行干预行使行政管理权的机关。国家在经济生活中的职能主要通过政府进行，国家与市场的关系具体表现为政府与市场的关系。经济学中国家和政府一词经常混用，而从法律思维的严密性出发，"国家干预"应当界定为"政府干预"或称为"政府监管"。

政府在法律关系中最初的角色是"当事人"，随着经济的发展，市场主体与社会公共利益的矛盾突出，政府担当了"执法者"的角色，以准司法机关的角色保护社会公共利益。具体来说，经济法（无论是国内经济法抑或国际经济法）的调整对象抽象为市场主体和政府在经济活动中与社会整体之间的关系。包含两类法律关系，一是市场主体与社会公共利益的关系，在这一规范中，政府担当的是"执法者"或"政府干预"的角色。作为"执法者"，政府代表国家行使行政管理权；二是政府与社会公共利益之间的关系，其中政府属于义务主体"当事人"，需要"干预政府"，其干预对象是政府的调控行为。①

四、国际经济组织

广义的国际组织是指"凡是两个以上国家或其政府、人民、民间团体基于特定的目的，以一定协议形式而建立的各种机构。"② 包括政府间组织和非政府组织。狭义的国际组织仅指政府间国际组织。其中履行经济职能的政府间国际组织是国际经济组织。与国家一样，国际经济组织既是国际经济活动的管

① 薛克鹏：《经济法的定义》，中国法制出版社 2003 年版，第 292～293 页。
② 梁西：《国际组织法（总论）》，武汉大学出版社 2001 年版，第 4 页。

理者，国际经济法规范的创立者，也可以是国际经济合同的当事人，一定条件下享有特权与豁免。国际经济组织在监管跨国公司时履行管理者职能，在协调国家管辖权时履行协调者职能，在参与国际经济合同时履行当事人义务。

五、非政府组织

尽管非政府组织"就像尼斯湖的怪兽——人们可以肯定地说它'不是什么'，但很难说它'是什么'"——但不妨碍它成为全球公民社会最活跃的主体。[①] 虽然法律上的界定尚无定论，但不可否认非政府组织具有以下几个法律特征：组织性、民间性、非赢利性、自治性和志愿性。[②] 非政府组织与跨国公司之间有时对立有时统一。

第二节　跨国公司与利益相关者之间的关系

一、跨国公司与国家关系的发展阶段

查尔斯·林德布洛姆曾说，"在世界上所有的政治制度中，大部分政治是经济性的，而大部分经济亦是政治性的"。跨国公司与主权国家（其代理人是政府）的关系是对这句话的很好注解[③]。公司建立的初衷是为了追求利润最大化，因此，公司本质上就具有挣脱主权国家约束的原动力，跨国公司更是如此。与跨国公司全球经营活动相适应，跨国公司与国家的关系也经历监管与去监管的博弈过程。

（1）跨国公司与政府关系的"稳定期"。"二战"前，跨国公司规模非常有限，东道国和母国还很少形成专门的跨国公司政策，相互关系比较平缓。这一时期，跨国公司面对的政治风险较小，主要是应对来自东道国的管制。

（2）跨国公司与政府关系的"蜜月期"。"二战"后到60年代，母国政府与跨国公司在经济和政治上相互支持，跨国公司成为母国资本扩张的工具。而东道国需要大量资金和技术来复兴受战争破坏的经济，对跨国公司的限制较少。跨国公司面临的政治风险极小，跨国公司蓬勃发展，因此这一时期也被称

---

① 周志忍、陈庆云：《自律与他律》，浙江人民出版社1999年版，第2~3页。
② 美国学者萨拉蒙归纳的五个基本属性被认为是权威概括。
③ ［美］查尔斯·林德布洛姆：《政治与市场：世界的政治经济制度》，王逸舟译，上海人民出版社1994年版，第9页。

为跨国公司时代。

（3）跨国公司与政府关系的"冲突期"。20 世纪 70 年代，母国担心跨国公司对外直接投资导致资本和科技外流，使得母国丧失比较优势。东道国担心跨国公司对其主权的侵蚀。各国普遍加强了对跨国公司的控制。这一时期，跨国公司面临的政治风险相应增加。

（4）跨国公司与政府关系的"调整期"。20 世纪 90 年代以来，投资自由化倾向日益明显，鲜有大规模的国有化或征收。各国普遍放松管制，跨国公司面对的政治风险逐步减少。

（5）跨国公司与政府关系的"紧张期"。1998 年的亚洲金融危机以及 2008 年世界金融危机，使得各国政府反思投资自由化的政策，普遍加强管制。跨国公司要面对更多的政治风险。

跨国公司的兴起淡化了国家公共权力和公司私人权力的界限。全球化的日益加深，使得"逐利"与"效忠"这对原本属于公司的"内部矛盾"更多地表现为一种激烈的"外部矛盾"，即跨国公司与国家之间的博弈。[1]

在两种力量冲突的过程中，国家主权依然是最有力的主宰。不管是对国际组织的主权让渡，还是对跨国公司的放松管制，都是国家主动的政策选择。各国的政治目的、竞争和合作相互影响，创造出经济力量在其中运作的政治关系框架。而政府是代表国家对市场进行干预行使行政权的机关。

跨国公司对于国家的管制政策，除了用脚投票以外，更多的是通过实施一定的政治行为介入政府的决策过程，以获得更大的利润空间。作为政治市场上的供需双方，政策的制定者——政府是卖方，政策的接受者——跨国公司是买方。两者的力量对比决定了管制跨国公司政策的导向。

只要国家界限不消失，国家与跨国公司的冲突与矛盾仍将存在，但在经济全球化的背景下，同互为竞争对手的跨国公司之间形成战略联盟一样，国家与跨国公司之间会基于共同利益从对抗走向合作。这也是跨国公司监管机制走向全球管制治理的基础性条件。

二、跨国公司与母国之间的关系

跨国公司与母国体现为既相互依存又相互冲突的关系。跨国公司的民族性决定了它与母国之间相互依存关系。考察跨国公司的历史，我们可以看出跨国公司最初是作为母国的国家公司出现的，是母国的代言人（东印度公司最初

---

[1] 张磊："论全球化条件下跨国公司对国籍的持续依赖"，载《大庆师范学院学报》2012 年第 5 期。

是英国开拓殖民地的"先锋"，享有大量特权）；跨国公司为母国开拓海外市场，取得海外资源，其收益汇回母国，有利于母国的收支平衡；在与东道国发生冲突时，跨国公司会寻求母国的支持和安全保护；母国为了国家的利益，也会支持作为其外交政策工具的跨国公司的业务扩张。

作为不同的行为体，跨国公司的逐利目标和母国的国家利益并不总是一致的。跨国公司的世界性决定了它与母国之间的冲突关系。伴随着跨国公司力量的壮大，其独立人格的日益确立，跨国公司的利益开始与母国利益发生冲突。跨国公司的海外投资会导致母国的资金和技术外流、就业减少，影响母国的国际收支平衡；此外跨国公司还常常利用转移定价而逃避母国的税收。

这些因素使得母国除了对跨国公司提供投资保护和促进之外，也要对其采取措施予以管制，形成了纵向的经济管理关系。总的来说，跨国公司对母国的依赖已经由原先的完全依赖，走向了相对独立。母国对跨国公司的控制也由以前的完全控制和利用，逐渐走向了适度调控和利用，并对跨国公司决策产生一定的影响。

三、跨国公司与东道国之间的关系

跨国公司与东道国的关系，在跨国公司的外部治理结构中居于中心位置。两者的关系不仅体现为经济上的多阶段正和博弈关系，而且体现为国际政治经济学视域上的从对抗到合作的经济性建构和社会性嵌入，在法学意义上则表现为规制与去规制的经济行政管理关系和国家契约关系。

笔者认为对待跨国公司与东道国的关系要从不同的视角观察，才能勾勒比较的图景。从国际政治经济学的视角看，东道国政府和跨国公司的关系是建立在合作互惠基础上种经济性建构和社会性嵌入；从经济学的角度看，东道国政府和跨国公司的关系是一种多阶段动态的正和博弈；从法学的角度看，东道国政府和跨国公司的关系既包括纵向的经济行政管理关系，也包括横向的投资合同关系。其中纵向的经济行政管理关系最能体现两者之间监管与去监管的矛盾关系。

（一）国际政治经济学角度的透视

公司在一国范围内经营时，公司与国家关系的政治维度尚未凸显，因此公司的国籍并不重要。然而当其经营跨越国界时，政府干预和政治控制问题就凸显出来，跨国公司与东道国的关系便进入到国际政治经济学的研究视野，成为有关跨国公司的国际政治经济学研究的核心问题。跨国公司需要在母国政府、东道国政府和自身利润最大化三者之间进行权衡，东道国政府则必须考虑跨国公司行为所致的经济扭曲和跨国公司行为影响国家权力和国家自治的合法性问题。① 对于这个问题的理解，学术界有传统的冲突范式和新的社会嵌入范式之争。

1. 传统的冲突范式

传统的冲突范式有：自由主义、新帝国主义和新重商主义三种。自由主义认为，政府干预必须是为了增强竞争和纠正市场失灵；对公司国籍以及资本或技术（或产品）的来源持不可知论，主张寻求促进全球福利的合作。新重商主义认为，政府可以通过干预促进本国公司发展，强调依靠本国企业满足本国需要，避免依赖外国公司，同时寻求相对于其他国家的比较优势。新帝国主义则倾向于政府直接参与经济活动，注重企业所有权的阶级（和国家）根源，阻止投资收益在国家之间或者一国之内具有剥削性的分配。②

然而，跨国公司对外投资实践的发展表明上述传统范式无法解释跨国公司与东道国政府从冲突——对抗走向合作——互补的关系。新帝国主义和新重商主义假设跨国公司与东道国政府之间是一种对抗性关系，并对跨国公司与东道国政府的关系作了不适当的处理，而自由主义倡导的投资自由化从未广泛实施。这种传统冲突范式显而易见的局限性，促使我们必须寻找新的理论范式来解释跨国公司与东道国政府的关系。

2. 社会嵌入主义范式

20 世纪 90 年代以来，跨国公司与东道国政府之间关系表现出合作多于对抗的发展趋势。仅 1991—2002 年期间，有 165 个国家对本国外资法规进行了1641 项修订，其中 95% 是以外资政策更加自由化为目标。无论是发达国家还是发展中国家有关跨国公司政策的变革都是如此，内容涉及准入条件放宽、部门开放、强化投资促进、增加激励、提供担保、加强控制等措施。

建立在战略社会学理论之上的社会嵌入主义范式认为：经济全球化下政府和跨国公司有较强的动机进行互惠合作而不是各自控制，当这种合作持久进行时，跨国公司与东道国政府的关系逐渐植根并受制于互惠规范的社会交易，这进一步强化了合作。③

未来跨国公司与东道国政府关系的发展过程既是一种经济性建构，也是一种社会性嵌入。就经济性建构的进程而言，跨国公司与东道国政府的关系是建立在相互依赖的基础之上的合作关系。东道国政府与跨国公司之间的控制与反控制关系仍然存在，但控制的表现形式已不同于冲突范式下的激烈对抗。东道

---

①②③　冯国明、李诚邦："跨国公司与东道国政府关系之研究"，载《南开学报（哲社版）》2004 年第 5 期。

国政府对跨国公司较少采取直接的控制行为，代之以各种"柔性"劝导，而跨国公司也相应地调整其政治行为和组织承诺，积极响应和贡献于社会需要或政府关注（如教育、控制污染和卫生设施建设）。就社会性嵌入进程而言，跨国公司在东道国经营时，将不仅关注经济利益，还要承担起社会责任，最终嵌入到东道国社会之中。

（二）经济学角度的透视

不同的理论对两者的关系有不同的阐释。（1）"零和思维"认为二者之间的关系是此消彼长的关系，跨国公司的兴起是对国家主权的威胁，甚至稀释了传统意义上的国家主权。弗农发表了著名的《主权遭遇困境》指出随着跨国公司的全球化，传统意义的国家观、主权观正在被稀释。（2）斯吉兰奇的"三角外交"。1991年，英国学者斯兰吉奇与斯托普福德合著了《竞争的国家和竞争的公司》，提出了三角外交关系说。该理论在传统的国家与国家之间的外交关系之上，加入了公司与公司和国家与公司的两条边，三边联结在一起则形成了一种相互关联的讨价还价模式，由此确立了博弈的规则。（3）"多阶段动态的正和博弈说"，是约翰·斯托普福德1994年发表的《跨国公司与政府日益发展的依存关系》中的首次提出的观点。他认为，跨国公司与东道国博弈的结果是跨国公司获得要素全球配置的超额利润，东道国获得跨国公司技术溢出的外部效应以及就业、税收等方面的好处，因而双方的博弈应该说是一种多阶段动态"正和博弈"。

（三）法学角度的透视

跨国公司的一体化国际经营对东道国而言是柄双刃剑。一方面能带来资金、先进的技术和管理经验，增加东道国的就业，促进东道国经济的发展。另一方面，跨国公司具有追求利润最大化的目标往往与东道国的引资目标不一致。为了实现利润最大化，跨国公司往往采用逃避税收，转嫁落后技术，转移污染，实施垄断，商业贿赂等手段，给东道国的经济、环境甚至人民的生命财产带来损害。这些负面影响使得东道国无一例外地要对跨国公司的活动实施法律管制。两者之间形成了纵向的经济行政管理关系。

除此之外，跨国公司与东道国之间也会有投资合同关系——国家契约。此类合同大多与自然资源开发和基础设施建设有关，并以特许协议的形式存在。这类合同的特点是：（1）标的物范围很广，不仅包含买卖，还有与投资有关的技术转移、产品的销售、相关的财政安排等；（2）合约期限很长，暗示当事方需紧密合作和投资者为此而承担的沉重责任；（3）特别强调合约性，以平衡主权国家所承担的公共义务和私人投资者追求利润的动机；（4）通常含有稳定条款，以保证投资者的利益免受东道国法律和政策变更的影响。①

在经济全球化背景下，跨国公司与东道国政府的关系较之过去有明显的改善，双方之间的利益冲突也因相互需要而趋于缓和，但两者在利益冲突下的规制与规避规制的基本关系没有改变。当跨国公司的行为可能破坏环境、限制市场竞争、违背本国的外交政策或不利于本国的国家安全时，国家对跨国公司的管制将是毫不留情的。②

面对东道国的监管，跨国公司可选择的策略有两种：一是约束自己的行为，使其符合东道国利益和社会目标；二是运用各种手段规避政府监管，或将政府的影响降至最小。在东道国的谈判力量很强或跨国公司之间竞争激烈时，跨国公司会主动与东道国政府合作，并在一定程度上约束公司的市场行为，反之跨国公司将利用各种方法规避东道国的监管。

四、跨国公司与国际组织之间的关系

跨国公司的全球经营对世界经济产生深远的影响。全球 100 个最大经济体中，有 51 个是跨国公司，49 个是主权国家。单纯依赖国家对跨国公司进行监管，难免出现管辖短板和管辖冲突。为了协调各国的外资政策，国际组织也成为跨国公司的监管者。国际组织的监管权来自组织的章程和缔约国的授权，是国家主权的部分让渡。

五、跨国公司与非政府组织之间的关系

晚近，全球化引发的各种全球社会矛盾激化，自上而下的政府改革与自下而上的社团革命交织，促进了非政府组织的勃兴③。非政府组织已经成为介于民族国家、跨国公司和政府间国际组织的第四种跨国力量，正重塑着我们生活的世界。非政府组织最重要的作用在于监督和制约国家和跨国公司的活动，使之更好地体现民主和公民利益。在跨国公司的社会责任问题上，通过非政府组织与跨国公司的接触为该问题的解决提供了一个很好的途径。非政府组织也为许多全球性问题的国际合作注入了意想不到的力量。可以说非政府组织尤其是环境非政府组织已经成为国家和跨国公司之间相互协作的纽带。④

---

① 王贵国：《国际投资法》，法律出版社 2008 年版，第 77 页。

② 车丕照："身份与契约"，载《法制与社会发展》2002 年第 5 期。

③ 以志愿求公益为基本机制的"第三部门"是人类一种古老的组织形式，在 20 世纪后期"全球市民社会运动"仅仅是再次凸显了其价值而已。

④ 霍淑红："环境非政府组织：跨国公司行为的制约者"，载《教学与研究》2004 年第 10 期。

六、以跨国公司为纽带的国际法主体之间关系

(一) 东道国之间的关系

国际直接投资的世界市场是全球性的。对资本的争夺，不仅发生在跨国公司之间，也发生在政府之间。每年有多达 6000 家左右的国家的、区域的或地方的政府机构在竞相争取由跨国公司进行的各类投资项目[①]。各东道国为了吸引外国投资，开展了过分抬高的金融鼓励竞争、趋于零的财政鼓励竞争或趋于最低点的政策竞争。具体鼓励措施主要包括：（1）提供便利和服务。如政策的宽松和自由化，保护知识产权、提高教育水平、完善基础设施等。（2）提供特殊优惠政策，主要是税收优惠政策。这种优惠政策的竞争的恶性循环，增加了跨国公司与各东道国讨价还价的筹码，导致东道国之间的关系日趋紧张，最终结果对任何一个东道国都是不利的。

(二) 母国与东道国之间的关系

跨国公司经营一体化的实质是基于企业界限上的一体化，这与基于地理边界的国家界限必然产生冲突。跨国公司在全球范围内追逐高额垄断利润必然与东道国有时甚至是母国产生矛盾，导致跨国公司与东道国、母国之间的管制与去管制的矛盾斗争，甚至导致东道国与母国之间的国际冲突。这种国际冲突具体表现：跨国公司投资的唯一性影响两国之间的利益分割，加剧了两国之间的经济摩擦甚至相互实施报复；东道国对跨国公司子公司财产实行国有化而跨国公司申请母国的海外投资保险之间的冲突；母国的反垄断法域外适用时与东道国的国内法适用的冲突；东道国当地救济与母国适用外交保护的冲突；东道国与母国基于不同的依据同时行使对跨国公司的管辖权时必然造成的管辖冲突等等。另一方面，跨国公司又是国际关系中重要的桥梁和纽带，成为母国和东道国之间的"粘合剂"。跨国公司的全球经营，使得双方在经济领域内的合作大大加强。经济全球化影响下，以跨国公司为中介的母国与东道国之间的关系，正在由松散变得紧密，合作的同时竞争也在加剧。

(三) 国家与国际组织之间的关系

由于单纯的政府监管已经不能应对跨国公司日益扩大的国际影响，国际组织加入到对跨国公司管理的队伍中来。国家在加入相关国际公约时，让渡了部分跨国公司的管辖权给国际组织，使得国际组织能够对一国的投资措施进行一定的约束，使其遵守国际义务。国际组织协调各国对跨国公司管理权的行为通常体现为国际投资条约。

---

① 资料来源：《1999 世界投资报告（中文版）》，冼国明译，中国财政经济出版社 2000 年版，第 182 页。

第三节　跨国公司的管辖问题

随着经济全球化的深化，跨国公司的组织结构日益复杂化。2016 年世界投资报告显示，全球跨国公司超过 40% 的海外分支机构是由其母公司通过复杂的跨境股权结构所有的，这些垂直跨境股权链条平均涉及三个司法管辖区（国家或地区）。①

管辖权是指国家根据国际法对特定的人、物和事件进行管理或施加影响的权力，它反映了国家主权平等原则和不干涉内政原则。按照管辖依据不同分属地管辖权、属人管辖权、保护性管辖权和普遍管辖权。② 按照国家行使管辖权的方式可以分为立法管辖权、裁判管辖权和执行管辖权。③ 立法管辖权是指通过立法、行政行为或命令、管理规则和条例或法院的决定，使其法律适用于有关活动、关系或人的身份、人在物中的利益。审判管辖权是国家使特定的人或物服从司法程序的权力。执行管辖权则是国家利用政府资源引导或强制执行其法律的权力。④

跨国公司管辖权问题既是跨国公司与国家关系的重要组成方面，也充分反映了因跨国公司而引起的国家之间的关系。法律上，跨国公司内部各实体依据所在国的法律创设，是相互独立的实体，受相应国家的管辖。而经济上，跨国公司各实体又是在母公司控制下相互关联的整体，经营活动往往突破单一国家的界限。此时，如果有关国家都行使管辖可能会发生冲突。实践中，一国行使管辖权是否合理，在很大程度上取决于该国语有关活动间是否存在有效的或重大的联系。⑤

一、跨国公司的管辖权冲突

（一）东道国和母国管辖冲突

法律上，跨国公司内部各实体依据所在国的法律创设，是相互独立的实体，受相应国家的管辖。经济上，跨国公司各实体又是在母公司控制下相互关

---

① 资料来源：冼国明、葛顺奇总校译：《世界投资报告 2016》中文版，南开大学出版社 2016 年版，第 139 页。

② 其中，普遍管辖原则是国际刑事管辖原则，不适用于反托拉斯法和其他经济法领域。

③ 这是美国的《对外关系法（第三次重述）》的说法，这种分类学术界还有争议。

④ 余劲松：《跨国公司法律问题专论》，法律出版社 2008 年版，第 323 页。

⑤ 余劲松：《跨国公司法律问题专论》，法律出版社 2008 年版，第 327 页。

联的整体。基于不同的管辖依据，东道国和母国都对跨国公司行使管辖权必然导致管辖权冲突，这种冲突属于相同层次的法律制度之间的冲突。具体分为以下三种情况：

（1）对子公司管辖权的冲突。子公司是依据东道国的法律设立的具有独立人格的法人，应受东道国管辖。跨国公司获准进入东道国市场后的投资经营活动，将会涉及到分支机构设置、人员雇佣、采购、生产、销售等诸多环节。习惯国际法赋予主权国家的属地管辖权包括东道国在外资准入和经营阶段施加履行要求的权利①。一国有权管理在其领土范围内经营的国外控制企业的活动。即使东道国关于跨国公司的子公司管辖权的法律和政策与另一个主权国家（母国）的法律相冲突，东道国也有权要求在其领土上依法建立的跨国公司的子公司遵守东道国的法律。但有些国家规定，国外子公司要为两个主人服务，既要服从于东道国也要服从于母公司。如德国为保证对国外子公司的控制，母公司在其与子公司的董事订立的个人合同中列入一个条款，要求后者不仅要服从所在国的法律及公司章程，而且要服从德国母公司的商业规则和指示，实际上是要子公司服从德国法律的规定。虽然这种做法符合母子公司治理结构，因为不是直接控制外国子公司也不违背国籍原则，但是如两国都主张管辖的话，则冲突不可避免。

（2）对母公司管辖权的冲突。通常情况下，基于属地或国籍原则，母公司受母国的管辖，东道国不能对其行使管辖权。但一种较为可接受的根据是在某种特定情况中将母子公司看作单一经济体，②或把子公司当作外国母公司在本国的化身或代理人，以便东道国可以对母公司实施管辖，就像将其当成子公司一样行使管辖。③ 国际法协会认为，如果发生在域外的行为，由雇员或代理人在其职权范围内在域内履行的话，那么一国就有规定支配该行为的规则的管辖权。但在以"代理"为根据对母公司行使管辖权时，应证明该子公司是代表母公司，为母公司的利益服务的。④

（3）对分公司的管辖权冲突。分公司在东道国活动，但具有母公司所在

---

① 能够直接被各国，尤其是发展中国家广泛援引，据以颁布、实施各种履行要求的原则和规则主要体现在《各国经济权利和义务宪章》、《关于自然资源之永久主权宣言》、《建立新的国际经济秩序宣言》和《建立新的国际经济秩序的行动纲领》等文件中。所有上述规则和原则，都为东道国实施各种具体的业绩要求以管理、引导和限制外资的活动提供了无可辩驳的法律依据。

② C. M. Schmitthoff, The Wholly Owned and the Controlled Subsidiary , Journal of Bussiness law, 222 - 224（1978）.

③ J. G. Starke, Introduction to International Law , 8th ed., Butterworths, 263（1977）.

④ 国际法协会第 55 次会议报告。

国的国籍。因此，母国可以依据国籍原则对其行使管辖权，而东道国可以依据领域原则对其行使管辖权。

（二）国家和国际管辖冲突

除国家以外，国际组织也会对跨国公司的活动进行规制，表现为国际公约或指南之类。虽然从一般的国际法原理而言，应该不会发生国际法与国内法的冲突。但在涉及跨国公司的国际法律实践中，因对一些国际法原则的认识不同（如关于领域管辖原则、国家主权豁免原则），极有可能发生国家管辖和国际管辖的冲突。这种冲突是不同层级的国内法与国际法的冲突。[①] 不仅是作为普通民商事主体的跨国公司卷入冲突中，而且主权国家也卷入冲突中。[②]

二、跨国公司管辖权冲突的特点

跨国公司各实体分处不同的国家，东道国和母国都可以行使对其管辖权。东道国对跨国公司行使管辖权依据主要有领域原则和国籍原则，而母国对跨国公司行使管辖权的依据主要有客观领域原则、效果原则、对敌通商法等原则。[③] 由此造成的因跨国公司各实体分属不同的国家，当两个或两个以上国家均主张对跨国公司进行管辖时所产生的积极冲突，即为"跨国公司管辖权冲突"。

（一）跨国公司管辖权冲突具有必然性

对于一般的国际民商事案件而言，各国的民商事管辖制度存在差异仅为管辖权冲突的产生提供了可能性，各国关于平行管辖权的规定是管辖权冲突的法律原因，而当事人的择地行诉才是最终引发管辖权实际冲突的导火线。跨国公司国际关联的特质使得管辖权冲突"自始存在"，即使没有当事人的择地诉讼。

1. 跨国公司法律上独立性与经济上一体性的矛盾

依据国家主权原则，各国对与其相关的一切人、事物、行为等均有行使管辖和进行法律规范的权力。法律上，跨国公司内部各实体是相互独立的实体，依据所在国的法律创设，各自受所在国家的管辖。而经济上，跨国公司各实体是在母公司控制下的相互关联的整体，经营活动往往突破单一国家的界限。在跨国公司国际生产的连接下，当两个或两个以上的国家基于不同的管辖权根据均有理由主张管辖权时必然引起管辖冲突。例如，瑞典法律禁止瑞典在境外的

---

① 李金泽："跨国公司影响下的国际法律冲突新问题"，载《南京社会科学》2001 年第 3 期。

② 李金泽：《跨国公司与法律冲突》，武汉大学出版社 2001 年版，第 89 页。

③ 王慧："对跨国公司管辖权冲突的分析"，载《法学杂志》1998 年第 1 期。

子公司直接或间接在南非投资，但该子公司所在国的法律有不同规定的情况下，此禁令便不可能直接适用。[①]

2. 域外管辖权的行使增加了管辖权冲突的可能性

所谓域外管辖，简而言之，就是一国将其法律的适用范围或其司法和行政管辖范围扩展至该国领土以外。[②] 一般而言，各国都承认私法领域法律的域外效力（属人效力），而一国的公法仅具有域内效力。

跨国公司的国际关联特质使得其活动必然涉及两个或两个以上国家，相关国家基于公司职员的国籍、分公司的财产等因素，对域外实施的有害于国内的私法行为进行管辖，必然形成域外管辖。另一方面，跨国公司实施的跨国垄断行为给所在国造成了极大的负面影响。为了最大限度地对抗跨国垄断行为，保护国家利益，以美国为代表的某些国家以"效果原则"或"行为准则"为依据，力图使其证券交易法、对敌通商法及出口管理法、反托拉斯法等经济法产生域外效力，并在相应的领域得以具体实施。域外管辖权在经济法领域的扩大适用加重了跨国公司管辖权冲突的可能性。

3. 当事人的选择

双方当事人基于自身利益的考虑，选择不同的国家法院提起诉讼，是使得对跨国公司的管辖权冲突从静态、虚拟的冲突最终演变成各国法院现实管辖权上的动态冲突。当事人的挑选法院是管辖权冲突现实化的导火索。

4. 网络环境下管辖法院范围的扩大

网络时代跨国公司的去母国化、组织结构上的扁平化和战略联盟的扩展使得利益主体和联接因素多元化，扩大了可行使管辖权的法院范围，增加了管辖权冲突的可能性和复杂性。

（二）裁判管辖权与法律适用联系紧密

传统国际私法中，管辖权的冲突与法律适用是两个不同的问题。管辖权冲突是指各国司法机关审理涉外民商事案件的权限之争，而法律适用是指法院在审理国际私法案件时，具体选择什么实体法作为判决依据的问题。一国法院或其他主管机关有管辖权并不意味着该国的实体法被适用。除程序问题直接适用法院地法之外，法律适用一般需要通过冲突规范的指引，结合具体案件事实加以确定，可能指向内国法也可能指向外国法。可见，法律适用是实体法的冲突，往往与管辖权相分离。

---

① 徐文超、储敏：《国际私法要论》，知识产权出版社 2004 年版，第 57 页。
② 周晓林："美国法律的域外管辖与国际管辖权冲突"，载《国际问题研究》1984 年第 3 期。

跨国公司使管辖权的冲突与法律适用紧密联结起来。① 究其原因在于：（1）公司属地性的传统理念促成了管辖权与法律适用的结合。② 公司因其管理中心的稳定性和属地性，理所应当地接受属地法院的管辖，公司内部问题的法律适用也应受属地法的支配。（2）域外管辖权的行使一般都是基于国家安全等涉及一国重大利益的事项。因此在行使域外管辖之后，法院地国一般都适用本国法律来保护该重大利益。管辖权与法律适用紧密地联系在一起了。（3）各国立法很少对跨国公司的管辖权和法律适用做出明文规定。这种立法缺失为有管辖权的法院，在外国法无法查明时，直接适用法院地法提供了先天条件。

（三）域外管辖权突出

跨国公司内部各实体之间的关联行为其进行法律规避创造了条件，母国和东道国为了最大限度地对抗跨国公司的法律规避，都渴望延伸本国的管辖权，相向的立法和司法理念在跨国公司行为的连接作用下出现碰撞和冲突。③ 这种一国将其法律的适用范围或其司法和行政管辖范围扩展至该国领土以外的行为就是"域外管辖权"。一般而言，一国主要基于如下原则行使对跨国公司的域外管辖：

（1）客观领域原则和效果原则。客观领域原则是属地原则的法律延伸，是指特定国家对于始于别国领土的，完成或实现于本国领土内，或严重伤害了本国社会经济秩序的行为行使领土管辖权。1927 年国际法院受理的"荷花号案"确立了客观领域原则：如果在一国境外的行为的直接结果对该国产生了有害的影响，而且该行为人进入该国领域内，该国才可以行使管辖权。

效果原则是客观领域原则的延伸。效果原则是指即使某事项发生在一国领土范围以外，但如果该事项的效果实际或有意及于其领土范围以内，则这些国家亦有权据此主张管辖权。④ 美国法院在 1945 年的"阿尔科"案中正式确立了"效果原则"，并在《美国对外关系法重述》（第三版）"管辖权与判决"的第四部分中界定了效果原则，全面规定了域外管辖权的问题。这种以"效果原则"或"行为准则"为依据，使一国的证券交易法、对敌通商法及出口管理法、反托拉斯法等经济法产生域外效力的行为，不可避免地与其他国家的

---

① 李金泽：《跨国公司与法律冲突》，武汉大学出版社 2001 年版，第 89 页。

② 李金泽：《跨国公司与法律冲突》，武汉大学出版社 2001 年版，第 90 页。

③ 程宗璋："论跨国公司的国际关联对法律冲突的影响"，载《新疆大学学报（社会科学版）》2001 年 6 期。

④ Restatement of the Law, Third, The Foreign Relations Law of the United States, 1987, §402 (1)(c)。

管辖权发生冲突，甚至造成对他国主权的侵犯。实践中经常遭遇到其他国家的抵制。

（2）国籍管辖原则。国籍管辖原则是指国家有权对一切具有本国国籍的人实行管辖，而不问其居住在国内或国外，也称为属人管辖。属人管辖是传统域外管辖的重要依据。实践中通常有以下情形：其一，母国对子公司的重要管理人员（多为母国国籍）行使国籍管辖，可间接实现对子公司的域外管辖。但这类管辖权往往仅限于执行管辖，不会反映到裁判管辖上来；其二，母国对国外分公司、代表处行使国籍管辖；其三，通过将公司国籍标准灵活化，把依外国法及本国通行做法应归为外国子公司的公司，视为具有本国国籍的公司，从而行使域外管辖权，这在司法实践中时有发生。①

（3）资产关联原则。跨国公司的国际关联多体现为母子公司之间的资产关联。资产关联成为行使域外管辖权的重要依据之一。实践中，各国通过企业法则、揭开公司面纱原则、另一个自我原则和代理人理论来实现管辖权。

①"企业法则"认为若一个企业是由多个公司组合而成的整体，企业整体责任应由各个组成部分共同分担。"企业法则"承认公司集团是一种独特的商业团体形式，因此为演进出一种超越有限责任公司的范例开辟了道路。但这一原则尚未被人们普遍接受。

②"揭开公司面纱原则"（也称"直索责任"或者公司人格否认制度），是指为了保护公司债权人利益和社会公共利益，在股东滥用法人独立人格和股东有限责任时，可以否认公司的独立人格，而把它们当作一个实体，对之行使管辖权。司法实践中，法官认为如果母公司与子公司之间发生了"人格混同"，法院可以依据母子公司之间的资产关联对子公司行使管辖权。人格混同具体表现为：a. 有控制权的股东对子公司进行不公正的管理，它们之间进行的业务活动，收益归于有控制权的股东，损失则由子公司承担；b. 子公司实际上是母公司的一个组成部分，如办事处、某部门等，而非真正的独立法人；c. 子公司根本没有具备独立法人资格的必要程序；d. 子公司与母公司从事本质上相同的业务，而且子公司从业资金完全由母公司控制且未充足注资；e. 子公司与母公司在财务和业务上具有不可分割性，未明确划清界限，是严格意义上的同一体。1972 年欧洲经济共同体对"美国大陆罐头包装公司案"就是典型的一例。此外，国际法院的"巴塞罗那公司案"也适用了"揭开面纱原则"。

③"另一个自我原则"的典型案例有（Cannon Manufacturing Company

---

① 李金泽：《跨国公司与法律冲突》，武汉大学出版社 2001 年版，第 97 页。

v. Cudahy Packing Company）和（Hargrave v. Fibreboard Corp.）。前一个判例主张只有在母公司完全无视子公司形式时才可以行使管辖权。后一个判例主张当母子公司之间的关系密切到足以表明母公司的行为是通过子公司来实现时，才可以行使管辖权。① 由于判断"另一个自我"的标准尚未统一，使得该原则的操作尚具有不确定性。

④ "代理人理论"认为一个外国公司可因其在法院地通过子公司从事系统而连续的商业活动，受到法院地的管辖。该子公司实际上是外国公司的代理人。

（4）非资产关联原则。实践中很多跨国公司成员间因合同或事实关联，此时法院可将其视为合伙关系，要求每个成员分担整个公司的部分责任。这一原则的典型案例是"Touche Ross and Company v. Bank Intercontinental Limited"案。

三、跨国公司管辖权冲突的解决

首先，遵循"属地优先原则"。领域管辖是国际法传统上最重要的管辖原则。英国学者施米托夫认为，依国际法，母国和东道国的利益无论何时发生冲突，后者必须优先，这是一个原则。② 在对待跨国公司的管辖问题上，各国应首先遵循行为完成地国家管辖权优先的原则。坚持属地原则优先，能够明显突出公司与法院所属国之间的实际联系，符合最密切联系原则的精神。1968 年《布鲁塞尔关于民商事案件管辖权及判决执行的公约》第 2 条、1988 年《关于民商案件管辖权及判决执行的卢加诺公约》第 2 条都采用了这一原则。

其次，遵循有限度的"域外管辖"原则。对跨国公司引发的垄断问题以及内部交易、母子公司的责任承担问题等法律规避行为，如果一国单纯地坚持属地原则，可能为跨国公司逃避相关国家法律管辖提供机会。因此，一定程度上接纳域外管辖是必然的，但域外管辖权的行使必须有限度。国际法院认为："在处理涉及外国因素的案件中，应将适度和克制作为法院行使管辖权的限度，并且避免对属于其他国家行使的更为适当或者更适宜的管辖权的不当侵犯。"③

最后，遵循"礼让"原则。以礼让、公平和冲突法为基础来对自己的管

---

① 李金泽：《跨国公司与法律冲突》，武汉大学出版社 2001 年版，第 107～108 页。

② 李群："国家对跨国公司的管辖冲突及解决"，载 http：//www. legalinfo. gov. cn/index/content/2010－08/13/content_ 2240465. htm？ node＝7879.

③ Stone, Peter, Civil Jurisdiction and Judgments in Europe, Longman, 1998, p. 73.

辖权作出自我限制。在处理跨国公司平行管辖权所带来的冲突方面，礼让原则是一项传统的"黄金法则"，具有十分重要的地位和意义。①

　　尽管完全避免跨国公司管辖权冲突是无法实现的，但通过上述原则的实践完全可以在一定程度上减轻跨国公司管辖权的冲突。实践中，可以通过国家单边限制域外管辖权的方法、双边和多边国际条约的方法来协调跨国公司管辖权冲突。

① Harold G. Maier, Extraterritorial Jurisdiction and the Cuban Democracy Act, 8 Fla. J. Int1 L. 391, at 394（1993）.

第三编

现行跨国公司治理机制
及其制度性缺陷

跨国公司与国际投资密不可分。跨国公司是国内公司以国际直接投资的方式向海外扩展的必然结果。跨国并购成为跨国公司组织国际生产的基础和重要实现形式,也是跨国公司实施全球战略的重要手段。鉴于国际投资最能体现跨国公司国际经营的本质,下文将集中讨论有关跨国公司国际投资的治理问题。

现行的跨国公司治理机制分为跨国公司的内部治理机制和外部治理机制两部分。公司作为法人,有其自身的组织机构、法律结构从而形成相应的治理机构。跨国公司为了其跨国经营的需要,必须创设相应的法律结构和组织结构才能满足在法律允许的范围内获得最大的经营灵活性及最小的管理负担。跨国公司的治理结构不同于一般国内公司,母公司控制权的约束是跨国公司治理的核心问题。

跨国公司的外部治理机制主要体现为国家监管和国际监管两部分。跨国公司监管机制的变化是跨国公司与监管者之间的力量对比决定的。现行跨国公司监管机制可以看作是在一个离散函数,监管主体为纵轴,分布有政府监管、双边监管、区域监管和多边监管四个变量。投资的不同阶段为横轴,分布有外资设业、外资运营和外资退出三个变量。离散函数的定义域是跨国公司的投资行为,值域是外资不同阶段对应的不同层次的投资监管机制。国家监管分为东道国监管和母国监管,其中东道国监管是核心。发达国家和发展中国家由于政治、经济、文化及法律传统的差异以及发展阶段不同,监管的重点也不同。国际社会对跨国公司监管的努力始于巴黎和会提出的《外国人待遇协定》。目前已经形成了由双边、次级地区、地区、地区之间、部门、诸边和多边投资条约构成的多层次的国际投资协议体系。[①]

本编正是以此离散函数模型展开对现行跨国公司监管规则和体系的梳理,进而探讨现行监管机制的制度性缺陷,即单一国家监管无法适当处理跨国公司活动的国际影响,双边条约通常不规定这些公司的行为准则,区域文件只能适用于区域范围,在多边一级,已制定文件在范围和主题事项上都是专业性的[②]。

---

① 缔约方的数量并不构成区分国际投资协议层次的实质性因素,更重要的是看其组织原则和运行情况。

② 余劲松主编:《国际经济法问题专论》,武汉大学出版社 2003 年版,第51页。

第六章 跨国公司内部治理机制

正如任何一个公司必须满足法定条件才能设立一样，跨国公司为了其跨国经营的需要必须创设相应的法律结构以满足在法律允许的范围内获得最大的经营灵活性及最小的管理负担。但是"仅仅对跨国公司法律形式的考察是绝不可能揭示或确定其真实治理结构的"，[①] 如欲说明法律对跨国公司的反应，除非将跨国公司的法律形式和组织结构之间关系的分析结合起来[②]。因此，本章将在跨国公司法律形式的基础上探讨跨国公司组织结构的特征，进而分析跨国公司的内部治理结构及其责任承担机制。

第一节 扩大化的法律结构

跨国公司的法律结构乃指跨国公司治理中的各利益相关者之间的基础法律关系[③]。跨国公司的法律结构主要有基于股权控制的结构和基于准市场交易的结构两种形式。伴随着经济全球化的发展，许多跨国公司除了拥有一个与所

---

① A. Muscat, *The Liability of the Holding Company for the Debts of its Insolvent Subsidiaries*, Dartmouth, 1996, p. 49 – 50 and note 6.

② P. Muchlinski, *Multinational Enterprises and the Law*, Blackwell Pub, 1995, p. 47.

③ 陈东：《跨国公司治理中的责任承担机制》，厦门大学出版社 2003 年版，第 76 页。

有权相联系的法律边界之外，还构筑起一个与非股权安排相联系的"软边界"。正如孔查特和罗兰基（1988）在一篇文章中指出的："跨国公司的概念也许需要改变。传统上，它可以被看成跨国性的，企业自身"内部化"的控制链。而在当今，盘根错节且充满竞争的世界上，跨国公司更应该被看作一个联合体，它由彼此套牢的准市场交易关系所组成"。[①] 这种准市场交易关系除了基于非股权控制的合同安排以外，还有跨国公司之间的国际联营和战略联盟。这两种形式是跨国公司外部边界扩展的典型表现形式，是一种跨国公司外部一体化合作的形式。

一、基于股权控制的公司集团

跨国公司最常见的法律结构就是由母公司或者中介控股公司持有的、通过股份关联的紧密控制的公司集团。[②] 跨国公司往往通过涉及多个实体的多层次的所有权结构网络控制其海外分支机构。联合国贸发组织全球跨国企业海外分支机构数据库的数据显示，全球跨国公司超过 40% 的海外分支机构是由其母公司（最终所有人）通过复杂的跨境股权结构所持有，股权链平均涉及三个国家或地区（司法管辖区）。

（一）母公司与子公司

仅以海外分部而非子公司的形式发展国际业务的做法，只局限在少数几个行业，跨国经营的主要形式还是母公司——子公司[③]。

母公司：早期对跨国公司的认识一般地局限在股权控制。各国公司法对拥有另一公司股份多少才是母公司各有不同的界定。例如，美国 1935 年的《公共事业控股法》规定，任何公司已发行的有表决权的股票中，如果有 10% 或更多的数量为另一公司所掌握时，另一公司即为该公司的母公司。法国 1965年的《股份有限公司法》规定，如果一个公司掌握另一个公司一半以上的股本，则后者是前者的子公司，前者是后者的母公司。英国在 1948 年《公司法》第 154 条叙述为：（1）若 A 公司是 B 公司的在册股东，并实际控制 B 公司的董事会；（2）若 A 公司拥有 B 公司一半以上的股本；（3）B 公司是 A 公司的孙公司（即 A 公司的子公司所拥有的子公司）。凡符合上述任何一个条

---

① F. J. Contractor, P. Lorange（ed），*Cooperative Strategies in International Business*，New York：Lexingtan Books，1988，p. 50.

② 余劲松：《跨国公司法律问题专论》，法律出版社 2008 年版，第 20 页。

③ A. A. Fatouros（ed），*Transnational Corporations*：*The International Legal Framework*，Routledge pub，1994，p. 17.

件，则 A 公司是 B 公司的控股（母）公司，而 B 公司则是 A 公司的子公司。随着跨国公司控制权的行使从股权控制向非股权安排的转变，母公司的概念也发生变化。归纳起来，母公司是指通过掌握其他公司的股票（股份），或者通过其他合同手段，从而能实际上控制其营业活动的公司。

子公司：子公司通常是指由母公司持有全部或多数股份的的企业①。随着跨国公司行使控制的手段包括了合同安排，子公司的外延也发生了某些变化。根据某些欧洲国家的法律，由于持股或合同而处于另一公司决定性影响下的公司，是该另一公司的子公司。② 子公司最本质的法律特征是子公司是依据东道国的法律设立的具有独立法人资格的实体。无论子公司采用何种公司形式，有限责任公司或者股份有限公司，都必须遵守东道国法律规定的程序和条件。有的国家的法律，如德国法律明确要求国外子公司要为两个主人服务，既要服从于东道国的管辖也要服从于母国的管辖。

根据跨国公司母公司对子公司的持股程度，可以将子公司分为全资子公司（母公司持有 100% 股权）、绝对控股子公司（母公司持有 50% 以上的股权）、相对控股子公司（一般股权比例在 25% ~49% 之间）、参股子公司（一般标准是持股比例低于 25%）四类。③

根据母公司与子公司关系和组织形式的不同，可以将母子公司型的跨国公司集团分为：英美国家的金字塔式集团、欧洲国家的双母国式集团、日本的综合商社、新兴经济体中的国有控股型集团四种典型类型。④ 英美国家的金字塔集团是在母公司严密控制下的母子公司集团类型，通常在母公司与子公司之间还有一个或多个中间控股公司（地区总部）来控制着下层的次级子公司集团。这种类型是跨国公司的传统做法。欧洲国家的双母国式集团的形成有其历史传统，大型跨国公司的组建更多地通过跨国并购形成，出于税收考虑，双母国形态较为普遍。这种类型通常有两个母公司共同持股，旗下有相应的控股公司和子公司。例如联合利华公司有两个母公司：Unilever Ltd.（伦敦）和 Unilever NV（鹿特丹），对等持股，有共同的董事，并通过协议相连接，每个母公司的红利对等，依两个公司的普通股本支付。日本跨国公司集团起源于家族控股的

---

① 如果是母公司持有少数股权的独立公司则称为附属公司。

② 余劲松：《跨国公司法律问题专论》，法律出版社 2008 年版，第 20 页。

③ 有的分类将母公司持股 50% 或更高的国外经营单位称为国外子公司，而将其他母公司部分拥有的国外经营单位称为国外附属公司。［美］戴维·K. 艾特曼等：《跨国金融与财务》，贺学会等译，北京大学出版社 2009 年版，第 509 页。

④ 新兴经济体的界定尚未统一，本书使用 IMF 的定义：新兴经济体是指那些金融市场自由化和开放程度较高、对外国投资者的资本流出和流入限制较少的发展中国家。

商业集团。1945 年后，为防止垄断，日本反垄断法禁止出现上述集团。其后，日本公司集团的特征表现为通过少量的、集团内部的交叉持股与公司间管理部门会议的组织协调相结合来控制卫星公司。这里主要控股公司有自己的业务，在卫星公司的持股限制在 50% 以内。①

新兴经济体跨国公司有着与发达国家跨国公司不同的演进轨迹和结构特征。② 所谓新兴经济体跨国公司是指来自新兴经济体、进行对外直接投资、在一个或多个国家从事价值增值活动并对跨国界经营活动进行有效控制的国际化企业（Luo & Tung，2007）。这类企业区别于传统跨国公司的重要特征在于其所有权优势里具有明显的国家干预属性和制度因素，表现为加速国际化的过程。其中的国有控股公司是指通过持有其公司达到决定性表决权的股份，而对该公司进行经营控制，并主要从事资本经营及其他生产经营的国有企业。国有控股公司的资本金是国家直接出资，以资产运作，结构调整为重点，是介于政府和企业之间的特殊企业法人。

（二）总公司与分公司

所谓分公司是跨国公司在母国以外设立的营业机构，是总公司的组成部分。分公司没有独立的法律地位，仅仅是总公司在东道国的分支机构。分公司在东道国登记、注册，以外国公司的身份进行活动。它具有总公司的国籍，总公司对分公司的行为直接负责任。许多国际性银行在海外投资均采用建立分支机构的形式。与分公司概念相对应，凡设立分公司的公司称为总公司。

一般金融类跨国公司采用总分公司的形式较多。这是因为这是因为在影响跨国公司采取何种方式进行投资的因素，如注册程序和费用、所得税制度、准入措施等问题上，分公司与子公司有很大不同。在注册程序上，设立分公司只需要在东道国注册即可，而设立子公司需要经过特别许可程序，并符合东道国有关法人设立的相应条件，这些条件因子公司是有限责任公司还是股份有限公司而有所不同。注册费用上，一些国家法律规定外国投资者依据投资的金额缴纳注册费。采用分支机构的形式，注册费用按照总公司的注册资本计算，采用子公司的形式，注册费用按照子公司的注册资本计算。所得税制度方面，有的国家如美国规定所得税的税基是公司全球营业所得，则采用分公司的形式，可以减少向政府纳税。准入措施方面，有的国家明文规定外国投资者需以何种方式投资，如尼日利亚和印度的法律禁止外国投资者设立分支机构。巴西法律要

① 余劲松：《跨国公司法律问题专论》，法律出版社 2008 年版，第 21~22 页。

② 李佩璘："新兴经济体跨国公司与传统跨国公司的比较研究"，载《世界经济研究》2010 年第 5 期。

求分支机构的经理需具有相当的文凭而子公司的总经理则不必有任何文凭。

分公司与办事处不同。办事处只是母公司在东道国依法设立的、直接从事一些商业活动的机构，不是企业实体，更不是一个独立的法律实体。办事处无权在东道国直接开展业务活动，只能从事诸如市场调查、传递信息、与客户保持联系、产品质量控制以及商品推销等商业活动。

（三）控股公司

控股公司依据其所从事活动的内容，可分可纯粹控股公司和混合控股公司。纯粹控股公司的目的只是通过掌握子公司的股份，支配被控股子公司的重大决策和生产经营活动，而本身不直接从事生产经营活动的公司。例如卢森堡公司法规定："纯粹的控股公司是指其唯一宗旨只为了在本国公司或在外国公司中参股，因而这类控股公司除拥有管理局的办公楼外，不得拥有其他土地，不得从事任何工商活动，也不得直接与公众进行交易活动①。而混合控股公司指既从事股权控制，又从事某种实际业务经营的公司，又被称为控股——营业公司。现在许多跨国公司的母公司都是这种控股——营业公司结构。

二、基于非股权控制的合同安排

晚近，跨国公司发展的一个显著特征就是从母子公司之间的单纯股权控制安排，转向各种各样的具有实质影响的合同安排。所谓"非股权安排"是指跨国公司在东道国以承包商、代理商、销售商和经营管理者的身份，通过承包工程、经营管理等与股权没有直接联系的方式参与东道国公司的经营活动，获取一定的报酬的经营方式。非股权安排的主要形式有：销售协议、生产协议、特许经营、许可证、成套设备合同、交钥匙合同、管理合同、国际外包合同、劳务输出合同、制造合同、工程项目合同等。

（一）许可证协议（Licensing Agreement）

许可证协议是技术贸易的一种主要形式。所谓许可证协议是指许可人同意受许可人使用、制造或销售其专利物，或同意受许可人使用其商标，而由受许可人支付一定的报酬作为取得此项使用权的对价的一种合同。② 许可证协议的性质类同于租赁合同。严格地说，许可证协议这一名称只适用于以专利、商标、实用新型和外观设计为内容的技术转让协议。

作为跨国公司的一种间接投资方式，许可证协议是指跨国公司按一定价格向东道国公司转让某种技术使用权而规定彼此间相互权利义务关系的协议。它

---

① 朱慈蕴：《公司法人格否认法理研究》，法律出版社1998年版，第248页。
② 冯大同："许可证协议"，载《国际贸易》1985年第4期。

是国际技术转让最常见、最重要的法律交易形式①。一般可分为独占许可和非独占许可两种形式。

许可证协议的主要优点在于投资少，避免母公司资金占用，特别是在东道国投资存在很大政治风险，以及两国之间文化差异明显的情况下往往成为首选。许可证协议的缺陷在于受让方（东道国公司）拥有很大的自主权，如果不按照许可协议生产经营，会损害跨国公司的长远利益。

（二）外包协议

企业竞争形势日趋复杂，单纯的纵向一体化企业已经不适应新的环境。"Do what you do best, out source the rest" 的企业战略日趋成熟，外包应运而生。外包是企业内部资源有限的情况下，为取得更大的竞争优势，仅保留其最具竞争优势的核心资源，而把其他资源借助于外部最优秀的专业化资源予以整合，达到降低成本、提高绩效、提升企业核心竞争力和增强企业对环境应变能力的一种管理模式②。外包是一种介于市场和企业之间的中间"地带"，是一种混合的制度结构。

外包按业务领域，可分为"制造外包"和"服务外包"。前者指产品制造过程中零部件生产和组装环节外包，后者指技术开发与支持（如软件开发、产品设计等）和营销服务（如客户关系管理、物流管理、售后服务管理等）的外包。后者主要是跨国公司将制造业价值链中的服务功能，如研发、设计、营销等非实体性环节，以及制造业的专业性服务，如金融、法律、人力资源管理等服务通过 FDI 或者以合约形式提供给第三方经营的一种组织形式。目前主要内容有信息技术外包、业务流程外包、知识处理外包三种形式③。

跨国公司作为外包的主要践行者和受益者，其全球业务外包对国际生产体系产生日益重要的影响。跨国公司通过外包协议对另一方生产加工企业行使控制权。跨国公司控制着产品价值链中增值最大的环节，而由分包商负责一些劳动密集型部分的生产。

（三）经销协议或代理协议

经销是产品从生产者向消费者转移过程中所涉及的一系列活动。国际经销是指进口商与国外出口商达成协议，承担在规定的期限和地域内购销指定商品

---

① 马忠法：《国际技术转让法律制度理论与实务研究》，法律出版社 2007 年版，第 290 页。
② 宋丽丽：《跨国公司服务外包研究：东道国和承接方视角》，复旦大学 2008 年博士论文，第 60 页。
③ 黄庆波、李炎："跨国公司在华外包活动的深化与中国的政策选择"，载《国际贸易》2008 年第 12 期。

的义务。通过经销协议，母国生产商指定当地某企业作为其产品的经销商，确定经销商的销售和服务的区域，向经销商出售有关产品。作为对其在东道国或其他地域享有唯一的或排他的销售权的回报，经销商有义务购买该生产商的产品，并尽自己的最大努力销售产品。^① 母国生产商和当地的经销商通常是相互独立的实体，但母国生产商可以通过经销协议对其实施较大的控制权。

国际商事代理，是指在国际商事活动中作为代理人的商人为取得佣金，而依被代理人（母国生产商）的授权，为被代理人的利益与第三人为商行为，其中一个或多个环节发生在国外，由此而发生在被代理人、代理人及第三人之间的一种特殊的民事法律关系。依据委托授权的大小，可分为独家代理、一般代理、总代理和特约代理。

直接以当地代理人或经销商为枢纽可使母国生产商省去大量调查和开拓海外市场的时间、人力和物力，快速有效地将自己的产品打入当地市场。但经销商和代理商的权利义务还是有些不同之处。经销商与母国生产商之间是买卖关系。而代理商与母国生产商之间是代理关系，代理商的权限限于代理协议的授权。

（四）特许经营

"特许经营"一词译自英语的"Franchising"，原指王室的一种特权，后又被引申为授予或出售的诸如使用某个名称或销售产品或服务的权利，即制造者或供应商授权销售按照约定的条件使用其产品和名称的权利。^② 对特许经营的界定尚未统一。布莱克法律词典对"Franchising"的解释是指由政府授予个人或公司的一种特权，这种特权区别于一国公民所享有的普通权利。美国商务部规定：特许经营是指主导企业将自己开发的商品、服务和营业系统（包括商标、商号、企业形象的使用权、经营技术等）以合同的形式授予加盟店在规定的区域内经营和使用，加盟店则缴纳一定的营业权使用费，并承担约定的义务。特许人与被特许人之间的法律关系由特许合同确定。特许经营至少存在政府授权经营和商主体授权经营两种类型。

商业特许经营最早产生于美国。1863 年，美国胜家缝纫机公司为推销新产品，首先运用特许经营方式在美国国内建立营销网络获得巨大成功，被视为

---

① D. F. Vagts, *Transnational Business Problems*, The Foundation Press, Inc., 1986, p 259 – 308.

② Black's Law Dictionary, 5ed, . West Publishing Co., 1979, p. 592.

商业特许经营的鼻祖。① 一般而言，特许经营具有四方面的特征：一是以特许经营合同为基础；二是以特许经营权为核心；三是以统一的形象为表现形式；四是以一定的费用为对价。受许人是独立的实体，但其经营自主权受到特许人的严格限制，对特许人具有较大的依附性。特许经营能够很好地解决特许人风险与收益之间的矛盾。

在 20 世纪八九十年代跨国特许经营成为国际直接投资的替代模式风行全球。特许经营适用于可以采用统一商业模式实施的服务型商品，如餐饮、计算机硬件和软件、化妆品和婚纱、旅馆等。按照特许权的内容划分有两种基本类型：产品商标型特许经营（产品分销特许）和经营模式特许（工业特许）。前者是指特许者向被特许者转让某一特定品牌产品的制造权和经营权。特许者向被特许者提供技术、专利和商标等知识产权以及在规定范围内的使用权，对被特许者后续生产经营活动并不作严格的规定。这类特许形式的典型例子有汽车经销商、加油站以及饮料的罐装和销售等。目前在国际上这种模式发展趋缓并逐渐向经营模式特许演化。后者指特许人特许其他制造商按照它提供的商标、专有技术、生产规格等生产同类产品，并要求加盟店必须严格执行总店的质量标准、经营方针等。典型例子如可口可乐、麦当劳等。

三、跨国公司的外部一体化日益增多

跨国公司的法律形式不仅表现为跨国公司集团内部一体化的股权和非股权安排，还表现在跨国公司的外部一体化之中。经济全球化的深化使得跨国公司之间竞争日趋激烈的同时，也呈现出外部全方位合作的态势，突出表现为跨国公司之间的战略联盟和国际联营日益增多。

国际联营是指"两个或两个以上的公司合作以便为了一个特定的或有限的目的而作为一个单一实体行动时所产生的一个组织"。国际联营的法律形式可以是法人式合营企业或合伙的形式。通常那些要求具有来自他国公司的技能和资源的特殊的、大规模的建设或工程项目，为了能成功地实现其目的，通常会采取这种形式。例如空中客车公司是典型的代表。

战略联盟一词，最早是美国 DEC 公司总裁简·霍兰德和管理学家罗杰·奈格尔首先提出来的，并已成为近二十年来迅速发展出来的企业间的合作形式。战略联盟的根本特点是"利益和控制的分享"②。在联盟存续期间，各联

---

① Martin Mendelsohn &Robin Bynoe, *Franchising by LAW&TAX*, Guildford and king's Lynn, 1995, p. 22.

② R. J. Mockler, *Multinational Strategic Alliance*, John Wiley & Sons Ltd, 1999, p. 1.

盟伙伴共享联盟收益，并对基于联盟协议而分配给各伙伴的业务事项施加控制。但因为伙伴关系的不确定性，所以管理战略联盟的难度极大。战略联盟包括以下几种形式：合资企业、少数股权投资、研发联盟、战略性合作协议、分包网络、虚拟企业等。

所谓"跨国公司战略联盟"是指两个或两个以上的跨国公司出于对整个世界市场的预期和企业自身总体经营目标和意愿，在某些利益共同点的基础上建立的风险共担、优势互补、利益共享的长期联合与合作的经营方式。作为跨国公司外部扩张的策略之一，跨国公司的战略联盟多数是一种非资本参与型国际竞争战略。它所形成的并非是一国企业对另一国企业进行控制和支配的纵向从属关系，而是在保持各自独立的基础上，企业间具有战略意义的长期合作关系，是介于纯粹的市场交易关系与完全的内部一体化之间的一种中间组织形式。跨国公司战略联盟既有合同安排的，也有股权安排的，还有两者相结合的跨国公司联合体。

第二节　扁平化的组织结构

跨国公司的组织结构是跨国公司为了实现跨国经营目标而确定的一种内部权力、责任、控制和协调的管理组织形式[①]。从动态的角度来看，跨国公司分散在全球不同地理区域上的母公司和分支机构都有可能对组织的技巧和知识的积累作出贡献，跨国公司对这些技巧和知识的整合状况决定了企业的组织边界。[②]

一、传统上的科层结构

"虽然人们在组织结构的类型方面发展出许多变种，而且在近几年里偶尔也有一些变种混合为一种新模型的形式，但是传统上，大型工业企业的管理上仅仅只有两种基本的组织结构……即集中的、按职能划分部门的结构（U 型结构）和多分支公司的分权化的结构（M 型结构）。"[③] 随着信息时代的到来，另外一种结构——N 型组织结构走到了舞台中央，成为时代的新宠。

---

① 杨宇光：《经济全球化中的跨国公司》，上海远东出版社 1999 年版，第 145 页。

② 吴先明："跨国公司治理：一个扩展了的公司治理边界"，载《经济管理》2002 年第 24 期。

③ ［美］钱得勒：《看得见的手——美国企业的管理革命》，重武译，商务印书馆 1987 年版，第 546 页。

作为现代企业的一种，跨国公司的组织结构也无外乎上述三种类型。但跨国公司较之一般国内公司而言，具有更为复杂的组织结构。"跨国公司就像是文艺复兴时期人们心中的上帝，到处都是其运作中心，但找不到其外围的边界。"① 跨国公司必须对产品、职能和地区进行控制，必须处理好"国际化与本地化"、"大公司与小单位"以及"集权化与分权化"的矛盾，必须面对更为复杂的经营环境。从动态的角度来看，跨国公司分散在全球不同地理区域上的母公司和分支机构都有可能对组织的技巧和知识的积累做出贡献，跨国公司对这些技巧和知识的整合状况决定了企业的组织边界。②

传统跨国公司的组织结构是金字塔式的垂直一体化的科层结构，层级制严格，决策权集中在母公司，子公司只被看作是一个分支机构。这时母子公司之间关系更多地体现为管理和控制关系。美国学者 Stophford 将这一时期跨国公司组织结构的演进分为三个阶段：初期分权式海外子公司、国际事业部的设立，迈向全球性组织结构之展开③。全球性组织结构包括单维全球性组织结构和多维矩阵结构两种。其中，单维全球性组织结构又包括全球职能式组织结构、全球产品式组织结构、全球地区式组织结构。多维矩阵结构包括一般矩阵结构和战略矩阵结构。

（一）分权式海外子公司

一般而言，企业进入海外市场的战略包括出口、许可证贸易和国际投资三种类型。当企业不再只依赖出口或者许可证贸易实施其海外市场进入策略时，往往会通过在海外设立子公司的形式进入别国市场。一般认为，分权式海外子公司结构是国内企业向跨国公司演进过程中的一种过渡形式，存在于跨国公司发展的初期④。早期的海外子公司独立性较强，可以根据当地实际情况自主决策。母子公司的联系主要通过母、子公司经理人员的个人关系实现的。子公司只是定期向母公司汇付股利。

（二）国际事业部

国际事业部是适应跨国公司早期发展阶段的组织形式。与国内的其他事业部一样，国际事业部是一个相对独立的利润中心，负责管理和协调企业所有的海外生产经营活动。这一时期，跨国公司的制造职能和相关职能（如人事、

---

① Derrick de Kerckhove, The Skin of Culture, Somerville House, 1995, p. 135.

② 吴先明："跨国公司治理：一个扩展了的公司治理边界"，载《经济管理》2002 年第 24 期。

③ J. M. Stophford &L. J. Wells, Managing the Multinational Enterprise：Organization of the Firm and Ownership of the Subsidiaries, Basic Books Inc, 1972.

④ 阎海峰：《跨国公司网络组织》，复旦大学出版社 2007 年版，第 89 页。

技术等）继续保留在国内分部手里，只在海外设立销售和配送中心。这种"母国制造＋国际分销"的模式被绝大多数行业广泛采用。跨国公司采用简单的国际事业部作为中心的辐射型网络进行组织，通常倚仗母国的武装力量作为保护，建立和控制着国际贸易通道。国际事业部的设计有利于企业以较低的管理成本从事相对复杂的国外经营。但是国内分部与国际分部之间的协调非常重要，否则将不能有效地整合企业的国内与国际的资源和市场。在20世纪二三十年代，这种以贸易为基石组建的网络因为贸易保护主义的兴起而不再畅通无阻了。为了适应新的形势，新的组织结构诞生了。

（三）单维全球性组织形式

跨国公司的全球性组织形式是指跨国公司的母公司打破国内外业务的界限，从全球的角度出发，协调整个公司的生产和销售活动，将国内外业务统一起来的组织形式[1]。这种组织形式始于二战后，发展于20世纪60年代中期，目前仍处在逐步发展完善中。按照母公司与子公司的关系维度，可划分为单维全球性组织形式和多维矩阵结构两类。单维全球性组织形式是跨国公司目前采用的主要形式，包括按照职能、产品和区域划分的三种形式。

1. 全球职能式组织结构

全球职能式组织结构是按生产、营销、财务、人事、研究开发等职能分别设置部门，直接管理和协调该职能部门在国内外的业务活动。这种组织结构的主要特点是以职能或工作为中心，对公司在世界范围内的主要活动实行专业化管理和控制。其中总部负责制定战略，各职能部门负责管理国内外各种业务，各个职能部门相互依存性强，集权程度较高。

职能式组织结构能够把跨国公司庞大的国内外业务机构按管理职能和业务工作统一起来，有利于提高各部门的专业化水平，提高工作的效率，强化公司对职能部门活动和效果的约束与考核。但职能式组织结构中总部的权力过于集中，国外各分支机构的权力较小，不利于调动其积极性；总部以及国外各分支机构的职能部门之间存在"隧道视野"效应；各职能部门的业务范围狭小，不利于国外各分支机构开展多样化经营[2]。

2. 全球产品式组织结构

全球产品式组织结构是以产品部为单位形成利润中心并负责与该产品有关的经营管理活动。这种组织结构是为适应产品多样化、系列化的要求而设计的。公司总部确定公司总目标和战略，产品部根据总部的总目标和战略制定本

---

[1] 杜文中：《界限经济与市场主体行为》，经济科学出版社2004年版，第116页。

[2] 赵民杰、姜飞："跨国公司组织结构演化研究"，载《经济经纬》2005年第2期。

部的经营计划，对本部门产品在全球的生产、销售活动实施控制。

由于相同产品的生产经营活动统一于同一部门管理，实施产品式组织结构有利于各分部共享产品与技术开发成果；便于各分部制定和实施有效而统一的市场开拓、广告和技术服务等经营策略；有利于减轻总部负担，使其致力于公司长远战略规划和重大决策；有利于保证国内外经营活动的一致性，使公司在全球范围内更合理地配置经营资源；同时以各分部作为利润中心，可以调动各分部的积极性，提高效益，分散风险。这种组织结构的主要问题在于各个产品类之间的联系不密切，相互之间甚至存在高度独立的倾向，增加了各类产品在一国经营活动中相互协调的障碍，容易造成公司资源的重复和浪费；总部在计划协调各产品部的活动时难度加大，各产品部为追求本位利益，可能影响公司整体战略目标的实现和统一政策的贯彻执行。

3. 全球地区式组织结构

全球地区式组织结构是将公司国际范围的业务活动划分为若干区域，按区域设立地区分部（相对于下一级而言称为地区总部）。全球总部处于最顶层，地区总部居中，其下还有次级地区总部，而国别业务单元处于最底层[1]。全球总部从全球整合战略出发，承担制定发展计划、融资、投资和地区间协调等活动，是决策和管理中心。地区总部是中间层，既要考虑地区整合又要兼顾地区反应，负责地区内的决策和管理，其权力一般是从全球总部下放的，地区总部的高层常常是全球总部的董事或执行董事之类的高级管理人员。次级地区总部是管理两个以上的国别业务单元的组织。最底层是国别业务单元。

跨国公司地区总部是跨国公司整个链条中的地区级子公司，既是跨国公司核心层（总部）下的子公司，又是其松散层子公司的母公司。地区总部既不是生产性企业也不是服务性企业，而是实现资产优化配置的资本管理公司。地区总部与一般外资企业的最大区别在于业务性质的不同。前者从事直接投资并可接受委托管理协调其所投资的企业，但不能参与企业的经营管理；后者直接从事经营活动或者服务活动。地区总部实质是更高级别的外商投资性公司，只是地区总部具备更广泛的业务权利，而且可以"管理性公司"的形式存在。

这种模式的优点在于：有利于跨国公司在同一地区市场内协调产品的生产、销售活动，可以根据地区市场的特点和变化，采取灵活的营销组合策略，减轻因地区差异给公司总部集中决策造成的困难；子公司都由所在地区的地区总部管理，可以减少公司总部和分部与其下属单位之间在管理、控制、监督、通讯等协调上的困难。按地区设分部的组织结构的缺点是：地区分部倾向于关

---

① 孙姣：《跨国公司地区总部的区位选择研究》复旦大学 2006 年博士论文，第 66 页。

注地区绩效，忽略产品多样化发展，可能会影响地区之间在产品的生产、销售及资金融通上的协调发展和业务配合；产生地区本位主义，造成地区机构重叠、管理人员增多、经营成本上升；地区之间在制定生产标准、转移定价时也易产生矛盾。

（四）多维矩阵结构

多维矩阵结构是在组织结构的设计上授予两个或两个以上层面的单位以同等权限与责任，形成纵横交错的立体结构。这种结构是为解决单维结构模式存在的控制和协调方面的问题而设计的。它包含一般矩阵结构和战略矩阵等形式。

一般矩阵式结构是在全球分部门结构基础上发展起来的组织形式，它给予职能区域、地理区域和产品组三维因素中的两维，甚至三维以同样的权力，对公司的全部业务进行纵横交叉甚至立体式的控制与管理[1]。一般矩阵式组织结构的优点是能促进各部门、各层经理的合作与协调，在保持专业分工的同时加强联系和沟通；有利于把管理职能，产品的产销及地区市场因素综合起来加以考虑，为实现共同的利润目标合理配置资源。这种模式的缺点在于管理和控制成本高昂。这种组织结构较适合于建筑工程、航天、营销以及有许多专家共同为一个项目工作的管理咨询公司。

战略矩阵结构是把矩阵管理与战略计划统一在一起的组织结构。矩阵管理涉及团队建设和多头领导系统但具有短期性，而战略计划决定了企业的目标，具有长期性。两者的结合涵盖了众多业务范畴，比起单一维度的层级制更能包容国际管理中的多维度问题。

二、网络时代的扁平化

公司法学者莫道考塔斯将传统的跨国公司组织结构形容为"公司殖民主义"，因为它和政治、经济殖民主义的控制模式类似：母公司扮演着宗主国的角色，而子公司是围绕着宗主国的附属殖民地。与此对应，他将跨国公司组织结构的网络化过程称为"非殖民化"，因为母子公司之间中心与附庸的关系正逐渐弱化。[2] 子公司的角色从"当地执行者"逐渐向"特殊贡献者"和"世界命令者"转变[3]。以组织内部集权与分权的均衡为主线，跨国公司的组织变

---

① 阎海峰：《跨国公司网络组织》，复旦大学出版社 2007 年版，第 94 页。

② 巫宁耕、邱巍："经济全球化与跨国公司的资本及组织重组"，载《经济学家》2001 年第3 期。

③ 吕君："国际跨国公司组织形态的演进规律研究"，载《经济论坛》2007 年第 13 期。

革不断向纵深发展。外部市场的全球化和信息技术的发展也使得跨国公司传统的刚性边界逐渐淡化，网络化成为了当今跨国公司国际生产的重要特征。具体表现为：

（1）组织结构扁平化。跨国公司通过减少管理层次和裁减冗员而建立起了一种紧凑的扁平化组织结构。扁平化组织结构的基础是知识团队，通过知识共享实现企业目标。这种组织结构既有利于信息的收集、传递和处理，又能保持信息的真实度，还适应了信息经济时代对组织的要求。

（2）组织结构虚拟化。虚拟企业是依托不同独立企业的核心能力，按价值链建立起来的松散型一体化联合体。虚拟企业的特征是成员可以共享彼此的核心能力；通过网络实现合作；程序导向；以顾客需求组建相应的虚拟联合体①。

（3）组织结构柔性化。组织结构柔性化就是围绕着若干关键流程和顾客利益来确定企业的分工和结构，而不是根据产品或职能部门来定义其结构。组织柔性化是跨国公司超竞争优势的所在。

（4）组织结构非正式化。网络技术的发展，使得员工无须在固定的时间、固定的场所去完成固定的工作。员工只要能在规定的期限内完成规定的任务即可。领导者对员工的监控通过企业内部的互联网络进行。工作方式的变化使得跨国公司组织结构呈现出日益非正式化趋势②。

跨国公司在结构上正逐步演变成"全球网络公司"。这种跨国网络结构的核心是追求当地市场的快速反应能力、同时利用全球规模经济、寻找有特色的知识来源来整合地方的优势。与具有对称性的矩阵结构不同，跨国网络结构往往不具有对称性，也不在意组织、产品、地区之间的管理平衡。它更在意行业关键性资源在全球地域分布的不对称性。

跨国网络不仅表现为一个简单的公司内部网，还是一个通过多种形式（如合作协定、许可协议、关系合同、分包、战略联盟等）和不同渠道形成的公司外部网。这种公司外部网络组织可划分为增值合作伙伴和全球虚拟公司两种。前者由许多独立公司组成，通过紧密合作，共同管理产品价值链上的产品和服务，各基本单位之间以纵向关系为主，在一定程度的水平关系上也会有两个以上基本单位负责同一职能的情况。后者是由分布在全球范围内的独立企

---

① 陈向东、魏拴成主编：《当代跨国公司管理》，机械工业出版社 2007 年版，第 124 ~ 126 页。

② 姚建峰："跨国公司组织结构的变革与发展"，载《经济问题探索》2005 年第 2 期。

业，以联盟形式组成的合作组织，其主要目的在于迅速实现经营范围的扩大直至实现经营全球化。全球虚拟公司的形成是基于成员间的共同利益，而非共同的股权所有关系。网络组织中，各单位之间以水平关系为主①。

第三节　公司治理遇到跨国经营的挑战

一、公司治理制度遇到跨国经营的挑战

伴随着跨国公司全球势力的增强，跨国公司的组织结构和治理模式日益受到人们的关注。建立在国内公司层面上的公司治理制度遇到了跨国经营的挑战。各国法律制度的差异、两大公司治理体系之间的差异使得跨国公司展现出比独立的国内公司和公司集团更为复杂的组织特征和治理结构。②

"跨国公司治理"，狭义地讲是指有关跨国公司母公司及子公司管理层的功能、结构、股东的权力等方面的制度安排；广义地讲，则是指有关控制权和剩余索取权在跨国公司各成员公司内部、各成员公司之间分配的一整套法律、文化和制度性安排。③

具体来说，跨国公司的治理结构可以分解为三大部分，一是母公司自身的治理结构，二是子公司的治理结构，三是母子公司之间的控制结构。这三部分之间是通过产权控制链和委托代理链连接的。

（一）母公司的治理结构

母公司的治理结构表现为剩余价值索取权与所有权相分离。剩余价值索取权是指企业收益在支付要素报酬和投入品价格之后的剩余收入的索取权。一般的股份有限公司中，公司的出资人拥有公司的所有权和剩余价值的索取权，经理人拥有经营权。而在跨国公司母公司中"董事会已死，CEO 就是国王"④。跨国经营、股权分散等原因，造成母公司的经营者 CEO 实际掌握了母公司的剩余价值索取权。而剩余价值索取权由股东向经营者转移的特点，使得母公司

---

① 薛求知、阎海峰："跨国公司新组织形态：网络组织"，载《世界经济文汇》2001 年第 1 期。

② 除了典型的母子公司的结构之外，跨国公司还有非股权安排的结构，本部分以跨国公司最常见的法律结构——母子公司集团为例，解构跨国公司的治理结构。

③ 陈东："跨国公司治理与管理层的义务"，载《厦门大学法律评论》第 3 期。

④ T. Rapakko, *Unlimited Shareholder Liability in Multinationals*, Kluwer, 1997, p. 131.

中，经理人的"内部人控制"的现象比一般的公司更为显著。① 跨国公司的母公司——控股公司——子公司的管理层等级架构的控制链，不仅使子公司的少数股东难以行使控制权，母公司本身的股东也无力染指公司治理。② 跨国公司母公司的治理结构的重点是确保职业经理人对自身利益最大化的追求与公司股东利益最大化目标相统一，实现母公司剩余价值索取权与所有权的对应。

（二）子公司的治理结构

子公司的治理结构表现为剩余价值索取权与所有权都统一在非自然人股东——母公司手中。一方面，子公司虽然是依据东道国法律设立的独立法人实体，但与一般的独立法人不同，在跨国公司的多层次产权关系中，子公司成为一种缺乏直接自然人股东的法人实体，其所有权主要由母公司掌握。另一方面，母公司作为子公司的控股股东，往往通过股权控制、知识控制和组织控制实现对子公司剩余价值索取权。子公司的剩余价值索取权与所有权统一于母公司，并从根本上确立了子公司对母公司的依赖关系。跨国公司子公司的治理结构的重点是母公司控制权的约束问题。

子公司的管理层处于一个双重效忠地位的尴尬境地。按照法律规定，子公司是东道国的独立法人，子公司的管理层应该向子公司的董事会负责。而实际上，由于母公司对子公司的实际控股，母公司操纵着子公司的董事会。子公司管理层的任命并非由母公司或子公司各自的董事会完成，而是由集团上一层级的高级经理来完成的。在这种"集团之管理等级架构"下，子公司的管理层直接对上级管理层或母公司管理层负责，并对母公司效忠。"子公司的董事会会议不过是如何执行上面的指令的会议"。

（三）跨国公司的跨国委托代理链

与一般的国内公司相比，跨国公司的委托代理链更为复杂。一般的国内公司中，委托关系存在于股东——董事会——经理之间。而在跨国公司的股东——母公司——子公司多层次的产权关系中，至少存在两层委托——代理关系：股东——母公司之间的代理关系，母公司——子公司之间的代理关系。这种跨国委托代理关系实际上是单体公司和企业集团代理关系在国外的进一步延伸，是代理关系突破企业边界和国界的必然结果，呈现出开放性、高成本和高风险的特点。

子公司的投资来源于母公司董事会的决定，因而其直接委托人表现为母公司。而母公司股东又是母公司董事会的委托人，因而，跨国代理关系中的最初

---

① 魏旭："试论跨国公司治理的特殊性"，载《科技情报开发与经济》2006 年第 22 期。

② 陈东："跨国公司治理与管理层的义务"，载《厦门大学法律评论》第 3 期。

委托人仍然是股东，而不是母公司董事会。但与单一公司不同的是，跨国公司的代理链是层叠式的，是在单一公司代理链的基础上叠加了一层代理链。[①]

（四）跨国公司的跨国产权控制链

跨国公司内部的这种通过资产联结而形成的控股和被控股关系是跨国公司内部体系构造中最常见的形式。作为由母公司通过控股、参股子公司形成的一个股份公司集团体系，跨国公司的产权在母公司和子公司之间被分解成若干组相互关联的产权关系。自然人和法人是跨国公司母公司的股东，母公司或者中间控股公司是海外子公司的控股股东。这样在母公司股东与子公司之间就形成了一种不同于传统股份有限公司的股东——母公司——子公司的多层次产权关系。

二、核心是母公司控制权的约束问题

跨国公司的治理是一般公司治理跨国化的产物和高级形态。[②] 由于子公司管理层在实践中对子公司的控制股东的遵从，使得狭义上的公司治理理论所说的"代理问题"在跨国公司整体治理结构下几乎找不到踪影。[③]

跨国公司治理的特殊性，在于解决跨国公司在两个或两个以上法域运作时产生的特殊问题。尽管几乎所有跨国公司的核心治理结构无论如何与其总部设立地之法域的通行原则的关系最为密切。[④] 这些特殊问题包括：（1）委托人的法人性和母公司性；（2）代理人的机构性和子公司性；（3）多维度的治理主体和治理客体；（4）股东、内部人和利益相关者的多国籍性等。

公司治理的终极问题是公司控制。[⑤] 跨国公司治理的核心问题是跨国公司集团内部是谁在什么状态下实施控制？如何控制？能否课以相应的责任承担机制？简而言之，母公司对子公司的债务承担问题是整个跨国公司治理的核心所在。

（一）治理结构的超国家性

一般国内公司的公司治理都是建立在特定的法律框架基础之上的，治理结构往往是由公司法所规定。目前主要有英美模式和德国模式两种主要的治理模

---

① 双层代理链同时存在两种不同的契约关系，叠加式的代理链先后来自两种包含与被包含的契约。参见周新军："跨国公司多层委托代理下的公司治理"，载《管理科学》2006年第1期。

② 王振宁："当代跨国公司治理机制初析"，载《金融与经济》2005年第9期。

③ 陈东：《跨国公司治理中的责任承担机制》，厦门大学出版社2003年版，第75页。

④ 陈东：《跨国公司治理中的责任承担机制》，厦门大学出版社2003年版，第63页。

⑤ P. N. Doremus, W. W. Keller, L. W. Pauly & S. Reich, *The Myth of Global Corporation*, Princeton Univ. Press, 1998, p. 138.

式。但是跨国公司的组织边界已经超出了一国范围，因而其治理结构也具有超国家性。超国家性的根源在于跨国公司经济上的一体化和法律上的独立性之间的矛盾。作为一个统一的经济实体的存在，跨国的公司控制是必不可少的。而这种跨国控制又使得法律上各成员的独立成为"镜中月和水中花"。具体体现在：(1) 缺乏适用于跨国公司治理的法律框架。(2) 国内监管机构无力监管跨国公司的内部关联交易。　(3) 对跨国公司的社会责任缺乏有效的监督机制[①]。

（二）治理结构的多样化

跨国公司治理结构的本质特征是统一管理下的公司治理形态的多样化。多样化的根源在于跨国公司作为一个公司集团形态的存在。母公司与子公司之间不同的合约安排构成了跨国公司治理区别于一般公司治理的特殊性[②]。如前所述，母公司与子公司之间不同的经营目标和地位，形成了两者之间不同的合约安排。母公司面临着如何解决跨国公司治理在整体上不一致甚至是混乱的问题。母公司治理结构的重点是职业经理人的约束机制问题。而子公司治理结构的重点是在必须遵守东道国相关法律的规定的情况下，如何平衡子公司管理层面临的"双重效忠义务"的窘境，如何有效约束母公司或母公司管理层控制权的问题。

（三）高级管理人员处于主导地位

一般的国内公司治理结构的选择是由公司的投资者授权董事会做出的。而在跨国公司的国外子公司治理结构中，股东演变成为母公司、控股公司或其他子公司。母公司的高级经理人员进入各级子公司的董事会，行使出资者代表的职责，子公司的总经理也由高级经理人员担任。结果，子公司的董事会和总经理之间并未形成真正的委托——代理关系，母公司的出资者被隔离在重重的委托——代理关系之外，高级经理人员在跨国公司的各级治理关系中居于主导地位[③]。加之技术、市场技能和管理经验在国外子公司的成功运作中起着越来越重要的作用，企业的高级经理人员在对子公司的控制中更是居于主导地位。20世纪30年代，伯利与米恩斯通过研究200家美国最大的非金融公司就发现，现代企业的实际控制权掌握在经营者手中。跨国公司治理结构必须面对的严峻考验是在母公司的股东作为委托人很难有效的监督子公司经理人的代理人行为时，如何建立有效的跨国传导机制，实现对高层经理人员（代理人）的有效

---

①　吴先明：《跨国公司治理》，商务印书馆2005年版，第68~75页。

②　魏旭："试论跨国公司治理的特殊性"，载《科技情报开发与经济》2006年第22期。

③　吴先明：《跨国公司治理》，商务印书馆2005年版，第55页。

激励和监督。

（四）母公司地位的特殊性

一般而言，公司内部资本所有权与管理权的分离就会产生代理问题。而跨国公司内部，作为子公司股东的母公司或中间控股公司往往不是所有权与经营权相分离中的超脱者，而是直接干预或影响着子公司（或从属公司）的经营活动①。子公司的所有权与经营权集中于母公司手中，而且实际上由母公司的职业经理人掌握，形成了一种不同于传统代理问题的大股东（母公司）、小股东和经理层的利益格局。对于跨国公司子公司的治理而言，其重心不在于"代理问题"，而是母公司控制权的约束机制问题。这种约束机制主要是作为控制股东的母公司的诚信义务方面的规则、子公司少数股东保护的规则、子公司及其利益相关者权益保护方面的其他制度。②

（五）控制机制与协调机制并重，甚至协调机制更为突出

跨国公司母子公司之间的控制机制是通过自上而下的措施来保证母子公司之间的垂直联系有效性的制度安排，也是保证子公司的活动符合跨国公司一体化战略的制度安排。这种控制包括股权控制、知识控制、组织控制、文化控制等机制。控制是最基本、最原始和最主要的治理机制，处理的是跨国公司纵向关系。协调是为了弥补纵向控制不足而产生的横向联系，主要处理跨国公司内部子公司之间因部门设置造成的阻隔以及跨国公司与外部利益相关者之间因利益不同造成的分歧。随着跨国公司边界的扩大、治理范围的拓展以及组织结构的扁平化、网络化和虚拟化，协调的功能势必越来越重要。作为一种将特定工作的责任分属不同单位的网络体系，跨国公司的管理与决策分散于同一跨国公司的若干部分，"控制公司"与"受控公司"之间的界限愈来愈模糊。尤其是成熟的跨国公司中多级所有制结构很常见，母公司拥有国外子公司，而子公司也可以通过建立自己附属的海外企业而成为附属企业的"母公司"。例如，根据联合国跨国公司项目 1991 年对美国最大制造业跨国公司的抽样调查，其所有权结构平均为 2.4 级，46% 的公司有 3 级或超过 3 级的海外企业。③ 继而，跨国公司的母公司和子公司往往通过共同出资的方式组建新的合资企业，或者通过母公司和子公司交叉持股来实现对海外企业的间接控制。这样，彼此之间的控制功能下降，而协调的意愿却在加强。

---

① 李金泽："公司人格独立与有限责任原则面临跨国公司的冲击"，载《合肥联合大学学报》2000 年第 2 期。

② 余劲松：《跨国公司法律问题专论》，法律出版社 2008 年版，第 67 ~ 80 页。

③ 资料来源：UNCTAD, World Investment Report 1993。

第四节　跨国公司的社会责任

跨国公司是经济与利益大规模增长背后的推动力。但是，不受拘束的全球经营却在可持续发展、人权、环境等方面增加了国家之间的不平等。加之，传统法律框架下跨国公司权利义务的不对称，使得跨国公司对通过其内部安排所获得的法外利益缺乏相应的义务机制。跨国公司作为全球化的利得者，在全球经营过程中不承担或弱化社会责任的行为，引发了一系列的社会问题，国际社会要求跨国公司承担社会责任的呼声四起，那么跨国公司应该承担的社会责任内涵和外延是什么？跨国公司社会责任的承担机制如何设计？

一、跨国公司的社会责任

有关企业社会责任的定义较权威的是美国佐治业大学教授 A. B. Carroll 提出的："企业社会责任是社会在一定时期对企业提出的经济、法律、道德和慈善期望，由企业经济责任、法律责任、伦理责任和慈善责任构成，并成金字塔形状。"第一层为企业的经济责任，是企业最基本的社会责任，指企业首先负有生产、盈利和满足消费者需求的责任。第二层为企业的法律责任，即企业需在守法和法律要求下履行其经济使命。第三层为企业的伦理责任，包括道德标准、规范，反映了股东、员工、消费者和社区关心公平公正的期望，以及对利益相关者道德权利的尊重和保护等。顶层为企业的慈善责任，即企业自愿开展行动或者项目来促进人类福利的发展，体现了社会要求企业成为优秀企业公民的愿望①。

跨国公司的社会责任是指作为全球企业公民的跨国公司在进行跨国生产经营活动时，对其利益相关者承担的社会责任。

跨国公司社会责任的范围、客体和内容较之一般国内公司更加复杂和微妙，并在全球范围有所扩展。

跨国公司需要承受来自母国、东道国和国际社会的多重压力，首先表现为社会责任的客体除了一般企业社会责任的客体（母国的利益相关者）外，还涉及与东道国、国际层面的利益相关者之间的关系。其次，范围扩展，表现在横向上不只限于母国社会责任，还扩展到东道国社会责任和国际社会责任；纵

---

① Carroll, A. B. (1991). "The Pyramid of Corporate Social Responsibility: Toward the Moral Management of Organizational Stakeholder", Business Horizon34 (4), p. 42.

向上不仅要求跨国公司开展慈善活动或遵守当地法律，还包括尊重东道国国家主权、社会制度和文化，维护东道国（全球）的政治和经济安全，促进全球经济、资源环境的可持续发展等。

跨国公司社会责任的主要内容有人权、劳工、环境和反贪污四个方面。[①]前三项也可视为广义的人权责任。尽管国际社会对跨国公司人权责任的性质和范围还存在争议，但至少在劳工保护、环境保护、结社自由、种族歧视、少数群体权利方面，跨国公司的人权责任问题已得到越来越多的承认。[②] 联合国"全球契约"的要求，跨国公司必须遵守的 6 项劳工原则：第一，结社自由和有效地认可集体谈判的权利；第二，彻底消除所有形式的强迫或强制劳动；第三，有效地废除童工；第四，杜绝任何在用工与行业方面的歧视行为；第五，鼓励人力资本的形成；第六，遵守有效的健康和安全规则。在环境责任方面要求：企业应对环境挑战未雨绸缪；主动增加对环保所承担的责任；鼓励无害环境技术的发展与推广。反腐败责任要求企业应反对各种形式的贪污，包括敲诈、勒索和行贿受贿，尤其是反商业贿赂。

二、跨国公司社会责任的承担机制

一个有效的跨国公司社会责任治理机制需满足四个要素：（1）权力性，即跨国公司社会责任治理的参与者具有大家公认的治理权利，可以凭借这些权利让他人履行社会责任；（2）义务性，即一旦社会责任治理决策形成，有义务无条件接受它；（3）能力性，即参与跨国公司社会责任治理者需要拥有治理所需的财力、管理能力和与治理相关的专业技术知识；（4）强制性，即要求强制遵守已制定的标准，对于违反者轻则警告，重则将受到惩罚或进行赔偿。[③]

（一）企业社会责任的自愿实施

伴随着对公司责任的再认识，一些著名的跨国公司纷纷推出自律性的内部行为准则。如 Caterpillar 公司 1974 年出版了"世界商务行为守则和经营准则"，成为跨国公司处理社会责任的典范。皇家荷兰壳牌集团公司在 1990 年 6 月出版的"一般经营原则论"中把公司的责任划分为四个方面：（1）对股东，

---

① 跨国公司社会责任的标准各异，鉴于联合国全球契约已成为企业社会责任方面最重要的全球协议，本书采纳该标准。

② 何易："论跨国公司的国际人权责任"，载《武汉大学学报（哲学社会科学版）》2004 年第 3 期。

③ Detomasi, D. A. (2007), "The Multinational Corporation and Global Governance: Modelling Global Public Policy Networks", Journal of Business Ethics 71 (3), p. 324.

保护股东的投资，并提供一个可接受的收益。（2）对雇员，为所有雇员提供良好安全的工作条件、良好的竞争条件和服务条件；促进人类智能的开发并充分利用，提供平等的就业机会；在制定计划和工作指导方面鼓励员工介入，承认企业的成功取决于所有员工的全部贡献。（3）对顾客，以必要的技术和商业技能为后盾，开发和提供在价格和质量方面都具有价值的产品和服务。（4）对社会，处理经济事务要本着一个有责任心的社会企业成员的身份，遵守经营国家有关安全、环境标准的社会准则和法律。① 世界最大的玩具生产厂商 Mattel 公司甚至成立了一个独立的监督理事会，该理事会可以检查和核实公司遵守自己制定的《全球生产守则》的情况，并将结果在不受公司任何限制的情况下公之于众。

（二）国际社会的监督

联合国贸发会议提出了"全球企业公民"的概念，强调跨国公司不只是其所在国的公民，只对该社会的标准负责，它们还应是"全球公民"，在全球的背景下承担责任。涉及企业社会责任的国际标准或宣言还有：（1）2000 年经合组织《跨国公司指南》以及 1998 年经合组织《公司治理结构原则》；（2）亚太经合组织商业行为守则；（3）国际劳工组织 1977 年《关于跨国企业和社会政策的三方原则宣言》；（4）国际劳工组织 1998 年《关于工作中的基本原则和权利宣言》；（5）相互诚信宣言；（6）国际社会责任体系 SA8000；（7）公司社会责任的社会风险网络标准；（8）全球沙利文原则；（9）《世界人权宣言》；（10）联合国"全球契约"；（11）联合国《跨国公司和其他商业企业在人权方面的责任（草案）》。虽然这些国际宣言没有法律约束力，但它们作为一种社会规范能够为建立良好的公司治理提供指导和建议。当其建立了一系列系统和工具时，无约束力的公约也会对国际法产生影响。

---

① 吴先明："跨国公司治理：一个扩展了的公司治理边界"，载《经济管理》2002 年第 24 期。

第七章 跨国公司政府监管机制

第一节 跨国公司政府监管机制的基本问题

一、跨国公司政府监管机制的含义

尽管商业的国际化程度不断提高，但是，规制仍是以国家为基础的。

当今社会，所有行为体都认识到主权国家有权控制它们国界之内的经济活动。没有国家的制约，跨国公司无法运作。[①]

经济学中，国家和政府一词经常混用。而从法律思维的严密性出发，"国家干预"应当界定为"政府干预"或称为"政府监管"。这是因为国内法上，国家的法律人格是虚拟的。[②] 政府代表国家行使着行政管理权，国家与市场的关系具体表现为政府与市场的关系。"国家干预"应当是"政府干预"。

"跨国公司政府监管机制"是指一国政府在市场机制的框架内，为了矫正市场失灵，基于法律对跨国公司的投资活动以及与之伴生的社会问题进行的干预和控制。

[①] ［美］斯蒂芬·D. 克拉斯纳：《结构冲突：第三世界对杭全球自由主义》，李小华译，浙江人民出版社2001年版，第175～176页。

[②] 薛克鹏：《经济法的定义》，中国法制出版社2003年版，第247页。

这种监管包含了两层含义：第一，"政府干预之法"。作为经济全球化的主要推动者，跨国公司有着足以与单一的国家政府尤其是弱小的发展中国家抗衡的经济实力，在谈判过程中常常以撤资相威胁，并非总是扮演弱者的角色。由于其逐利性引发的外部性危机，以及对一国经济安全的威胁，任何一国政府必然对其进行监管，否则政府所作的诸如进入限制的公共限制就会被私人限制（如限制性商业行为）所取代。从这个意义上讲，政府监管首先体现了"政府干预之法"的性质。第二，"干预政府之法"是对政府监管行为的法律约束。管制的过程是由消费者和企业对管制政策及其后果进行讨价还价的过程中所发生的战略互动关系组成的，所以管制研究的对象也应该包括行政之过程。[①] 政府在行使权力的过程中，与跨国公司等经济主体的关系常常体现为强者和弱者的关系，往往产生强者对弱者利益的侵害。而法律的任务是实现社会关系的平衡，因而在政府与跨国公司的关系中主要约束的是前者而非后者。此外，在政府与社会这一矛盾统一体中，政府居于主导地位，政府有时不仅会成为侵犯他人利益和为少数人牟利的工具，而且会直接损害社会公共利益，必须通过法律对政府行为进行制约，正是从这个意义上讲，政府监管体现为"干预政府之法"。这两者相辅相成，缺一不可。

二、政府监管的类型

依监管主体的不同，政府监管可分为东道国政府监管和投资母国政府监管。东道国监管是跨国公司政府监管的核心。虽然投资具有单一性特征，母国也会为了本国经济和政治利益对其行为进行监管，但母国的监管并非国内监管机制的重点。跨国公司的海外投资活动主要发生在东道国境内。投资项目的准入、营运、维护、扩展等一系列法律行为都在东道国法律秩序之下完成。只有当东道国能充分地保护跨国公司的合法权利，并有效地管制其经营活动时，才能有效地解决与跨国公司有关的法律问题。

（一）母国政府监管

母国政府监管是指跨国公司母国对跨国公司海外投资活动的监督和管理。为了切实保证海外投资能够为本国带来利益，跨国公司母国必然对海外投资活动进行一定的监督管理。内容主要有外汇管理、股权和有价证券的投资与贷款法律、税务制度、反垄断法及其他法律等。

---

① ［美］丹尼尔·F. 史普博：《管制与市场》，余晖等译，上海三联书店、上海人民出版社1999年版，第25页。

（二）东道国政府监管

东道国政府监管是指为了保证投资活动的有序进行和东道国经济发展目标的顺利实现，东道国政府通过制定相关的投资措施对跨国公司的投资活动进行的经济行政管理。

1. 按照性质不同可分为实体规则和程序规则

按照性质的不同，东道国的投资措施可以分为实体规则和程序规则。实体规则主要指所有权控制、业绩要求、情报公开、禁止不正当竞争行为、环保、原本和利润汇回和外汇管制等规定。程序规则主要指争议解决方式的选择。

2. 按照功能不同可分为投资管理措施、投资鼓励措施、投资限制措施与投资促进措施等多种投资管理规则

其中投资管制措施最能体现东道国政府监管的实质。

3. 按照投资阶段不同可分为准入监管、经营监管和退出监管

以外国投资机构的活动为准，跨国公司的对外直接投资可分为三个阶段：投资准入阶段、投资运营阶段与投资退出阶段。东道国相应的投资管理措施也分为投资准入监管、投资经营监管与投资退出监管三个环节。（1）投资准入监管，包括投资许可、产权鉴定与证明及其相关规则的执行等，也包括国际社会对一国投资准入政策的监督；（2）投资运营监管：一方面跨国公司要遵守东道国有关贸易、并购、劳动雇佣、合同管理、竞争规则、环境规则以及税收规则等方面的法律法规合法经营。另一方面，东道国的投资措施也要符合国际投资协议的义务要求；（3）投资退出监管：跨国公司要遵守东道国有关企业变更、关闭、破产、清算等方面的法律法规依法撤资。东道国如果对跨国公司的财产进行国有化或征收必须符合法律规定的条件和程序。投资解决机制除实体规则之外，投资争议解决机制贯穿整个投资过程。一般而言，东道国都要求跨国公司用尽当地救济之后才能诉诸国际解决方法。

三、东道国监管的发展

跨国公司和东道国政府追求目标的差异导致两者之间利益上的矛盾和冲突，引发了东道国与跨国公司之间的管制与去管制的斗争。各国对跨国公司的立法经历了一个渐进的过程，而且随着两者关系和国际社会政治经济形势的变化不断变迁。变迁的过程是监管主体不断变换其行为的重点和焦点的动态过程，但总是在鼓励和限制之间需求平衡。

20 世纪 70 年代之前，各国几乎很少有专门调整跨国公司活动的法律[1]。70 年代之后，随着跨国公司的蓬勃发展，不仅出现了一些关于跨国公司的判例法，而且，为了限制和避免其消极影响，调整其活动以适应东道国的发展目标，有些国家还颁布了成文法来调整跨国公司产生的各种关系。这些法律涉及到跨国公司活动的各个领域：外国投资法，合营企业法，公司法、证券法、消费者保护法，反托拉斯法和外汇管制法等。

进入 21 世纪，大多数国家都在有选择性地吸引和促进国际投资，并进一步加强各自的监管体制。据 UNCTAD 投资政策监控数据库统计，2015 年，46 个国家和经济体采纳了 96 项投资政策，其中 71 项与投资自由化和便利化相关，13 项新的限制和监管。投资自由化和促进政策占 85%。从 2001 年到 2015 年，国别投资政策的变化一直呈现出投资自由化的趋势，但从 2008 年金融危机之后，限制和监管措施有所强化。

2001—2015 年国内投资政策变化表

年份\类目	2001	2002	2003	2004	2005	2006	2007	2008	2009	2010	2011	2012	2013	2014	2015
国家	51	43	59	79	77	70	49	40	46	54	51	57	60	41	46
政策	97	94	125	164	144	126	79	68	89	116	86	92	88	72	96
自由化	85	79	113	142	118	104	58	51	61	77	62	65	64	52	71
限制	2	12	12	20	25	22	19	15	24	33	21	21	21	11	13
中性	10	3	–	2	1	–	2	2	4	6	3	6	3	9	12

资料来源：UNCTAD，投资政策监控数据库。(2016 年世界投资报告中文版，第 105 页)

由于发展水平的差异，而发达国家和发展中国家的东道国监管措施的重点和方法有所不同，发展历史也有所不同。

（一）发展中国家的监管

发展中国家对跨国公司的监管经历了一个从放任——严格——宽松的过程。20 世纪 50 年代以前，发展中国家几乎没有或者很少限制外资进入，造成了跨国公司控制了发展中国家的经济命脉。60、70 年代，发展中国家政治独立的同时，积极要求经济独立。发展中国家对跨国公司严厉监管，尤以此起彼伏的国有化浪潮为代表。80 年代开始，发展中国家经济恶化，遭遇到严重的外债危机，又无法从国际货币基金组织和世界银行获得足够的贷款，需要引进外资发展本国经济。在经济全球化和更广泛的市场导向改革的背景下，大多数

---

[1] 瓦茨："多国企业：对跨国法的新挑战"，载《哈佛法律评论》1970 年第 83 卷，第 739 页。转引自余劲松主编：《国际经济法问题专论》，武汉大学出版社 2003 年版，第 33 页。

当时仍对外国直接投资实行普遍限制国家，投身于一个前所未有的消除原有投资障碍的过程，采取了一系列旨在吸引投资的积极措施。监管政策过渡到宽松化时期。监的宽松化除了实行投资自由化和便利化之外，还包括监管手段的务实化和灵活化。发展中国家的监管政策从过去严格审批的行政手段转向利用竞争规则和环境政策来规范企业行为，愈发重视对跨国公司的优惠和鼓励政策，具有鼓励与限制措施并重的特点。进入 21 世纪监管体制普遍朝着宽松化发展，但政策宽严程度仍存在很大的差别，基本上可以分成三大类：非洲国家对外资采取较为宽厚的政策，东南亚联盟国家注重优厚的鼓励与适当的限制相结合（印度的政策比较特别），拉美国家虽然近十年有所松动但普遍对外资的限制较严。① 这一差别取决于有关国家的政治、经济、资源、发展战略以及工业和技术能力水平。②

（二）发达国家东道国的监管

与发展中国家相比，发达国家在外资准入方面的限制少，而在市场管理方面有较为严格的规则，尤其是对于外资进入金融领域和跨国并购都有所限制。实际上，除了法律明文规定的对外国投资者的限制外，发达国家复杂的法律制度本身亦成为外国投资者的障碍。发达国家投资市场的全面和高度发展，商品市场的成熟，资金雄厚和高科技企业的大量存在和发展均构成对外国投资者的非正式限制。③ 此外，文化上的差异和社会排斥外国商品的情绪与本地公司控制的销售网络也是外资进入的现实障碍。

发达国家由于发展水平的差异，投资政策也会有很大的差异，而且经常根据经济、技术发展的需要进行调整，大致可以分为 3 种类型：

（1）始终开放的政策。如美国、德国、英国、荷兰等国，其中美国是对外资管制最宽松的国家。这类国家普遍不设立一般外资审查制度，外国投资者在内国享有国民待遇。但基于国家安全和经济利益的考虑，对关键经济部门的外资进入也予以限制。

（2）从保守到逐渐开放的政策，以日本为典型。"二战"前，日本的外资政策保守。从 1967 年开始，日本的政策逐步放宽。1980 年修订了 1949 年的《外汇及外贸管理法》取消了对外国直接投资的明文限制，允许外国企业独资经营或掌握相关企业的多数股份，但如投资项目涉及较大的金额或一些特定的

---

① 王贵国：《国际投资法》，北京大学出版社 2001 年版，第 279 页。
② 崔健：《外国直接投资与发展中国家经济安全》，中国社会科学出版社 2004 年版，第 170 页。
③ 王贵国：《国际投资法》，北京大学出版社 2008 年版，第 242 页。

情势，必须事先通知日本大藏省和工业省。从旧法的"原则禁止、例外自由"到新法的"原则自由、例外限制"见证了日本外资政策的逐渐开放。

（3）从开放到逐渐限制再到开放的政策，以加拿大为典型。加拿大的投资政策演变可分为3个阶段。

第1阶段：开放向关键部门限制的过渡。20世纪50年代中期之前，为了发展经济和建立新的国家工业体系，加拿大对外资持开放态度。没有任何法律和国家政策限制外资进入，并提供相关的税收优惠。但无限制的外资进入，使得很多重要工业部门为外资控制，国际收支严重失衡。20世纪60年代开始，加拿大采取了在诸如石油、金融、航空等关键部门限制外商投资的措施。但这并没有解决外资对加拿大经济的冲击，资料显示到1975年，外资的产出已占国民生产总值的42%，外资渗透的规模之大、程度之深、居世界首位。[①]

第2阶段：全面审查向逐渐开放的过渡。为了减弱外国资本对本国经济的控制和垄断，加拿大联邦议会于1973年11月通过了《外国投资审查法》，1974年颁布了与之配套的《外国投资审查实施细则》，并成立了专门的外国投资评估机构——联邦外国投资审查局。根据《外国投资审查法》的规定，"所有的"外国投资都需经联邦外国投资审查局审查，只有对加拿大具有"重大利益"的投资才能获准进入。《外国投资审查法》是加拿大第一部有关外资管理的专门法律，标志着加拿大的外资政策进入全面审查的限制政策阶段。严格的审查条件影响了外资进入加拿大的积极性。为了消除这种影响，加拿大于1985年对《外国投资审查法》《外国投资审查实施细则》进行修正，制定了新的《加拿大投资法》和《加拿大投资法实施细则》，缩小了外资审查的范围，只要该投资能"给加拿大带来净利益"即可，只在特定行业严格限制外资。

第3阶段：维护国家安全阶段。伴随着跨国并购的兴起，国家安全日益获得关注。加拿大于2005年出台了《加拿大投资法》修正案（C-59号法案），将外资审查增加了损害国家安全的标准。2007年先后颁布了《投资国家安全审查规则》《国有企业投资"净利益评估"的指导原则》对外国国有企业对加拿大的投资是否危及到加拿大国家安全进行专项的规定。

从20世纪80年代外资法的改革标志着加拿大的外资政策进入到逐渐放宽的轨道，但它仍然是OECD成员国中为数不多的对投资进行审批的国家。

---

① 王东京等："加拿大引进外资矫枉过正"，载《中国经济时报》2001年12月19日，第3版。

第二节 政府监管的必要性

一、国家政治和经济职能的体现

马克思主义的国家观认为国家是历史的产物。国家职能具有双重性，即政治职能和经济职能。政治职能包括保障本国的国家安全和贯彻本国的外交政策。很多国家的法律明确规定军工、航空、新闻媒介等领域限制或禁止外国直接投资，就是基于国家安全角度的考量。外交政策反映着该国政府的基本价值取向，各国都会通过对外国投资的监管来保证其外交政策的实现。经济职能体现为国家对社会公共事务的管理。跨国公司的国际投资活动涉及经济利益在不同国家的分配，因而很早就进入政府监管的视野。经济全球化背景下，国家在一个知识化和多元化的社会里，不再扮演核心角色，而只是一个管理者，以保障知识的有效传播，公平竞争和维护法制安全这些基本的公共秩序。[1]

二、纠正市场失灵和市场不发育的手段

政府监管是现代市场经济不可或缺的制度安排，既是发达国家应对市场失灵的手段，也是发展中国家摆脱市场不发育的制度创新。此外，诸如公共物品、外部性和自然垄断的存在也从经济学的视角证明政府监管的必要性。

（一）发达国家纠正市场失灵的必要手段

"市场失灵"是指私营市场经济体系不能提供某些商品，或者不能提供最合意或最适度的产量。[2] 市场扭曲（即市场不能给经济行为人传达正确的信号，使他们能够做出恰当的投资决策），使市场就不能使现有的要素禀赋得到充分利用或发展新的竞争优势。政府监管可以解决垄断问题，可以使外部性内部化，可以解决信息偏在和信息不对称等市场失灵问题，而且由于政府具有成员的普遍同质性和强制性权力，使得政府在处理市场失灵时具有其他组织无法比拟的优势。[3] 虽然跨国公司对东道国的经济发展具有巨大的促进作用，但没

---

① OECD, *New patterns of industrial globalization: cross – border mergers and acquisitions and strategic alliances*, Paris, 2001.

② 关于 FDI 的政策要克服两类市场失灵。其一是投资过程中产生的信息和协调失灵；其二是来自跨国公司的私人利益与东道国的经济利益的背离。

③ 谢地主编：《政府规制经济学》，高等教育出版社 2003 年版，第 11~13 页。

有政府的管制，跨国公司的势力可能会给一国经济造成严重的负面影响，包括对技术转移的限制、对国际收支平衡和汇率的冲击以及对国内企业产生的挤出效应。因此，只要跨国公司绝对规模和市场力量足以使市场扭曲，对跨国公司的政府监管被作为发达国家纠正市场失灵的必要手段就将长期存在。

（二）　发展中国家摆脱市场不发育或残缺的制度创新

发达国家与发展中国家的经济运行和发展阶段，有着本质的不同。发展中国家经济发展面临的主要矛盾，是如何摆脱不发达市场自发渐进过程的羁绊，迅速地发动经济增长和工业化。① 发展中国家政府强化市场和制度（包括加强对跨国公司的监管）对发展是必要的。② 严格的区分发展中国家的"市场不发育或残缺"与发达国家的"市场失灵"是非常必要的。发展中国家最缺乏的是那种能够有效的组织、配置各种生产要素以实现经济增长的制度。监管能弥补制度供给的不足，本质上是制度的创新。

三、存在需要政府监管的新型跨国经济关系

政府监管本身就是一种调整社会关系的活动，其监管的理由应当是客观上出现了一种社会关系，这种社会关系或社会矛盾已经威胁到社会秩序，需要国家用法律方法或其他方法进行平衡。③

跨国公司是根据各国公司法设立的多个公司的聚集。跨国公司的国际关联使之与政府的关系区别于政府与一般国内公司的经济管理关系。跨国公司需要接受母国和东道国的双重监管，甚至国际监管。这种跨国公司各实体与所在国政府的经济行政管理关系的实质是政府与企业关系的范围跨越国界的结果，是政府在监管跨国公司过程中可能产生的第一种新的社会关系。第二种新的社会关系是跨国公司引发的包括政府在内的个体与社会公共利益的矛盾。跨国公司活动的外部性如垄断、环境污染、欺诈消费者和忽视劳工利益等诸多社会问题，引发了个体与社会公共利益的深层矛盾，导致原有的国内市场中的经济平衡发生紊乱，需要政府之手去恢复平衡。

正是这两种新的需要政府调整的社会关系，才使得政府通过权利和义务的再分配、法律责任的设置以及对违法行为的制裁等方法来监管跨国公司具有意义。

---

① 李晓：《东亚奇迹与"强政府"》，经济科学出版社 1996 年版，第 45、66 页。

② 联合国贸发会议跨国公司与投资司编著：《1999 世界投资报告》，冼国明译，中国财政经济出版社 2000 年版，第 338 页。

③ 薛克鹏："国家干预的法律分析"，载《法学家》2005 年第 2 期。

具体体现为各国经济法中的涉外经济管制立法①（包括外贸法、投资法、反垄断法、竞争法等）。

四、政府监管是国家主权和管辖权的应有之义

国家主权原则以及衍生的管辖权是各国对境内跨国公司监管的国际法依据。通常对传统经济主权的界定是从对内和对外经济主权两个方面展开的：对内经济主权是指自主地和自由地组织经济活动且在其领域内对经济活动排他地行使管辖的权利。对外经济主权是国家在与其他国家交往中，自主的行动不受任何国家的指使干涉和控制。可见，经济主权原则本身包含了对跨国垄断资本管理的内容。

管辖权包括属地管辖权、属人管辖权和保护管辖权三类。属地管辖权，一国对其领土内的一切人和事物行使管辖权的权利。据此，一国可以根据属地管辖权对本国领土上的一切资源、经济活动及从事这些活动的主体（包括跨国公司）进行管理，即使这些主体并非本国居民；属人管辖权，一国对一切位于国内和国外的本国人进行管辖的权利。据此，一国可对本国国民（包括法人）的各类活动进行管制，即使该国民从事的活动发生在国外；保护管辖权是把行为效果涉及的地域作为实施管辖的标准。即使是外国人在国外从事的一项行为，只要其效果及于本国，也可依据保护管辖原则对其主张管辖权。许多国家的进口管理法、反托拉斯都明确主张保护管辖原则，尤以美国和西欧国家为典型。需要注意的是，国家管辖权的行使并非不受限制，必须以尊重他国的主权为前提。

一国对国际经济活动的管理必然涉及到其他国家利益，如果造成损害，那么行为国显然不能以国内法证明其行为的合理性，因此，它必须要寻找国际法上的理由。所以，尽管国内法与国际法均为一国对国际经济活动实施管理的法律依据，但两者的地位是不一样的，国际法是国内立法的依据。② 具体体现在《建立国际经济新秩序宣言》和《各国经济权利和义务宪章》中。宪章第 1 条就规定："每个国家都可以根据本国人民的意愿，选择本国的经济制度，不受任何形式的外来干涉、压制和威胁。"

《建立国际经济新秩序宣言》宣布每一个国家对本国的自然资源以及一切

---

① 对这部分法律的界定有不同的提法：如涉外经济管理法，参见陈安主编：《国际经济法学专论》，高等教育出版社 2002 年版。涉外经济管制法，参见车丕照：《国际经济法概要》，清华大学出版社 2004 年版。

② 车丕照：《国际经济法概要》，清华大学出版社 2004 年版，第 96 页。

经济活动拥有完整的、永久的主权。为了保护这些资源，各国有权采取适合本国情况的各种措施，对本国的资源及开发事宜加以有效的控制管理，包括有权实行国有化或把所有权转移给本国国民。这种权利是国家享有完整的永久主权的一种体现。任何国家都不应遭受经济、政治或其他形式的胁迫，阻挠它自由地、充分地行使这一不容剥夺的权利。文件还特别强调一国对境内外国资本和跨国公司的管理监督权。

第三节　东道国的外资监管

与外资运营的阶段相一致，东道国的政府监管可分为外资进入阶段的准入监管、外资运营阶段的运营监管和外资退出阶段的清算监管。不论是新设投资/绿地投资还是跨国公司。

一、准入监管自由化

依据国家主权原则，任何国家都不得强迫其他国家对其开放投资市场，而各国经济的相互依赖日益加深，任何国家又都不能完全拒绝外国资本，所以如何限定外国资本的进入条件就成为国际投资法的首要内容。

（一）外资准入是国际投资法的首要内容

"外资准入"，也称"投资准入"，从东道国角度看，就是指一国允许外国投资进入的自由程度。包括允许投资的种类、投资的领域、投资准入的条件以及对外国投资的审批等内容；从投资者角度讲，就是指国际直接投资进入东道国管辖领域的权利和机会。

广义的"外资准入"包括准入的范围，准入的程度以及准入的前提条件：（1）准入的范围包括准入权和设业权，两者构成了外资准入问题的最主要内容。"准入权"指外资进入东道国的权利。"设业权"指外国投资者是否有权进入东道国长期开设分支机构的权利。（2）准入的程度主要限制外国投资者的所有权和控制权主要指是否允许外商独资以及合资中外资比例要求等。（3）准入的前提条件即"履行要求"，是指东道国要求外国投资者必须允诺承担某些特殊义务，如当地成分要求、出口实绩要求、当地股权要求等，作为外资准入的前提条件。狭义的外资准入仅指准入权，而不包括设业权。"外资准入"的实质是东道国从本国利益出发，自行决定是否允许外国投资进入的领域和条件。① 它是东道国对跨国公司资本进入本国及其合理流向进行管理的最重要方面，也是国际上普遍采用的管制外国投资的行政和法律手段。

（二）外资准入的内容

当今国际法律实践所确立的原则是：除非已经对他国做出法律意义上的承诺，一个国家有权从投资者资格、投资领域、出资形式、投资方式等实体方面和程序方面来自行确定外国资本进入本国市场的条件②。只是由于各国经济发展水平和在国际投资活动中所处的地位不同，使得东道国对准入的程度和重点也有所不同。发达国家倡导高标准的投资保护，推动投资准入的自由化，而发展中国家极力维护传统国际法赋予其的外资管辖权。整体上看，发展中国家对国际投资准入管制的法律规定较发达国家要严格。但具体政策上还是有所差别。按照准入程度的不同，可分为三类：第一类国家对外资采取鼓励政策，投资限制较少。这类国家主要指亚洲、非洲和太平洋地区国家。第二类国家对外国投资倾向合资形式而不允许独资，一般均规定当地企业应持有一定比例的股权，这类国家主要指非洲和中东的亚洲国家。第三类国家对外国投资领域予以严格限制，对投资项目进行严格审查，并规定当地企业必须占有一定股比例。这类国家主要指拉美国家。③

1. 投资者资格的限制

国际投资实践中外国投资者大都以公司法人形式进行投资，其中跨国公司又是最为重要的投资主体。一国虽然可以普遍接受任何投资者的投资，但在一些重要的产业领域，各国仍会对投资者的主体资格加以限制。国际上对于这种表面上对外国投资者的歧视性安排并不存在一般的禁止性法律规定，除了在GATs下承担的特别义务以外，一国有权对外国投资者的资格施加这种限制。

2. 投资领域的限制

投资领域通常包括产业领域和地域领域两层含义。东道国与跨国公司在投资流向上的利益往往是冲突的。为了国家经济安全和社会公共利益，任何国家都会对外资进入的产业和区域施加一定的限制，通称为产业政策和区域政策。

世界上没有哪个国家对国外拥有的或者控制的企业赋予完全的无障碍的企业权利。所有的国家都有产业限制，只是发展中国家较之发达国家的限制更为

---

① 徐泉：《国际贸易投资自由化法律规制研究》，中国检察出版社 2004 年版，第 273 ～ 274 页。

② 车丕照：《国际经济法概要》，清华大学出版社 2004 年版，第 306 页。

③ OECD：International Direct Investment in OECD Member Countries, 1979, pp. 32 ～ 33.

严格，禁止投资和限制投资的产业领域更广。世界上按所属行业所受限制程度的不同，投资产业领域划分为禁止性领域、限制性领域、允许性领域和鼓励性领域四类。禁止性领域是指那些关系到国家安全、国计民生、社会共同利益的重要部门，通常禁止外资进入。限制性领域是指除了禁止性行业外的，在一国经济发展中具有特殊地位的行业。一般通过制定产业指导目录等立法设置较严格的准入门槛，开放程度十分有限。我国也先后颁布了《外商投资产业目录》《指导外商投资方向规定》以及《中西部地区外商投资优势产业目录》，详细列举了限制类外商投资项目。鼓励性领域是指为了促进国内某些产业的发展，对相关行业的外商投资予以鼓励政策的领域，如新兴产业，进口替代产业、技术先进产业。除了上述领域外，就是允许类领域。

3. 资本投入的管理

资本投入的管理包括对出资方式、出资时间、股权比例、债权比例、股权变更等多方面的管理。[①] 出资方式一般包括货币、实物、工业产权或专有技术出资。出资期限分一次或者分次出资。股权比例是指所投资企业中是否有本国资本参加。债务股权比例是指公司自有资金（国际上通称为"法定资本"或"股权资本"）与借贷资金（经营资本与投资者的自有资金之差）的比例。

4. 审批程序

审批制度是东道国管制外资进入的重要手段，是外国投资程序法方面的切实保障，也是一国投资环境的重要组成部分。一般包括审批机构、审批范围、审批标准的规定。审批程序分为国民待遇制、一般审批制和严格审批制三种。[②] 发达国家中如美国、英国、德国等国采用国民待遇制，对外资的审批完全与内资相同，适用公司法的规定。但也有基于国家安全的外资特别审查。大多数发达国家和部分发展中国家（如韩国、阿根廷）选择一般审批制。外资只要符合法定条件即可获得批准，无需逐个审批。少数发达国家（如加拿大、法国）和大部分发展中国家实行严格审批制。对外资进行逐个审批，包括实质审查和程序审查。随着投资自由化的不断加深，呈现出放宽审批、程序简化和实体严格的趋势。

5. 争议解决机制

如何解决投资者与东道国之间因准入和开业权而发生的争议，影响投资者准入的实体权利，也是投资者最为关心的问题。安哥拉外资法规定，东道国有

---

① 车丕照：《国际经济法概要》，清华大学出版社 2004 年版，第 327 页。

② 孙南申：《国际投资法》，中国人民大学出版社 2008 年版，第 42 页。

关主管部门对拒绝准入须提出理由并允许投资者对"拒绝"提出投诉；立陶宛1990年外资法要求有关部门应将"拒绝准入"一事以及所依据的本国相关法律、法规通知外国申请者，申请者接到通知后可依法提出新的申请；赞比亚外资法亦做了类似规定。①

（三）外资准入自由化的趋势

21世纪以来，各国外资准入的立法从"原则限制、例外自由"转向"原则自由，例外限制"。这些例外一般采用"负面清单"列出。

实体上，放松实体权利方面的限制：具体表现为投资领域的拓宽，投资形式的放松，外资比例的弱化，国民待遇适用于投资准入阶段，主动限制投资措施或履行要求等方面。程序上，简化审批程序，政策更加透明化。

二、经营监管科学化

外资准入后，其投资设立的企业或并购的企业便进入到经营阶段。跨国经营是以企业为主体所实现的超越国界的商品、服务、资本、技术等经济资源的传递和转化过程。② 这一过程中跨国公司要比国内公司面临更多的经营风险和更多的政府监管。经营风险主要是国家风险。监管主要体现为各种形式的投资措施和其他行政管理措施，投资措施是指东道国政府为贯彻本国的外资政策，针对外国直接投资的项目或企业所采取的各种法律和行政措施。③

（一）跨国公司的经营风险

跨国经营必然面对不同国家的政治、文化和法律冲突，面对比一般国内公司更加复杂的经营环境和国内业务经营中通常并不存在的风险。其中，跨国公司的决策者们面临的最主要难题是如何评定每个国家的国家风险。

"国家风险"一词常与"政治风险"、"主权风险"混用，但三者又有细微的差异。目前普遍认可的是国家风险是一个与国家主权、政府行为及宏观经济等因素相联系的风险集合，它大致包括宏观政治风险、经济风险和金融风险三个主要组成部分。具体可分为两种——系统性风险和非系统性风险。跨国公司主要面临的是非系统性风险，即单个国家造成的潜在危险。④ 非系统性风险的

---

① Ibrahin F. I Shihata, "Recent Trends Relating to Entry of Foreign Direct Investment", *ICSID Review – Foreign Investment Law Journal* 9. No1 (1994), Spring.

② 原毅军：《跨国公司发展论》，大连理工大学出版社1999年版，第3页。

③ 刘笋："投资准入自由化与投资措施的国际管制"，载《暨南学报（哲社版）》2003年第2期。

④ 聂民、丁玉芹："国外跨国公司国家风险管理的经验及启示"，载《外国经济与管理》1993年第7期。

形态主要有：（1）征用，投资者财产被当地政府无偿征用、没收，实行逐步国有化；（2）限制，当地政府对企业经营做出暂时的管制，如利用外汇管制措施，规定汇回母国利润的最高比例；（3）干预，企业经营受当地政府干预，如强制征税，规定禁止外国公司涉足的商品、行业和领域，制定商品内销价格，规定内销比重及流通渠道；（4）强制出售，政府威胁外国公司向当地企业或政府以低于市场的价格出售部分或全部资产，而不给予任何形式的补偿；（5）重议契约，政府强制修改和变更与外国公司的合作企业的协议，而不予赔偿；（6）政治损失，投资东道国的国际政治环境发生巨大变化，甚至出现国际制裁的情况；（7）投资东道国与母国之间发生战争等严重事变，导致投资者资产损失；（8）投资东道国国内发生政治动乱，发生革命或军事政变，从而造成投资人营业利润损失。[①]

（二）履行要求

一般而言，为了对外资进行必要的、适当的引导，使其符合本国经济发展目标，东道国对外国投资者在外资准入和运营阶段，就其获准进入、经营，以及取得特定优惠所规定的前提条件，是对投资者所采取的投资措施的总称，被称为"履行要求"或称"业绩要求，实绩要求"。[②]

无论是发展中国家还是发达国家，都存在着履行要求，只是发展水平不同决定了具体管制措施的松紧有所不同。发达国家一般给予外国投资者国民待遇，使其与内国投资者在同等条件下竞争。发展中国家则表现为更多的法律和行政措施。

履行要求包括的范围较为广泛。以乌拉圭回合谈判中所列举的与贸易有关的投资措施为基准加以分类，主要包括13类即：当地股权要求、许可证要求、汇款限制、外汇限制、制造限制、技术转让要求、国内销售要求、制造方面要求、产品指令要求、贸易平衡要求、当地成分要求、出口要求、进口替代要求等。

虽然履行要求有坚实的法律依据（国家主权和联合国大会文件），大多数国家尤其是发展中国家普遍实行履行要求，但随着投资自由化的深化，某些发达国家开始质疑履行要求的合理性，国际投资立法中开始出现禁止履行要求的条款。

---

① 张金杰："国家风险的形成、评估及中国对策"，载《世界经济与政治》2008 年第 3 期。
② 徐泉："略论外资准入与投资自由化"，载《现代法学》2003 年第 4 期。

（三）其他外资管理措施

在外资进入东道国境内之后，东道国对外资的管理除了履行要求以外还包括资本管理、机构设置管理、土地使用管理、外汇管理、劳动雇佣管理、环境管理、购销业务管理、竞争管理等，其中资本管理最为重要。资本管理可以从两个不同的角度分析。从投资来源角度看，涉及投资比例、股权管理、出资安排。从资本来源分析，主要涉及外资的财务管理问题，包括会计标准的选择、资金筹措、融资渠道的选择等问题。

（四）跨国并购的监管

20 世纪 90 年代以来，跨国并购已经取代了绿地投资成为国际直接投资进入的主流模式。何谓跨国并购（M&A），学者众说纷纭。[①] 法学意义上跨国并购是指国际直接投资中以兼并或收购方式进行的受国内法和国际法多重规范的跨国产权交易行为。[②] 国际组织的定义也不尽相同。UNCTAD 认为：跨国并购一是外国企业与境内企业合并；二是收购境内企业的股权达 10% 以上，使境内企业的资产和经营的控制权转移到外国企业。OECD 认为：并购包括并购方与其他企业合并（兼并）和收购其他企业之全部或部分控制权（收购）两种形式。跨国并购是发生于不同的东道国或母国企业之间的兼并和收购行为。严格地说，并购方必须获得另一企业全部或部分控制权。其中母国企业是并购企业，可称为并购方，另一国企业是被并购企业，也称为目标企业。无论如何定义跨国并购，其实质都是跨国性的战略投资行为和产权交易行为。但并非所有的跨国并购都是国际直接投资。根据联合国跨国公司中心统计方法，只有持股为 10% 以上的跨国并购才作为国际直接投资来统计，股权少于 10% 的并购构成证券投资。[③]

跨国并购政府规制的重点除了公司法之外，主要集中于投资政策、竞争政策和上市公司监管政策三个方面。并购审查是投资政策和竞争政策的主要交界面。当然跨国并购作为复杂的产权交易行为其涉及的法律层面远不止这些，还涉及劳动法、税法、会计法、环境法、外汇管制法等国内法。

1. 有关跨国并购的公司法制度

包括并购中的公司合并、分立、增减资本、债务承担、组织形式变更登记制度，股东利益的保护制度，债权人利益的保护制度以及投资比例和出资期限

---

① 漆丹：《跨国并购的法律规制》，武汉大学出版社 2006 年版，第 10~11 页。
② 漆丹：《跨国并购的法律规制》，武汉大学出版社 2006 年版，第 13 页。
③ 本书考察的是作为 FDI 进入方式的跨国并购。

限制等。其中，股东利益保护和债权人利益的保护是其中的重点。

2. 投资政策

包括目标公司所在国的外国投资法以及并购公司所在国的海外投资法两部分。外国投资法如美国 1988 年《贸易与竞争综合法案》第 721 条《埃克森－弗洛里奥修正案》。该法案授权美国总统有权中止或否决某些确实威胁美国国家安全的外国投资者收购、合并或接受美国企业。外资并购一旦涉及美国国家安全，外国投资者应向具体执行审查任务的机构——美国外国投资委员会提出书面审查申请。委员会除了调查并购是否影响国家安全之外，还要调查并购公司是否受外国政府控制或代表外国政府行动。一旦认定并购涉及国家安全，则并购活动面临终止。1990 年 2 月美国总统曾以签署行政命令的方式，否决了中国航天航空技术进出口公司对美国 Mamco 公司的并购投资。理由是该公司为美国波音公司提供飞机零部件，拥有较高机密级技术。此外，作为并购公司的所在国也会基于国家安全等考量对本国投资者的海外并购行为予以限制。

3. 竞争法

鉴于跨国并购可能给市场竞争带来的严重影响，在许多国家，竞争法成为规制跨国并购最重要的法律途径。竞争法主要包括垄断标准的界定、申报的实体条件、审查的程序规定、豁免条件、审查机构设置以及相关法律责任等。其中，实体条件、审查程序和域外适用是重点问题。美国 1890 年《谢尔曼法》是世界上最早的反垄断法。此外，1914 年通过的《克莱顿法》和《联邦贸易委员会法》以及 1936 年通过的《罗宾逊—帕特曼法》也是美国重要的竞争法规范。其中，《谢尔曼法》所涉及的范围最广，影响最深远。目前已经有 90 多个国家制定了专门的反垄断法典或竞争法用以调整跨国并购行为。

4. 上市公司监管政策

跨国证券收购主要是在证券交易所通过对上市公司股票的收购完成的，亦称为"上市公司收购"。与一般的跨国并购不同，跨国证券收购是通过证券市场进行的高级形式产权交易和国际投资活动。因此它不仅要遵循投资政策和公司法的规范，还要受到证券市场特有规范的制约，包括专门的规制上市公司收购的规则以及与收购有关的其他证券监管规则。东道国监管主要集中在证券发行审批、证券交易监管和外汇管理等方面。发行审批制度主要有投资者市场准入审批、发行批准和证券发行披露制度。证券交易监管制度主要包括上市公司的信息公开制度、强制性要约收购制度、内幕交易的法律制度、交易范围、方式和额度的管理、资产与证券账户管理等内容。其中，信息披露制度、强制要约收购和内幕交易的法律责任是重点问题。一般而言，发达国家的监管主要侧重信息披露制度，而发展中国家证券监管更为严格。但证券市场开放政策、投资者国籍判断标准等方面的差异，使得各国具体的上市公司收购证券法律制度还存在差异。

四、退出监管法制化

跨国公司在东道国的投资原则上可以无限期，但作为企业自身的发展轨迹，撤资和企业终结是时有发生。2008 年全球性的经济危机使得跨国公司撤资尤为显著，收回投资、公司内反向借贷和偿还母公司的债务都超过了外国直接投资的总量。例如，撤离德国的外向外国直接投资达 1 100 亿美元，占其 2008 年外国直接投资总量的 40%①。跨国公司的投资决策不仅包括进入决策也包括退出决策。退出决策不仅是在所投资企业经营状况不佳的情况下的被动选择，而且是在恰当的时机以退为进的主动发展战略。作为法律上的终结必须依据东道国的法律规定进行清算。清算管理是对跨国公司投资活动最后阶段的管理。

（一）外资退出

外资退出是指外国投资者在其所投资的企业发展到一定的阶段后或特定时期后，将所投的资金由股权形态转化为资金形态变现的机制及相关的配套制度安排，以实现资本回收和资本溢价。根据撤资的原因可分为：自然退出、被动退出和主动退出。

1. 自然退出

自然退出是因企业经营期限届满、破产、转换经营方向等原因导致的资本撤出东道国。跨国破产是自然退出中最常见的表现形式。外国投资者作为债务人无法正常清偿债权导致的破产，因为含有涉外因素，通常被称为"跨国破产"。跨国破产不限于财产分散在两个或两个以上国家的破产，还包括债权人或债务人位于两国以上的破产案件。②

2. 主动退出

主动退出是指跨国公司进入东道国并运营一段时间后，在所投资企业存续的情况下，基于退出条件、项目盈利能力、战略调整等种种考虑主动退出所投项目，将投资（包括投资收益等）部分或者全部转移出东道国，实现投资增值，创造特殊收益的过程。

---

① 资料来源：UNCTAD，World Investment Report 2009。
② 石静霞：《跨国破产的法律问题研究》，武汉大学出版社 1999 年版，第 8 页。

　　根据退出时是否履行了相关的法律程序，主动退出分为"正常撤离"的外资退出行为和"非正常撤离"的外资退出行为。前者是指外资企业基于种种原因，在履行了债权人的债权、支付了工人工资、完成了纳税义务等东道国的相关义务后，将投资部分或全部转移出东道国。后者是指外资企业在没有按照东道国的法律规定履行相关的法律程序、承担相应法律义务的基础上，擅自变更或抽回资金，结束其在东道国的生产经营行为。①

　　3. 被动退出

　　被动退出是指并非由于投资者的原因导致的投资退出。被动退出主要有两种形式：一种是跨国公司因为东道国的国有化和征收或者相当于国有化或征收的措施（征收性夺取）等原因导致在东道国的投资无法经营或者投资利益受到实质性的减损而被动地将投资（包括投资收益）部分或者全部转移出东道国的资本退出。另一种是因东道国"当地化"要求而引发的投资退出，也称"外资淡出"。包括要求外商独资企业在一定期限内逐步转变为合资企业或者要求合资企业中东道国投资比例一定期限内上升到特定比例。

　　（二）国有化或征收的法律监管

　　据统计，1951～1957 年为国有化事例最多的期间，外资被迫停止海外经营的金额仅占国际投资总额的 5.4%。② 虽然因征收和国有化案例仅占投资退出总额很小的一部分，但它却造成外国投资者普遍的忧虑和困惑，严重影响东道国的投资环境。为此，除了各国国内法对于国有化或征收的权利、条件、补偿以及相应的法律程序予以明确规定。国际上普遍承认国家有权为了公共利益、不歧视地征收外国人的资产，但对何谓公共利益，各方理解不同。此外，对于征收的补偿标准，发达国家和发展中国家意见分歧严重。发达国家出于保护本国投资者的考虑，普遍认可"赫尔三原则"即"即时、充分和有效的补偿"。发展中国家出于国家主权的考虑，普遍认可联合国大会第1803 号决议的"适当"补偿原则。

　　（三）跨国破产的法律规制

　　跨国公司在正常经营的情况下所产生的法律问题较少，但如果破产，基于集团结构所产生的法律问题就会变得非常复杂而又难以处理。③ 为了规范跨国破产法律制度，各国或在本国的破产法典、单行破产法规或国际私法典中规

---

① 相应的界定参见2008 年《外资非正常撤离中方跨国追究与诉讼工作指引》。

② 王贵国：《国际投资法》，法律出版社2008 年版，第180 页。

③ Jonathan M. Landers："A United Approach to Parent, Subsidiary and Affiliate Questions in Bankruptcy", *The University of Chicago Law Review*, 42, No. 4 (1975), 590.

定跨国破产的法律规范，前者如 1985 年《日本破产法》、1978 年《美国破产改革法令》、1994 年《德国破产法》、1986 年《英国破产法令》等，后者如 1987 年《瑞士联邦国际私法法规》第 11 章；或通过双边或多边条约对跨国破产问题做出专门的规定；或通过国内法院的判例阐述跨国破产的原则，1764 年英国法院判决的 Solomons v. Ross 一案在英国确立了跨国破产的普遍性原则。

第四节　母国的海外投资监管

一、母国措施

跨国公司国际投资决策虽然很大程度上取决于东道国的政策和规则，但越来越多的国际投资实践表明母国措施 HCMs 对投资者投资决策也有很大的影响，越来越成为投资者关注的重点。

国际投资措施中的母国措施（HCMs），是指影响 FDI 输出的国家法律、法规和政策。根据母国措施的内涵，分为三种类型：政策型母国措施、激励型母国措施和规则型母国措施。[①] 跨国公司的海外投资会影响到母国的资本项目平衡、国内就业等，因此世界各国都会对海外投资进行各种形式的审批与监督。这种审批与监管，既规则型母国措施是各国海外投资立法的重要环节。通过前置审批阻止一些风险大、收益小或不利于本国经济发展的项目，限制不符合海外投资主体资格的海外投资活动等；通过事后监督了解海外投资经营状况，纠正非法经营活动。[②]

这种规则型母国措施可分为本国经济利益和政治外交利益施加的管理。前者主要体现在为了保证本国税收收入施加的管理、为保障本国投资者利益施加的管理以及为维护市场秩序施加的管理三方面[③]。如对转移定价的管制、海外投资保险法律制度和反垄断法等。后者指基于某种政治原因而禁止或限制对某一国家的投资。如 2010 年 7 月美国对伊朗的制裁法案规定全球任何一家向伊

---

① 李宏、孙同宇："国际投资协定中的母国措施及其对 FDI 流动的影响"，载《国际经济合作》2005 年第 3 期。

② 王宏纲："中国海外投资监管诌议"，载《改革与开放》2010 年 8 月。

③ 车丕照：《国际经济法概要》，清华大学出版社 2004 年版，第 347 页。

朗出口汽油等石油精炼产品的企业，向伊朗能源部门投资的企业，向这一部门提供金融、保险或者运输服务的企业都将受到制裁。①

二、发达国家的间接调整

在渐趋开放性的经济环境中，资本流动是双向的，既有输出也有输入。发达国家始终作为投资国和引资国的双重角色出现在国际投资领域中。而长期扮演引资国角色的发展中国家随着其国力增强，海外投资兴起。只是由于经济实力和发展阶段不同，两者的海外投资政策的重点和方式不同。

发达国家因为市场经济体制完备、法制健全，一般大多奉行"投资自由化"政策。对本国的海外投资不设专门的审批法，审批监督的法律规范大多散见于其他相关的法律文件之中，主要通过间接调整的方式规范海外投资。规制的重点也比较集中。纵观发达国家所采取的 HCMs，主要有信息支持、经济支援、投资保险、税务措施以及技术转让等形式。② 一般对企业海外经营活动中社会、环境责任和劳资关系方面的管制较少，而对各自企业在海外的行贿行为则严厉打击，且有比较明晰和系统的法规作为制度保障。这其中最有名的两个法规当属美国的《打击海外腐败行为法案》和英国的《反贿赂法案》。③与反贿赂问题形成反差的是，在环境社会问题上，欧美国家的法律对其海外经营的公司约束寥寥。西方国家对其企业海外投资的监管也主要依靠非强制性措施。

三、发展中国家的直接调整

发展中国家普遍存在资金不足、技术落后等问题海外投资规模不大，海外投资实力不足。另一方面，又要严格控制资金的外流、保障本国跨国公司的海外权益因此大多结合本国经济政策制定专门的有关海外投资审批和监管的法规。主要包括外汇监管制度、项目审批制度等。

---

① "美国通过连带制裁伊朗法案　伊称是空洞政治运动"，http://news.sohu.com/20100703/n273251681.shtml.2010 年 7 月 3 日访问。

② 薛剑："国际投资法中的母国措施问题研究"，载《江西青年职业学院学报》2009 年第 4 期。

③ 唐晓阳、熊星翰："中国海外投资与投资监管：以中国对非投资为例"，载《外交评论》2015 年第 3 期。

第五节 东道国的当地救济

一、国际投资争议

（一）含义

跨国公司在东道国从事生产经营活动，不可能一帆风顺，投资争端屡有发生。既有内外国投资者之间的争议也有外国投资者与东道国之间的争议。尤其是后者因为主体之间的不平等，会遇到许多独特的问题，如应采用何种争议解决方法，适用何种法律（国内法还是国际法），外国投资者在国际法庭中有无出诉权等等，而倍受国际社会关注。这种国家（政府或机构）同外国私人投资者（自然人或法人）之间主要因直接投资问题而发生的争议，被称为狭义的国际投资争议。①

（二）与国际政治争端不同，国际投资争议有其特殊性

（1）性质上的跨国性而非国际性。"国际"通常指代"国家间或政府间"的含义。"跨国"只是一个地理概念，是指"跨越国界"，而不论跨越国界的主体是国家、经济实体、国际经济组织或个人。跨国性更符合国际投资的实践。

（2）争议主体的多元性和地位的差别性。"跨国性的争端"包含不同国家之间的争端、国家与经济实体或个人之间的争端和不同国家的经济实体或个人之间的争端。各个主体之间的地位是不同的：国家、国际组织是国际法的主体，而经济实体或私人是国际法的客体，尽管全球化使得跨国公司的力量有所加强，但它仍不能成为国际法的主体。在解决狭义的国际投资争议时，由于主体具有不同法律地位，会遇到许多独特的问题。

（3）客体的广泛性。国际投资活动的内涵极为丰富。一般而言，"投资"一词系指缔约一方投资者依照接受投资缔约另一方的法律和法规在其领土内所投入的各种财产。

（4）内容的特殊性。国际投资争议，既涉及外国投资者位于东道国境内的财产权或契约权、对企业的控制权、汇出外汇权等既得权利，也涉及到东道

---

① 鲁宾·R. 尼尔森主编：《国际投资争议：避免与解决》1985 年英文版，第 63～64 页。此外，周成新：《国际投资争议解决方法》，中国政法大学出版社 1989 年版，第 3 页。国际投资争议又称跨国投资争议，是指外国私人投资问题引起的各种争议，不包括国家、国际组织之间的官方投资争议。这些定义都属于狭义的国际投资争议的定义。

国对本国境内的外国投资的管理权利——征收权、对自然资源的控制权、国民经济利益，以及东道国保护外国投资者的国际义务。国际投资争议，涉及的问题既有契约性问题，也有非契约性问题；既有国内法问题，又有国际法问题，通常关系到双方的重大甚或根本利益。

（三）国际投资争议的类型

按照起因的不同，投资争议大致可分为两大类：契约性争议和非契约性争议。

（1）契约性争议是指投资契约双方当事人因对契约的解释、执行、修改或废除而产生的争议。争议涉及的是当事人契约权利与义务问题。它可以是内外国私人投资者之间的争议，也可以是外国私人投资者与东道国政府之间的争议。通常，外国私人投资者通过与东道国政府或其机构订立契约的方式在东道国进行投资。在履行契约的过程中，双方可能会因对契约的解释、执行发生争议，或因东道国单方面修改、废除契约而发生争议。特别是有关特许协议的争议，因为主体法律地位的差异、特许协议的法律性质、可适用的法律存在争议而备受关注。

（2）非契约性争议是指东道国政府在同私人投资者之间不存在契约关系的情况下发生的争议。这类争议主要包括：①国有化引起的争议。东道国对外国私人投资者实行国有化或征收时，双方之间可能就国有化的合法性或补偿的数额问题引起争议。②东道国行为引起的争议。东道国在管理外国投资活动中，可能会有某些措施影响到投资者利益而发生争议，如实行外汇管制，增加税收，拒绝签发许可证，干预外国投资者的经营活动等，其中既包括立法行为也包括日常的行政管理行为。③东道国国内的政治动乱引起的争议。东道国发生革命、战争、内乱等事故导致投资者损失时，可能会就东道国如何补偿投资者损失问题发生争议。[①] 其中最典型的例证是国有化引起的争议。此类争议的特点是其涉及的主要是国家责任问题，因此解决更加困难。④外国投资者违法东道国法律引起的争议。例如，著名的印度博帕尔惨案，给印度的环境造成严重的损害，而后期的诉讼中对于母公司责任的追偿存在诸多困难。

二、东道国当地救济

（一）当地救济的含义和适用范围

《奥本海国际法》认为，当一个国家对其领土内外国人所赋予的待遇不符合它的国际义务，但是仍然可以通过以后的行动为该外国人提供所要求的待遇，国际法庭将不会受现代表该外国人提出的求偿，除非该外国人已经用尽加

---

① 姚梅镇：《国际经济法概论》，武汉大学出版社1999年版，第709页。

害国内可以利用的各种法律救济，否则就不能在国际层面提出求偿。①

根据传统的国际法学说，用尽当地救济指如果东道国政府与外国自然人或法人产生冲突的，应首先将争议提交东道国国内机关，由国内机构按照东道国国内实体法及程序法进行解决；在未用尽东道国一切救济手段之前，不得寻求国际程序解决纠纷。②

虽然该规则发端于外交保护，但因为其合理性很快被引入国际投资领域。但由于国际投资争议属于涉外民商事关系，其解决所依据的法律不一定是东道国的实体法，而应按照东道国冲突规范指引找到的准据法或国际统一实体法。因此，笔者认为国际投资领域的东道国当地救济是指东道国的司法机构、行政机构、仲裁机构依据东道国法律、应适用的其他法律或仲裁规则来解决投资争议的方法。东道国当地救济主要有司法救济、行政救济和国际商事仲裁三个途径，其中司法救济是最常用的。司法救济有两种情况：一种是东道国法院受理的、外国投资者为原告、东道国政府为被告的行政诉讼案件；一种是外国投资者与东道国合营者之间、外国投资者与东道国企业之间以及外国投资者与东道国政府之间的民事诉讼案件。行政救济主要指行政复议，可适用于外国投资者对东道国的行政管理决定不服引起的争议。国际商事仲裁通常是解决外国投资者与东道国合营者之间因履行投资合同或外国投资者与东道国其他企业之间因履行合同产生的涉外民商事争议，在双方自愿选择仲裁时适用。当地救济适用于：（1）东道国与外国投资者之间的争议；（2）外国投资者与东道国合营者之间的争议；（3）外国投资者与东道国企业之间争议。

（二）适用依据

（1）东道国基于属地管辖原则而对其领土内的投资争议享有当然的管辖权。（2）用尽当地救济原则这一习惯国际法原则的具体运用。除非东道国法律另有规定或其政府明确表示同意，外国私人投资者是不可以将其与东道国政府之间的争议直接提交国际解决的，其本国政府不得行使外交保护权追究东道国的国际责任，必须用尽当地救济。1959 年国际法院在国际工商业投资案（Interhandel Case）中明确宣示："在可以提起国际程序之前必须首先用尽当地救济的规则，是一项公认的习惯国际法原则。"③ 其中，"用尽"是指必须使用完当地所有可适用的司法的和行政的救济程序，包括上诉到具有终审效力的最

---

① ［英］詹宁斯、瓦茨修订：《奥本海国际法》第 1 卷第 1 分册，王铁崖等译，中国大百科全书出版社 1995 年版，第 414 页。

② 1959 ICJ Reports, p. 27.

③ 《国际法院报告》（1CJ Reports）（1959 年），第 27 页。

高上诉法院。[1]（3）卡尔沃主义的合理要求。1868 年南美国际法学家卡尔沃在其所著《国际法理论与实践》一文中指出：主权国家基于平等原则可自由独立地享有不受任何他国干涉的权利。外国人一经进入所在国，则被当作该国国民对待，只能享有平等待遇而不能享有特权；若受损失，只能依靠当地救济。[2] 卡尔沃主义成为拉美国家及其他发展中国家制定卡尔沃条款，坚持对国际投资争议属地管辖权的重要法律依据。[3]（4）自然资源永久主权原则的应有之义。由《各国经济权利义务宪章》确立的自然资源永久主权原则包括国家有管理外国投资和监管跨国公司的权利，有对外国人财产实行国有化的权利，有依照本国法律在本国法院处理投资争议的权利。

（三）"用尽当地救济"的实施模式

国家在国际投资领域具有两种身份——东道国和投资国。因此，用尽当地救济的最佳实施效果是既维护国家司法主权又不阻碍吸引外资。纵观国际社会，大致而言，存在如下几种立场："承认当地救济但推崇其他方式"的美国模式；"弃用当地救济"的阿根廷模式。虽然阿根廷是卡尔沃主义的发源地，但近期它在国内立法中国内立法中承认国际仲裁并有选择的忽视当地救济，其目的无非是吸引外资促进本国经济的发展；"重视当地救济"的委内瑞拉模式。1999 年委内瑞拉宪法修订时保留了原卡尔沃条款。根据该法第 151 条，外国人即使是投资者也不应当享有比委内瑞拉人更多的诉权，他们在与委内瑞拉国家发生纠纷时，也应该同委内瑞拉公民一样，仅应在委内瑞拉国内寻求救济。[4]

（四）发展趋势

虽然东道国当地救济有充分的法理依据，是外交保护领域重要的习惯国际法规则，发展中国家也倾向于优先适用该方法，但实践中外国投资者往往不信任东道国当地的法律制度及其司法公正性，因此往往不愿意采用当地救济的方法解决投资争议。随着投资者——东道国投资仲裁模式的出现，该规则出现被边缘化的趋势，甚至一度陷入"名存实亡"的尴尬境地。近年来，出于对投资者——东道国投资仲裁体制的不信任和批评，一些国家又开始考虑用尽当地救济规则的适用。

① Electricity company of Sofia and Bulgaria Case，A/B，No77，p. 64.

② 姚梅镇：《国际投资法》武汉大学出版社 1985 年版，第 312 页。

③ 余劲松主编：《国际投资法》，法律出版社 2003 年版，第 312 页。

④ 李华成等："用尽当地救济在国际投资领域的应用及其面临的挑战"，载《安徽商贸职业技术学院学报》2012 年第 4 期。

第八章 跨国公司双边监管机制

除了政府监管的国内机制以外，跨国公司的有效监管还依赖于监管的国际合作。[①] 跨国公司的国际监管机制既是对单一国家跨国公司政策的补充，也是对跨国公司与政府关系的规范。国际社会规制跨国公司的努力始于巴黎和会提出的《外国人待遇协定》。目前已经形成了由双边、次级地区、地区、地区之间、部门、诸边和多边投资条约构成的多层次的国际投资协议体系。[②] 国际投资协议的内容、形式、参与方都各有不同，很难以任何具有重要意义的方式谈论"典型的"国际投资协议。按照参与方不同，可分为双边、区域和多边监管机制。其中，BIT 是最常见的国际投资协议形式，构成所有已缔结国际投资协议的大约 47%。[③] 但 BIT 是缔约国之间的"特殊国际法"，只对缔约国有拘束力，不具有普遍拘束力。

---

① "国际"一词至少有三种含义，一是行为或活动跨越国境具有涉外因素"跨国性"的含义如"国际贸易"中的国际一词；二是凡国家之间的交往与联系可采国际之义；三是现象和行为之全球性指向。本文采用第三种含义：从全球性视角出发使用"国际"一词。

② 缔约方的数量并不构成区分国际投资协议层次的实质性因素，更重要的是看其组织原则和运行情况。

③ 联合国贸易与发展会议：《国际投资规则的制定：评估、挑战与前景展望》，2008 年，第 19 页。

第一节　双边监管机制的基本问题

一、双边监管机制的内涵

跨国公司的双边监管机制是指国家间通过签订双边投资协定（BIT）的形式，形成对双方有约束力的跨国公司政策协调机制。

传统上，BIT 是在发达国家和发展中国家之间签订的，常常被视为一个国家向跨国公司传达"商业开放"信号的主要工具。[①] 而现代 BIT 的缔约方已经不仅仅局限在发达国家和发展中国家之间，甚至不限于国家之间，而扩展为两个国际经济法行为主体之间，如单个国家（独立关税区）之间的协定、单个国家（独立关税区）与区域经济集团之间的协定、区域经济集团之间的协定。

虽然各国间缔结的 BIT 具体内容有所差异，但传统 BIT 大多只涉及双方共同承认及保护的投资形式及投资者、外国投资者的待遇标准、资本及利润汇出的保证、国有化、政治风险的保证、投资争端的解决等"投资保护"的内容。这些条款作为国民待遇制度的"一般例外"，一直被认为是纯属于东道国国内立法上的管理事项。只是随着投资自由化的发展，这些事项才逐渐进入双边监管的视野。而现代 BIT 倾向于国际投资的"自由化"，注重为外国投资者提供高水平的实体性和程序性保护。[②] 外资待遇标准更为侧重投资准入阶段的保护和新的自由化承诺。[③]从欧式 BIT 到美式 BIT 内容上的变化，可见 BIT 调整对象日益专门化、投资保护标准日益提高、争议解决方法日益多样。

BIT 主要处理"本座"位于东道国境内的"双边投资关系"。因此 BIT 的宗旨应该是有效协调国家间投资关系、有效促进各国国际投资环境的改善、有力促进国际资本流动和保护国际投资者。然而实践中，东道国与母国之间、东道国与投资者之间权利义务严重失衡。（1）形式上，BIT 是两个主权国家就相互促进和保护投资达成的意思表示一致，但事实上存在不平等的交换关系。[④] BIT 只要求东道国在外资进入时给予投资保护和投资自由，规定外国投资者能

---

① 除个别情况外，发达国家间的投资关系通常由其他国际方式来维系如避免双重征税协定，双边投资协定在发达国家之间并不多见，仅占 7%。

②③ 曾华群："BIT 范本：缘起、发展与中国的创新"，载《2011 年中国国际经济法学会年会论文集》。

④ M Sornarajah, *The International Law on Foreign Investment*, Cambridge University Press, 2004. p. 207～208.

够获得国际投资争端解决机制的保护,既并未明确要求母国必须确保资本的流入或者履行其他的投资促进义务,也未规定外国投资者的义务。(2)内容上,BIT 直接规定了投资者的权利,是涉及第三者权利义务的特殊国际条约,投资者是条约的"第三方"。① BIT 表面上是东道国与母国之间的双边投资协定,实质上反映了东道国——跨国公司——母国之间的博弈关系。它是通过保护和管理"投资和投资者"的权利义务,来实现主权国家之间协调投资关系、促进投资自由化之缔约宗旨的。双边层面,母国通常是跨国公司的代言人,为了促进和保护跨国公司在东道国的投资而服务。

二、双边监管机制的类型

从 1778 年美法友好通商航海条约开始,到近年来涌现的大量含有投资条款的 FTAs,BIT 包含了以下几种类型:(1)早期的友好通商航海条约(Friendship,Commerce and Navigation treaties,FCN);(2)只有程序性规定的美国式双边投资保证协定(Investment Guarantee Agreement);(3)包含实体规定的欧洲式双边投资促进和保护条约(Agreement for Promotion and Protection of Investment);(4)包含更高保护标准和自由化程度的美国式双边投资促进和保护条约(Agreement for Promotion and Protection of Investment);(5)订有投资条款的自由贸易协定或其他经济合作协定(简称特惠贸易与投资协定)(Free Trade Agreement,FTA);(6)专门处理税收问题的避免双重征税协定(Double Taxation Treaties,DTTs)。

1. 友好通商航海条约

友好通商航海条约是指在相互友好的政治前提下,针对通商航海航空等事宜全面规定两国间经济、贸易关系的一种贸易条约。② 最早的 BIT 可以追溯到 1778 年美国与法国签订的友好通商航海条约。③ 早期 FCN 不是以保护私人投资为重点的,主要应对贸易和海上航运的保护问题。虽然它们也包含若干财产保护条款,如保证公正和公平待遇,依照习惯国际法予以保护,以及即时、适当和有效的征用补偿等,但这些条款是对财产的普遍保护,而不是单单保护投资本身。此外,FCN 保护的对象是商人,而不是工业投资者。二战后,保护私人海外投资逐渐成为 FCN 的主要内容,已经涉及 BIT 的核心内

---

① 梁开银:"双边投资条约冲突条款研究",载《法商研究》2012 年第 2 期。
② Navigation 也有航空之意,因此应该翻译成《友好通商航行条约》。参见肖永平、孙玉超:"论美国推行航空运输自由化的本质",载《北京航空航天大学学报(社会科学版)》2008 年第 4 期,注释。
③ 余劲松主编:《国际投资法》,法律出版社 2003 年版,第 212 页。

容。但因为 FCN 内容过于宽泛，缺乏保护投资的程序性条款等缺陷使它在 60 年代中期逐渐退出了历史舞台。最后的两个 FCN 是由美国与泰国和多哥签订的。

2. 双边投资保证协定

1955 年美国——哥斯达黎加签订的《根据共同安全法第 413 节保证私人投资换文》是最早的冠以"投资"一词的双边条约。[①] 双边投资保证协定是美国政府保护其海外投资一向采用的协定方式。[②] 双边投资保证协定的特点是仅涉及投资者母国根据其投资保险制度给予投资者赔偿后，对投资者母国的程序性救济（投资者母国保险机构给予投资者赔偿后，即取得代位求偿权，并且规定资本输入国与投资者母国因此发生的争议应通过有约束力的仲裁来解决）而没有直接规定对外国投资者的保护。[③] 其作用有限，在双边投资协定中不占重要地位。而且鉴于 MIGA 具有更广泛的影响力，现在有关投资保险的问题大多通过 MIGA 解决，因此，此类 BIT 的作用日益减少。

3. 欧洲式双边投资促进和保护条约

以 FCN 有关促进和保护投资的事项为主要内容，1959 年，前联邦德国与巴基斯坦和多米尼加共和国签订了最早的两个双边投资促进和保护条约。此后，欧洲的很多国家纷纷效法。这类 BIT 也被称为欧洲式 BIT。[④] 欧洲式 BIT 是前两种的混合体：不同于友好通商航海条约在于它仅仅涉及投资保护的内容；不同于美式投资保证协定在于它规定了投资保护方面的实体性内容。

4. 美式双边投资促进和保护条约

为了规范 BIT 的实践，美国从 1981 年开始制定 BIT 的范本，作为谈判的基础。范本此后历经 1994 年、2004 年、2012 年三次较大修订，反映出美国在 BIT 谈判立场上出现了一些新的变化。

1982 年范本，除了吸收欧洲式投资保护条约的财产保护条款之外，还舍弃了传统 BIT 的投资准入条款，将投资的国民待遇扩展至准入阶段，增加了有关投资纪律的透明度、履行要求禁止等推行高度自由化的政策，以及有关投资与环境、投资与劳工等新领域，实行投资者/国家投资仲裁机制赋予投资者提起国际仲裁的权利，而不需要考虑东道国的内国法等等，充分反映了美式 BIT

---

① 刘颖、邓瑞平：《国际经济法》，中信出版社 2003 年版，第 382 页。

② 孙南申：《国际投资法》，中国人民大学出版社 2008 年版，第 164 页。

③ 韩亮："20 世纪 90 年代双边投资保护协定的发展及评价"，载《法学评论》2001 年第 2 期。

④ 德式最新的范本是 2008 年范本，由于欧盟已经决定以欧盟的名义与第三国签订 BIT，德国范本将成为名副其实的欧洲范本。

内容扩张和精细化趋势。1994 年范本的最大特点在于高标准的投资保护与倡导投资自由化。但这种过分关注投资者利益保护的机制也带来了诸多问题，促使立法者在修订新的投资范本（2004 年范本）时注意平衡外国投资者与东道国的利益，注意平衡投资保护与其他正当的公众关注（环境、公共健康和文化多样性等）。①其中有关最低待遇标准、征收、透明度和仲裁上诉机制等 4 个问题推广了美国国际投资法的新概念，对国际投资法和仲裁法的发展起到重要的影响作用。2012 年范本与旧文本相比，继续维持了 2004 年范本倡导的在保护投资者利益与维护政府出于公共利益采取管理措施权力之间的平衡。同时，更强调透明度和公共参与，强化了关于劳工与环境的保护。② 2012 年范本还针对国有企业的特殊待遇和自主创新政策带来的扭曲等制订了更加严格的纪律，包括：（1）协议方的采购政策不得与本国技术含量要求挂钩；（2）允许外国投资者在非歧视的基础上参加标准制定；（3）对"国有企业被授予政府职能"做出定义。

5. 双边特惠贸易与投资协定

21 世纪，一种新型的 BIT——双边特惠贸易与投资协定（FTAs）诞生了。③ FTAs 是在原有的仅仅约束贸易自由的自由贸易协定中添加了专门的投资规则，为投资者提供类似 BIT 的保护范围，甚至更广，因为 FTAs 还可能涵盖服务、知识产权、竞争、劳工、环境、透明度等问题。这种广泛的涵盖面显示出这样一种趋势，即在制定国际投资规则时，以综合的方式处理相互联系的议题。④ 美国、日本、新加坡和墨西哥等国积极推动 FTAs 的谈判。墨西哥是这一领域行动最早，取得成就最大的国家。亚洲国家中新加坡是最积极进行 FTA 谈判的国家，也是取得成就最大的国家之一。⑤ 美国自 2000 年起积极推进 FTAs 的谈判，形成了美式 BIT 与 FTAs 谈判并进的局面。FTAs 的出现既是经济全球化下贸易与投资相互融合的产物，也是各国基于本身的政治、经济发展的需要和国际战略的考虑而采取的对外经贸政策。签署双边 FTAs 已经成为一个政治和经济综合的战略问题。

---

① 隽薪："估计投资体制的法治转型"，载《2011 年中国国际经济法学会年会论文集》，第 62 页。

② 如第 13 条规定缔约方需遵守国际劳工组织规范下的义务等。

③ 即含有投资条款的自由贸易协定或其他经济合作协定，这一称谓始见联合国贸发会议《国际投资规则的制定：评估、挑战与前景展望》一文。

④ 詹晓宁等："国际投资协定：趋势和主要特征"，载《国际经济法学刊》第 14 卷第 1 期，第 124 页。

⑤ 朱文晖："世纪之交国际双边 FTA 谈判的动态与中国的对策"，载《南开经济研究》2003 年第 6 期。

6. 避免双重征税协定（DTTs）

避免双重征税协定是国际投资活动中，国家间为了避免和消除向同一纳税人、在同一所得的基础上重复征税，根据平等互惠原则而签订的双边税收协定。截至 2007 年年底，避免双重征税条约的总数已经超过 2700 项。其中，发达国家中美国签订最多，达 153 项，而发展中国家中中国签订最多，达到 99 项。[①]

避免双重征税协定的内容一般包括协定的范围，对用语定义的必要解释，对各项所得分类确定征税的处理原则和范围划分，排除双重征税的方式，实行纳税无差别待遇，双方对有关事项的协商程序，税收情报的交换以及协定的生效和终止等有关事项。国际上有两个范本供各国参照：一是经济合作与发展组织提出的文本，简称为 OECD 范本，是由发达国家税收专家起草的，侧重于居住地征税原则。二是联合国经济及社会理事会提出的文本，简称为联合国范本，是由发达国家与发展中国家的税收专家共同起草的，较为注重扩大税收来源地国的管辖权，比较能够兼顾居住国和来源国的税收权益，已被越来越多的国家所采用。

三、双边监管机制的历史沿革

BIT 的发展是东道国、跨国公司和母国三方博弈的结果。影响因素包括东道国的因素（吸引外资的意愿、外资政策的倾向性、管理外资的水平、谈判能力强弱、投资环境的优劣）、跨国公司的因素（经济实力、政治势力）、母国的因素（外资政策、经济景气指数等）、国际因素（两国的政治经济关系、世界经济形势）。

（一）20 世纪 70 年代以前的 BIT

传统上，BIT 是在发达国家和发展中国家之间签订的，常常被视为一国向跨国公司传达"商业开放"信号的主要工具[②]。虽然 20 世纪 70 年代前签订的欧式 BIT 数量比较少，只有 72 项，但其确立了 BIT 的基本模式和基本条款，如投资定义、准入条款、投资者待遇条款、国有化条款、利润汇出条款、代位权条款以及争端解决条款。

（二）20 世纪 70 年代至 90 年代

这一时期虽然缔约方仍然是发达国家与发展中国家，但签约速度明显加

[①] 具体参见国家税务总局网站"我国对外签订避免双重征税协定一览表"，http://www.chinatax.gov.cn/n480462/n480513/n481009/index.html。

[②] 除个别情况外，发达国家间的投资关系通常由其他国际方式来维系，BIT 在发达国家之间并不多见。

快。70 年代，全球共缔结 166 项 BIT，是 60 年代的两倍多。截至 80 年代末，共订立 386 项 BIT。签约速度加快的原因与发展中国家吸引外资的务实考虑不无关系。虽然在发展中国家集体力量的推定下，70 年代联合国大会先后通过了一系列的宣言和决议来强调发展中国家经济主权（包括东道国对跨国公司的管理权）和建立国际经济新秩序。但发展中国家在订立 BIT 时，出于务实考虑，也会将它们在多边层面并未接受的保护投资的原则和标准（如国有化的最低赔偿原则）作为例外加以接受。这一时期 BIT 的另一特点是出现了美式 BIT，它们有的将国民待遇适用于投资准入阶段；有的要求东道国确保投资者能获取相关法律的信息；有的则禁止将履行要求作为允许外资进入的条件，代表了现代 BIT 的自由化趋势。①

（三）20 世纪 90 年代以来

（1）双边协定的绝对数量"泛滥"。与 1989 年前 30 年间所缔结的 BIT 不到 400 项相比，20 世纪 90 年代以降的 15 年里签订的就有约 2000 项。其中，有 2/5 由发达国家与发展中国家签署的，有 1/4 是由发展中国家之间共同签署的。② 只有不到 7% 是在发达国家之间签署的。③

（2）发展中国家之间签订的 BIT 增长显著。发展中国家的跨国公司正在崛起，并在全球经济中发挥作用。发展中国家已经由纯粹的资本输入国转变为兼具资本输入国与资本输出国的双重身份。截至 2007 年底，发展中国家之间已经缔结了超过 690 项 BIT，占全部协定的 27% 左右。发展中国家签署的 BIT 数目不断攀升表明南南合作发展战略的重点已开始集中在投资问题上。同一区域的发展中国家间签订的 BIT 中比重非常大，反映出区域经济一体化的发展对 BIT 的发展具有很大的促进作用，也预示着国际层面上投资协议从双边向多边演进的趋势。④

（3）传统条款日趋完善。①关于投资的定义更加严谨。2004 年加拿大 BIT 范本中，以资产为基础的开放式投资定义，已经为一种既涵盖广泛内容又有所限定的投资定义所取代。②投资者与东道国的争端解决上进行了大规模创新。传统的仲裁解决，增加了透明度，如公开听证，出版相关材料，增加民众向仲裁法庭提供临时法律意见的可能性。新协定中增加了国际仲裁外的其他解决投

---

① 韩亮："20 世纪 90 年代双边投资保护协定的发展及评价"，载《法学评论》2001 年第 2 期。

② 联合国贸发会议：《国际投资协定近期发展动向分析》，2005。统计样本截至 2004 年底，共 2392 项 BIT。

③ 资料来源：UNCTAD, World Investment Report 2007。

④ 胡峰："投资自由化与双边投资条约的发展"，载《桂海论丛》2002 年第 5 期。

资者与国家争端条款，保障争端解决更加合法、规范和有序地进行。

（4）新型条款不断涌现。现代 BIT 不仅包括具体的经济问题，如金融服务业投资，还包括了其他一些可以让东道国的法规制度获得更多发展空间的问题。现代 BIT 用特定的语言解释了对健康、安全和环境的保护，以及对国际认可的劳工权利的改善等新鲜元素。它旨在明确，在追求投资协定所规定的投资保护和投资自由化目标时，不能以牺牲重要的公共政策目标为代价。

（5）BIT 已不仅具有投资保护功能而且兼具了投资促进的功能。早期 BIT 的目的虽然是为了促进和保护投资，但多数都是以保护投资为目的条款。随着投资自由化的发展，保护投资已经成为国际社会的共识，90 年代以来 BIT 的重点转向促进投资。

（6）重修协定的趋势呈现加速发展的局面。现有 BIT 到期或其产生条件发生变化，或者使其符合其他协定义务，或为了加入"现代的"标准，重修协定的态势明显加速。截至 2007 年年底，各国已经重修 120 余项 BIT。[①]

（四）21 世纪以来

1. 含有投资条款的自由贸易协定大量涌现

21 世纪以来，双边层面跨国公司监管机制的一个重要发展趋势是订有投资条款、借此补充或者取代"正统"BIT 的自由贸易协定或者其他经济合作条约大量涌现。[②] 这些协定催生了一种既包含贸易要件也包含投资要件的新型国际投资协定——特惠贸易与投资协定的诞生。截至 2007 年年底，已经缔结的特惠贸易与投资协定达到 254 项，涉及 63 个国家，正在谈判的协议达 75 项。这些协定或者提供了后续投资规则谈判的原则框架，或者直接规定了类似 BIT 的约束性义务。前者如美国与东盟于 2006 年缔结的《贸易和投资框架协议》，后者如美国与大韩民国于 2007 年缔结的《美韩自由贸易协定》。

2. 投资自由化的趋势有所节制

20 世纪的 BIT 一直沿着投资自由化的方向发展，成为保护跨国公司的有利武器，进而通过 OECD 和 WTO 使其多边化。发展中国家对跨国公司的管辖权受到越来越大的挑战，国民待遇扩大适用到投资准入阶段；征收补偿标准从适当补偿到更多适用"充分、即时、有效"标准；"公平和公正待遇"

[①]　联合国贸易与发展会议：《国际投资规则的制定：评估、挑战与前景展望》2008，第 20 页。

[②]　联合国贸易与发展会议：《国际投资规则的制定：评估、挑战与前景展望》2008，摘要部分。

标准走上国际投资法制的舞台；用尽当地救济原则逐渐被国际仲裁机制取代等等。

进入到 21 世纪，传统 BIT 这种保护投资与促进投资的严重失衡，跨国公司的私人利益与东道国的国家利益的严重失衡，用尽当地救济与寻求国际裁决的严重失衡，使得一些发展中国家认识到 BIT 在吸引外资方面作用的局限性，改变了积极立场，更加务实地处理与不同类型国家的 BIT 谈判，宣布退出了一些 BIT，厄瓜多尔和玻利维亚甚至退出了 ICSID 公约，体现了主权回归的态势。

发达国家也开始尝到了现代 BIT 高度自由化带来的恶果，促使一些发达国家国家（美国为典型）采取措施修正了自己的 BIT 政策，降低对外国投资者的保护，提高对东道国和本国投资者利益的维护，实现了某种程度的主权回归。① 从 1998 年第一个 NAFTA 案件至 2007 年，美国共 14 次受到来自加拿大投资者的仲裁申诉。美国国会中的民主党认为美国的 FTA 标准范本给予外国投资者的保护如此之大，以致人们都认为损害了政府对于公共利益的调控能力。② 为此，美国 2004 年 BIT 范本开始提高了对东道国的保护，削弱对外国投资者的保护，主要表现为对间接征收范围的限制、明确规定了重大安全例外、限制投资者——国家争端解决程序的启动等。21 世纪以来，美国 BIT 范本正在从片面强调投资自由化和投资者权利向强调东道国的国家安全和其他权利如劳动权和环境权转型。③

总的来说，基于对自身国家利益的考虑，无论是发达国家还是发展中国家在签订新的 BIT 都倾向于国家利益优先。未来的 BIT 应当在兼顾保护、促进投资功能的同时，注重发挥管制跨国公司的职能，实现跨国公司商业利益与国家利益的平衡。

3. 发展中国家身份的转变

发展中国家之间签署的 BIT 数目不断攀升，既表明南南合作发展战略的重点最近已开始集中在投资问题上，也反映了发展中国家已经由过去纯粹的资本输入国转变为兼具资本输入国与资本输出国双重身份。

---

① 李小霞："双边投资条约的发展新趋势及中国对策探析"，载《经济问题》2010 年第 3 期。

② "US Democrats Unveil Trade Policy, Days Before key Deadline", *Bridges Weekly Trade News Digest*, 28（2007），11.

③ 韩秀丽："双边投资协定中的自裁决条款研究"，载《法商研究》2011 年第 2 期。

第二节 双边监管的必要性

一、母国保护本国公司海外投资的需要

（一）母国保护跨国公司海外投资安全的需要

双边层面，母国通常是跨国公司的代言人，为了促进和保护跨国公司在东道国的投资而服务。BIT 的签订将东道国单方面管理外资的权利束缚上双边义务的"枷锁"，从而达到通过国际机制保护跨国公司利益的目的。

（二）发达国家的积极推动

发达国家如美国、英国、德国、法国、加拿大，通过在实践中制定和推行自己的 BIT 范本，迫使另一缔约方接受条约范本的表述，以实现其保护本国投资者权利、鼓励对方国家采取市场导向政策以及支持发展前述标准的国际法标准，借以抵制发展中国家 20 世纪 70 年代在联合国大会上取得的一系列建立国际经济新秩序成果。

二、东道国商业开放的信号

BIT 一直被视为一国向跨国公司传达"商业开放"信号的主要工具。80年代发展中国家债务危机的爆发、国际商业银行减少对发展中国家的贷款以及新兴经济体利用外资快速发展的经验，使得发展中国家愈发重视吸引外资，而投资环境改善的一个重要指标就是与跨国公司的母国签署 BIT。

三、跨国公司寻求国际机制保障的需求

国际生产中，跨国公司除了要面临企业共有的生产经营活动（产购销环节）碰到的经营风险以外，还要面对一般国内经营中通常并不存在的风险，如国家风险、外汇风险、购买力风险等。这种非商业风险的保障除了通过母国海外投资保险机构解决外，跨国公司还希望通过一定的国际机制加以保障，BIT 应运而生了。

四、东道国与母国协调双方立场的平台

投资的单一性特征，使得东道国与母国在跨国公司的海外投资问题上必然存在利益冲突。以投资准入问题为例，根据国家主权原则，任何一个主权国家

得依"属地管辖权"拥有管制或禁止外资进入该国领土或以商业存在的形式从事经营活动的绝对权利。投资准入通常被认为是属于东道国国内立法上的管辖事项。东道国可以自主地决定是否允许和根据什么条件允许外国投资者进入本国投资。但跨国公司经济上的一体性与法律上的独立性决定了东道国的外资准入法律有时会与母国的海外投资法相冲突,投资者与东道国难免就投资准入问题产生争议。这些问题的解决必然通过两国的谈判加以解决。

五、签约的便利性

由于发展中国家与发达国家在国际投资问题上分歧严重,普遍性的多边投资条约不易达成,而区域投资条约也需要协调众多成员的利益,因此,现有的区域或普遍性多边投资条约为数不多。而 BIT 签约对象比较灵活,空间距离遥远的国家和经济发展水平差距很大的国家之间也可以根据彼此的利益需要而实现双边合作。签约的便利性是 BIT 盛行的一个因素。

第三节 投资准入条款分析

一、投资准入条款的历史沿革

传统的 BIT 大多承认东道国的外资准入自主权,对投资准入的规定较为"模糊"。但随着经济全球化的进一步推进,美式 BIT 中有关投资准入的规定体现了倡导投资自由化,要求东道国减少甚至放弃准入自主权的倾向。

(一)欧式 BIT 的投资准入条款

一般都是直接或间接地规定了外资准入应受东道国的管制,措辞相对和缓,表述为"应当鼓励外资进入"而不是"必须允许外资进入"。有关的准入规则内容相对抽象,大多没有明确规定外资进入的范围和领域,并且倡导东道国为外资"创造有利的投资条件"。这些条约通常没有"冻结"东道国行使此项管制权所依据的国内立法的表述,即东道国可根据缔约时本国的法律调整外国投资的进入,也可以随时修改这些法律,或放宽或加大对外资准入的限制。

具体有以下三种类型:第一类明确规定外资准入应根据东道国法律。此类条款往往首先规定东道国应鼓励外资进入,并为外资准入创造良好的条件,但同时限定外国投资应按照东道国的法律才能准入,如中新双边投资协定规定:"缔约一方应鼓励缔约另一方的投资者在其领土内投资,并依照其法律和法规接受此种投资";第二类规定东道国有权根据本国的法律或政策决定外资的准入。如1986年中英双边投资协定规定："缔约一方应在其领土内鼓励缔约另一方的国民或公司投资，为此创造良好条件，并有权行使法律所赋予的权力接受此种投资。"再如2008年中墨双边投资协定规定："任一缔约方应依照其可适用的法律和法规允许缔约另一方投资者所作投资之进入。"第三类没有明文规定外资准入的标准。学者们通常认为，投资条约对外资准入没有加以明文规定的，意味着这一领域应完全由东道国国内法律管辖。[①]

欧式协定中缔约国根据其国内法鼓励、允许和保护来自于另一缔约国的国民或公司在其领土上根据东道国的国内立法已设立的投资。[②] 在投资尚未设立前（"开业前"阶段）并不给予投资者以任何保护。东道国有权对外资进行审查，可以自由地决定外资准入的条件，甚至可以将某些行业保留给本国投资者或某一国的投资者而不违反国民待遇和最惠国待遇。简言之，欧式BIT没有赋予外国投资者以"开业权"，而只是保护被允许投资的领域内外国投资者的财产。

（二）美式BIT的投资准入条款

美式BIT推行高度自由化的准入制度。主要表现为：

（1）覆盖行业广泛：美式BIT采取的是"反向列举法"，即只要没有例外列出的行业，都是东道国需要采取完全自由化政策的行业。

（2）将国民待遇和最惠国待遇扩大适用于开业前阶段的投资。如中缅第3（2）条规定"在不损害其法律法规的前提下，缔约一方应给予缔约另一方投资者在其境内的投资及与投资有关活动不低于本国投资及与投资有关活动的待遇"。再如美国2004年BIT范本第3条规定："每一缔约方在投资的设立、并购、扩展等方面给予另一缔约国投资者及其投资的待遇，不得低于给予本国投资者及其投资的待遇。"第4条规定"每一缔约国在投资的设立、并购、扩展等方面给予另一缔约国投资者及其投资的待遇，不得低于给予第三国投资者及其投资的待遇。"这种投资前国民待遇与最惠国待遇的规定，实际上剥夺了习惯国际法赋予东道国外资准入的普遍审查权，使得东道国只能在条约附件中，基于国家安全理由或经双方同意的少数领域拒绝外资进入，反映了国际投资领域的自由化趋势。

（3）将投资准入自由与履约要求问题挂钩，全面禁止履行要求。履行要求

---

① 刘笋："浅析投资准入阶段推行国民待遇的条约法的实践及影响"，载《天津市政法管理干部学院学报》2003年第1期。

② 所谓"根据东道国的国内法"意味着鼓励外国投资的承诺要取决于任何现有的或将来在国内法中对于外资进入方面的限制。

是最为重要的投资准入阶段的投资措施。发展中国家普遍运用履行要求措施，通过对外资进入的条件、领域等加以引导，抵消跨国公司限制性商业行为，以实现本国经济目标。如通过当地股权要求限制外资比例和外资控制权，通过产品制造要求限制外资投资领域。一定程度上，实施履行要求是发展中国家调控外国投资者投资活动的有效手段。美国 2004 年 BIT 范本第 8 条废除了投资准入方面的履行要求，对东道国的投资措施加以限制。而对东道国履行要求的禁止，实际上剥夺了东道国引导外资的权力，体现了美式 BIT 的高度自由化倾向。

（4）高度自由化的投资准入制度还体现在最低待遇标准的设定上。如 1994 年范本对于最低待遇标准的规定为："任一缔约国对另一缔约国投资者的投资，应依国际法给予公平和公正的待遇，并予以充分的安全和保护。"但这种高标准的投资保护在实践中引发了一系列的投资者起诉国家的仲裁案件，使得缔约国面临经济损失的风险大增。为了减少可能的国家责任，美国 2004 年 BIT 范本将该条款修正为"任一缔约国对另一缔约国投资者的投资，应依国际习惯法给予公平及公正的待遇，并予以充分之安全和保护。公平和公正待遇及充分安全和保护的概念不得增加或超出国际习惯法规定的外国人最低待遇标准。"2004 年范本附件 A 中还进一步解释了国际习惯法中的外国人最低待遇标准的内容，即包括国际习惯法中所有保护外国人经济权利和利益的原则。

（5）美式 BIT 中确立的"投资者对国家"的争端解决程序，使得投资者能够直接通过国际途径解决与东道国在投资准入问题上的争议。但这一程序也引发了投资者起诉国家的仲裁案件激增。

二、投资准入条款中的南北方分歧及其发展趋势

长期以来，投资准入问题一直是南北矛盾之所在。发达国家倡导高标准的投资保护，推动投资准入的自由化，而发展中国家极力维护传统国际法赋予其的外资管辖权。现代 BIT 中投资准入条款的发展轨迹体现为准入条款的自由化和东道国外资准入管辖权的弱化。

第四节　履行要求条款分析

一、履行要求条款的历史沿革

根据 2003 年联合国贸易发展委员会有关履行要求的报告的定义，"履行要求"是强加于投资者的一种规定，要求他们在东道国的有关行为符合东道国

的具体目标，发展中国家和发达国家都将其与其他的工具如贸易政策、激励和审查机制一起采用，以实现各种经济发展目标。① 报告将履行要求分为三类：第一类是明确被世贸组织 TRIMS 所禁止的履行要求；第二类包括地区间、地区或双边协定明确禁止、限制或不鼓励的要求；第三类包含所有不被任何国际投资协定约束的要求。

习惯国际法赋予主权国家的属地管辖权包括东道国在外资准入和经营阶段施加履行要求的权利。② 传统的友好通商航海条约以及欧洲式的促进和保护投资协定中，没有涉及履行要求问题。欧洲式 BIT 认为是否实施履行要求以及实施多少履行要求是东道国外资管辖权范围内的事项，所以一般无履行要求条款。如我国对外签订的大多数 BIT 中都未涉及该条款。只有中国与阿联酋的 BIT 第 2 条（7）规定，缔约各方应鼓励投资者出口其产品，并鼓励投资者在原材料、机器设备的技术水平、质量、价格与国际市场相同时，从当地购买。这是在 BIT 中明确规定了履行要求的条款，与后来的禁止履行要求条款南辕北辙。

双边协定中订立履行要求禁止条款，从而确立东道国在履行要求方面的国际法义务，可以说是美式 BIT 的创新。③ 如缔约任何一方均不得施加任何履行要求，作为投资项目建立、扩充或维持的条件，即要求或承诺，同意把生产出来的货物出口外销；或明文规定某些产品或劳务必须就地购买；或者把任何其他同类要求或措施强加于人。

履行要求禁止条款是具有"自由化性质"的美式 BIT 的重要象征之一。④ 美式 BIT 全方位废除准入方面的履行要求，从而使禁止履行要求成为东道国的绝对义务，封杀了外资审批过程中东道国实施投资措施的权力。这种全方位性体现在禁止的范围既不局限于对贸易会产生扭曲影响的履行要求，也不局限于对投资准入后履行要求的禁止。申言之，其外延既不限于是否会产生贸易上的扭曲效果的投资措施，而包括了所有扭曲投资的措施，既不限于经营阶段而是扩展至准入阶段，从而极大地限制了东道国的外资管辖权。

---

① 黄振中、董瑞："论国际投资中的履行要求禁止规则"，载《中国青年政治学院学报》2010 年第 2 期。

② 能够直接被各国，尤其是发展中国家广泛援引，据以颁布、实施各种履行要求的原则和规则主要体现在《各国经济权利和义务宪章》《关于自然资源之永久主权宣言》《建立新的国际经济秩序宣言》和《建立新的国际经济秩序的行动纲领》等文件中。所有上述规则和原则，都为东道国实施各种具体的履行要求以管理、引导和限制外资的活动提供了无可辩驳的法律依据。

③ 徐崇利：《双边投资条约研究》，厦门大学 1996 年博士论文，第 89 页。

④ 刘笋："投资条约中的履行要求禁止规则"，载《武汉大学学报（社科版）》2001 年第 6 期。

二、履行要求条款的南北分歧及其发展趋势

根据联合国贸发会在 80 年代末期以及 21 世纪初期对各国实施的履行要求的实证研究，履行要求在发达国家和发展中国家都存在，但后者更为常见。[①] 发达国家和发展中国家之间对于投资措施的作用存在严重分歧。

发达国家认为投资措施是政府对市场的不合理干预，干扰了投资者依据市场因素自由做出投资决策的权利，妨碍了国际投资和贸易的自由化进程。美国甚至认为："履行要求在当今的国际投资领域，显然已成为最为严重的，也是发展最快的问题"。[②]

发展中国家认为虽然某些履行要求的确产生了扭曲贸易和投资的影响，需要限制履行要求的适用范围，但履行要求在一定范围和时间内仍有存在的必要性。理由在于：（1）履行要求是一国经济主权的体现；（2）履行要求对保护幼稚工业、刺激投资增长、引导投资流向和管制外国投资起着不可替代的作用；（3）履行要求是发展中国家工业促进政策的重要组成部分；（4）履行要求也是反击跨国公司限制性商业行为的有力武器。广大发展中国家的经济基础尚十分脆弱，其国内投资者与跨国公司相比竞争力是相当弱小，无论是国内产业的适度保护还是防止跨国公司的消极影响，无论是进行产业结构调整、经济体制改革还是实现国家经济发展战略目标，都需要国家在跨国公司的准入、经营运作的各环节实施一定的干预和调控，而这种干预和调控最有力的表现形式就是各种履行要求。[③] 维持一些种类的履行要求是发展中国家的现实需求。

与世界范围内的国际投资自由化趋势相一致，履行要求禁止条款越来越多地出现在双边投资条约中，尤其是美国式双边投资保护条约中几乎都含有履行要求禁止条款。现代 BIT 中履行要求禁止条款的从无到有反映了国际投资自由化的趋势和东道国外资管辖权的弱化。

[①] 黄振中、董瑞："论国际投资中的履行要求禁止规则"，载《中国青年政治学院学报》2010 年第 2 期。

[②] 刘笋："投资条约中的履行要求禁止规则"，载《武汉大学学报（社科版）》2001 年第 6 期。

[③] 都亳、刘笋："双边投资条约发展的一个新动向"，载《法制与社会发展》2002 年第 2 期。

第五节　争端解决条款分析

与传统的通商航海条约相比，BIT 最为重大的改进就是嵌入了争端解决机制。争端解决机制不仅可以有效地解决已经发生的争端，而且作为形式上的一种威慑，一定程度上减少了投资争端的发生。

一、BIT 涉及的投资争端

根据主体的不同，BIT 涉及的投资争端有两种：一种是缔约双方因条约的解释或适用而产生的争议，或者缔约双方因私人直接投资活动而产生的争议。前者由国家条约义务直接产生，后者则是投资者所属国行使外交保护或代位求偿权的结果，由外国投资者与东道国投资争端转化而来。[①] 此类争端的主体均为主权国家，因此一般适用国际法上和平解决国际争端的外交方法或国际仲裁来解决。

20 世纪 60 年代中期之前的 BIT 只规定了国家之间的争端解决机制，并没有规定第二类争端——东道国与外国投资者之间的争端如何解决。[②] 60 年代中期以后，伴随着发展中国家国有化的浪潮，投资者与东道国之间的投资争端才成为投资者海外投资风险的主要来源。投资者与东道国之间的争端主要包括：东道国政府行为引起的争端，如外汇管制、增加税收、干预企业经营等引起的争端；国有化或征收引起的争端；东道国国内政治动乱、革命、战争等事件引起的争端等。这类争端因其涉及不同地位的主体之间的争议而备受关注，被认为是最为典型的国际投资争端。这类争端一般可以采用协商、用尽当地救济或国际仲裁的方式解决。

二、争端解决条款中的南北分歧及其发展趋势

争端解决条款中的南北分歧之一在于"用尽当地救济"的适用问题。传统国际投资习惯法认可"用尽当地救济"是寻求国际救济的前置程序。"用尽当地救济"，不仅得到了广大国际法学家的普遍赞同，还得到了各国实践、国

---

① 杜新丽："中外双边投资保护协定法律问题研究"，载《政法论坛》1998 年第 3 期
② 李小霞："双边投资条约的发展新趋势及中国对策探析"，载《经济问题》2010 年第 3 期。

际判例以及国际组织的肯定和支持。① 但发达国家与发展中国家对其接受程度有所差异。发达国家及其投资者不相信东道国的当地救济，更倾向于外国法院诉讼、外交保护、国际仲裁等方法解决国际投资争端。发展中国家则普遍倾向于首先适用东道国当地救济解决国际投资争端。

20 世纪 80 年代后期，随着越来越多的发展中国家加入 ICSID，发展中国家在对外签订的 BIT 中，普遍认可外国投资者在用尽当地救济之后，可将投资者与东道国之间的争端提交 ICSID 或其他国际仲裁机制解决。

20 世纪 90 年代以来，BIT 的争端解决条款中，越来越多赋予投资者自主选择解决方法的机会，而搁置"用尽当地救济"优先适用原则，体现了高度投资自由化的趋势。据统计 90 年代签订的 409 个 BIT 中，只有 5 个规定了"当地救济"要求；在其余的 BITs 中，有 20 个明确排除了"当地救济"要求；默示放弃的有 345 个，从而为投资者提供了更多的自主选择权。②

美国在其所参与缔结的 BIT 中几乎都引入了投资人/国家争端解决的条款，甚至提供给投资者单边直接提交国际仲裁的方法，并且还在不断地影响别的国家之间的 BIT 相关条款的制定。难怪美国的 NAFTA 谈判代表丹尼尔普莱斯声称：NAFTA 第 11 章的投资人/国家争端解决机制可以在 BIT 的实践中找到渊源。

然而，高度的自由化带来的并不都是好处，发达国家自己也品尝到了赋予投资者单边提起国际解决的恶果。诸如针对国家的诉讼大幅增加，国家赔偿的风险增大，国内投资者的不满、仲裁裁决的任意性和不一致性以及国家主权受到侵害等等。为此，立法者开始"亡羊补牢"，修订新的 BIT 范本，逐渐收回相关管辖权，完善投资者/国家争端解决机制。这方面的典型当属美国的实践，其在 2004 年范本和新近签署的 FTA 中采取措施限制投资者的"骚扰性申诉"，增加仲裁适用的准据法中的国内法内容，限制仲裁的自由裁量权，并尝试在投资协定中制定投资争端解决的上诉条款等措施，提高对东道国的保护，实现了一定程度的主权回归和自我保护。

从与监管联系最密切的准入、履行要求和争端解决条款分析，BIT 呈现从东道国外资管辖权的逐渐削弱到理性回归的趋势。由于发展中国家与发达国家代表的跨国公司的力量对比悬殊，BIT"先天的"强调对投资者（主要是跨国

---

① 乔慧娟："试析中国签订 BIT 中的东道国与投资者争端解决条款"，载《商业时代》2012 年第 5 期。

② 刘嘉懿："国际投资自由化背景下双边投资条约的新发展"，载《青年科学》2009 第 9 期。

公司）和投资的保护，而忽视投资促进的功能和保护东道国的管辖权。从以投资安全为目标的欧式 BIT 到以投资自由为目标的美式 BIT，反映出双边监管立法上极力削弱东道国外资管辖权和加强对跨国公司保护标准的趋势；反映出经济全球化的影响下，"贸易与投资自由化"与"保护东道国幼稚产业"的长期对垒中，前者已经明显处于上风。例如，国民待遇扩大适用于准入阶段、征收补偿条款越来越多地适用"赫尔三原则"而非"卡尔沃原则"、投资者待遇标准中最低国际法标准的采用、投资争端解决条款的国际化无不体现了投资自由化的趋势。但随着世界经济形势的变化，金融危机时期各国普遍加强监管，贸易和投资保护主义抬头，使得东道国外资管辖权呈现理性回归。

第九章 跨国公司区域监管机制

第一节　区域监管机制的基本问题

一、区域监管机制的含义和类型

虽然专门规范跨国公司行为的区域安排还甚为少见。[①]但跨国公司是外国直接投资的主要行为体，故国际投资方面的区域规则大多可以视为规制跨国公司对外投资活动的区域规则。

跨国公司区域监管机制是指由构成这一区域组织的成员国共同行使对在其区域内进行投资活动的跨国公司的管理和控制机制。区域监管是各成员国让渡部分主权的结果，是区域内成员国协商行使的国家管辖权，是向多边机制过渡的一个过程。区域监管的最大特征就是内部整体性和外部歧视性并存。[②]区域投资安排的主要宗旨在于放松对外国资本进入与开业的限制，并逐步取消各种歧视性的履行要求，体现了国际投资自由化的趋势，但各种区域安排之间发展极不平衡。

根据全球经济一体化的过程，可将外国直接投资问题分为一体化阶段第一期和第二期需要处理的问题两大类。前者包括投资的进入、投资的待遇（国民待遇和最惠国待

---

① 王贵国：《国际投资法》，北京大学出版社 2008 年版，第 249 页。
② APEC 是比较特殊的区域组织，具有开放性的特征。

遇）和投资保护（征收、资本转移和国家与投资者之间的争议），后者包括限制性措施、竞争政策、国家垄断和国有企业、私有化、投资鼓励措施、实绩要求、技术标准、政府采购、人员移动和数据交换。[①] 参照这种分类标准，可见现有区域性投资法律文件处理的问题大多是一体化第一阶段的问题，包括投资的定义、进入和设立权、投资的一般待遇、投资的保护和投资争议的解决。只有一些先进的区域性投资法律文件（如北美自由贸易协定）已开始处理了第二阶段的问题。越来越多的协定规定了进入与开业权，但涉及履行要求的区域投资安排还很有限。

按照区域性投资法律文件处理外国直接投资问题的方式，将其区分纯粹处理外国直接投资的区域性文件和在区域一体化的总体法律框架中处理外国直接投资的区域性文件。前者以东南亚国家联盟成员国缔结的《促进和保护投资协定》（1987）、以及亚太经济合作组织的《非约束性的投资原则》（1994）为例。后者以《建立欧洲共同体条约》（1957），《北美自由贸易协定》（1992）和《欧洲能源宪章条约》（1994）为代表。

二、历史沿革

区域监管的最初成功尝试是 1928 年美洲国家组织通过的《国际私法典》（即著名的《布斯达曼特法典》）[②]。该法典第 247～253 条专门规定了处理国际间商业公司问题所应遵守的法律。但这些规定反映的是殖民地时代资本主义统治的传统法治，既没有反映殖民地国家的利益，更没有对外国资本做出应有的限制。而且严格意义上，该法典不是真正的有关国际投资的区域性专门法，它所体现的只是调整国际投资关系的一些区域性冲突规范。

"二战"后，随着民族解放运动的发展、国际投资性质的转变，区域性国际投资法进入一个新的阶段。发展中国家的区域性国际组织提出了众多区域性国际投资法方案，其中比较成功并已付诸实践的区域性投资条约主要有：（1）1962年中美洲共同市场成员国《对外开放的财政鼓励协定》；（2）1965年中非洲经济与关税联盟成员国《中非洲经济与关税同盟国投资公约》；（3）1970年安第斯条约组织《安第斯共同市场外国投资共同条例》（即《卡塔赫拉协定》）及其1986年第169号决议、1987年第220号决议、1991年第291决议、292号决议）；（4）1971年阿拉伯国家联盟《阿拉伯区域内投资保证公约》；（5）1972年太平洋地区经济理事会《关于国际投资太平洋地区宪章》；

---

① 孔庆江："区域性投资法律文件比较研究"，载《经济法论丛》第 3 卷，第 438 页。
② 刘颖、邓瑞平：《国际经济法》，中信出版社 2003 年版，第 381 页。

（6）1973 年伊斯兰会议组织《关于投资和阿拉伯资本在阿拉伯国家间自由流动的协定》；（7）1974 年加勒比共同市场成员国《协商工业的财政鼓励协定》；（8）1981 年伊斯兰会议组织《阿拉伯资本投资的联合协定》；（9）1987年东南亚国家联盟成员国《促进和保护投资协定》；（10）1988 年伊斯兰会议组织《关于促进、保护和保证伊斯兰会议组织成员国间投资的协定》；（11）1998年东南亚国家联盟《东盟投资区域框架协定》。① 此外，发达国家主导的区域组织也提出了相应的区域投资法方案，例如 1957 年《建立欧洲共同体条约》、1992 年《北美自由贸易协定》和 1994 年《欧洲能源宪章》等。

专门规范跨国公司行为的区域安排主要有安第斯条约组织制定的规范跨国公司行为的《安第斯共同市场外国投资共同条例》（即《卡塔赫拉协定》，24 号决议）。《欧洲能源宪章条约》《北美自由贸易协定》也涉及了跨国公司问题，包括东道国政府的权利与义务以及跨国公司的责任和权利。

第二节　区域监管的必要性

一、区域经济一体化发展的客观要求

20 世纪 70 年代以来，区域经济一体化的不断加深，加大了各国协调区域投资政策的需求。与政府监管相比，区域监管机制有助于协调区域内成员国的管辖权冲突，有助于区域内跨国公司提高竞争水平，有助于区域内市场环境的稳定。

二、世界性国际投资法"难产"的替代

世界性国际投资法律步履维艰，也促使各国政府另辟蹊径解决国际直接投资问题，区域性投资法应运而生。区域性安排能够对哪些措施有益或无益提供宝贵的经验。这种经验可能导致其他区域自由化，甚至导致区域间政策竞争，"推动"形成实质性的标准。如果这些"推动"开始启动，就可以期待更多类似的协议，而由区域性协议中的通常条款组成一个全球性惯例比较容易。它是国际投资协议的一种谈判方式，是迈向最终体现在世贸组织中的一项协议的踏

---

① 刘颖、邓瑞平：《国际经济法》，中信出版社 2003 年版，第 381 ~ 382 页。

板①。与多边监管相比，区域监管政治上更为可行。因为有关投资的区域安排，能够促进投资自由化，又因为参加方较之多边监管要少，关系比较密切，能够更加明确地阐述彼此关心的问题。它为国际法律制度提供了现实的接近渠道并增添了更多的活力。

三、双边监管机制的升级

与双边监管相比，区域监管机制调整的范围扩大了许多，具有了更大的普遍性和统一性。它在一定程度上克服了双边监管机制的差异性，吸收了双边条约的成功做法，为多边层面的法律调整提供了经验和范例。

第三节　欧洲的监管机制

一、欧盟的监管机制

作为世界上最大也是一体化程度最高的区域组织，欧盟的发展经历了一个渐进的过程。1951 年欧洲六国签署《关于建立欧洲煤钢共同体的条约》组建了欧洲煤钢共同体（ECSC）。1957 年六国又签署了《建立欧洲经济共同体条约》（EEC）与《建立欧洲原子能共同体条约》（EURATOM）（即《罗马条约》），组建了欧洲经济共同体和欧洲原子能共同体。1965 年六国签署了布鲁塞尔条约，并于 1967 年将上述三个共同体机构融为一体，统称欧洲共同体（简称欧共体）。1991 年通过了《马斯特里赫特条约》，经欧共体各成员国批准，马约于 1993 年 11 月 1 日正式生效，欧共体开始向政治、经济一体化的组织——欧洲联盟过渡。

（一）《罗马条约》

欧共体从成立伊始就致力于促进成员间人员、劳务、货物和资本的自由流动。1957 年签订的《建立欧洲经济共同体条约》与《建立欧洲原子能共同体条约》，简称《罗马条约》，是处理外国直接投资的区域性文件中影响最深远的一个。它将消除对营业自由和资本移动的限制作为建立共同体的手段之一，欧共体成员国间的跨国直接投资方面，基本上已无法律障碍。条约第 52 条至第 58 条要求在共同体内逐步消除所有的对具有一成员国国籍的自然人和

---

① ［美］爱德华. M. 格莱汉姆：《全球性公司与各国政府》，胡江云等译，北京出版社 2000 年版，第 136 页。

法人在另一个成员国领域内的自由设立企业的限制，第 67 条至第 73 条要求逐步取消对资本自由移动的限制。《罗马条约》的投资准入模式属于相互间国民待遇模式，准入权仅授予具有某一成员国的国籍或以从事商业活动为目的而在某一成员国居住的投资者，而非成员国的投资者，一般是无法获得国民待遇的。

《罗马条约》有别于其他区域性投资法律文件在于：第一，区域组织内部国家之间的投资进入是"自由"的。成员国在欧共体内部承担的准入权和资本自由移动义务的范围是最广的，即使是自由化程度更高的《北美自由贸易协定》中成员国之间的投资进入也要受制于若干例外规定。第二，规定了对区域组织之外的国家区别对待的共同政策。第三，成员国承担了加强政治联合的义务。

（二）竞争法

这种共同体内部的"自由投资"，也并非"完全自由"，组织某些企业卡特尔或滥用市场优势地位是为"竞争法"禁止的。《罗马条约》第 85 条和第 86 条确立了欧共体"竞争法"的主要内容，是欧盟竞争法的灵魂。第 85 条严格禁止组建某些企业卡特尔。第 1 款规定："凡企业间的协议、企业集团的决议以及行为的相互协调（以下简称卡特尔）是以阻碍、限制或者妨害竞争为目的，或者实际上能够起到这种作用，从而损害成员国间贸易活动，则得予以禁止。"第 86 条限制企业在竞争中滥用市场优势地位，规定"禁止一个或者几个企业在共同体市场或者其重大领域通过滥用市场支配地位限制或者妨碍成员国间的贸易活动"。1973 年的大陆制罐案和 1987 年的菲利浦·莫里斯案，分别将第 85、86 条的适用范围延伸到了兼并领域。根据这两条规定以及欧共体历年所发布的一系列指令、规则和欧洲法院的判例，欧共体委员会有权拒绝批准欧共体内企业的兼并行为或某家合营企业的建立，如果它认为有可能破坏欧共体内部的有效竞争[1]。

此外，第 92、93 条涉及控制那些可能扭曲竞争或者欧盟内部贸易的国家对企业或地区的补贴。[2] 欧共体委员会和欧洲法院也利用第 81 条和 82 条防止通过接管和收购获得其他企业控股权。

但这些条款均采用的是事后控制的方法，存在严重的不确定性，欧共体委

---

[1] 陈安主编：《国际经济法学》，北京大学出版社 2004 年版，第 339 页。

[2] 《罗马条约》第 92 条规定："成员国的任何形式的任何帮助与共同市场是不相容的，给与某些企业或某些产品生产的帮助，扭曲或可能扭曲竞争，而且影响成员国之间的贸易。"实际上，投资补贴在欧洲是流行的，而且第 92 条允许对基本原则的许多例外。

员会适用其处理的并购案十分有限。为了克服这种不确定性以及欧盟和各国共同享有管理国外直接投资问题产生的障碍，欧共体理事会于 1989 年 12 月通过了《合并控制条例》（第 4064/89 号条例），后来历经 1994 年和 1997 年修订（第 1310/97 号条例）和 2003 年修订（第 139/2004 号条例）成为欧共体委员会在维护市场竞争秩序中最常使用的法律武器。

从欧共体《合并控制条例》的历次修订体现了欧共体对于跨国并购的监管更加成熟，欧共体的竞争法成为"竞争法"领域区域合作的典范。第 4064/89 号条例适用于在于在共同体范围内具有影响的企业合并，并从程序方面和实体方面对控制合并做了详细的阐述。实体方面，条例从竞争政策出发，以维护竞争性的市场结构为导向，从界定与合并企业产品相关的市场和合并后企业的市场地位两个层次对合并是否与共同体相协调进行审查。欧共体主要依据是否滥用支配地位来判断是否违法。程序方面，条例引进了企业合并的事先申报制度，要求凡是具有"共同体规模"的合并都应当提前通知欧共体委员会，由其决定是否批准合并。第 1310/97 号条例更是增加了欧共体委员会"一站审查"制度，加快了企业并购的审查进度，提高了效率。第 139/2004 号条例采用了新的实体审查标准，将"市场支配地位"审查标准修改为"严重阻碍有效竞争"审查标准，并明确了对寡头垄断的规制；其次，为寻求对合并案件的管辖权在欧共体委员会和成员国主管机关之间的最佳分配，规定计划中协议或投标即可申报，增加了申报前移送，并对"一站审查"制度作了进一步完善；此外，还实施了一系列程序改革，给予欧共体委员会更大的调查权，改变了罚金体系，以及修改了委员会的审查时间表。

（三）《马斯特里赫特条约》

1991 年通过的《马斯特里赫特条约》（简称《马约》）延续了《罗马条约》倡导资本自由的宗旨，规定成员国间或成员国与第三国间的资本流动不受任何限制（第 73 条 B 款）。实际上，1988 年 6 月 24 日的共同体指令已经正式确认了自由投资权，它提出要消灭所有阻碍欧盟内部乃至欧盟国与非欧盟国家间资本自由流通的壁垒。但同时也规定了这一原则合理例外，诸如公共安全等等。《马约》资本自由化的规定不影响前述欧共体"竞争法"对欧盟成员国间跨国并购的适用。而且，由于《马约》允许成员国保留 1993 年 12 月 31 日以前国内法和欧共体法规中对来自和流向非成员国的跨国资本流动的某些限制（第 73 条 C 款），因此，区域外国家不能充分分享欧盟成员国之间跨国投资同等的待遇。但欧盟理事会一般也不会对这种资本流动采取新的限制措施（第 73 条 D 款）。

《马约》的积极意义不仅在于原则上禁止了资本跨国流动的限制，更主要在于其有利于欧盟成员国在贸易、劳务、金融等方面的全面融合，使欧盟成为迄今全球最成功的区域一体化组织。

二、欧洲能源宪章公约

1994 年 12 月，独联体成员国和东欧国家与主要的西方国家之间在里斯本签署了《欧洲能源宪章条约》（英文缩写 ECT）。虽然 ECT 仅涉及到一个行业——能源业，但能源领域一直都是投资的敏感领域，征收和国有化的风险较大，能够在这一领域达成多边条约是国际投资自由化立法日益向纵深发展的一个标志。①

ECT 在第三部分规定了投资保护与促进问题。与外资经营阶段，成员方承担必须实行国民待遇原则的"硬性"义务不同，ECT 外资准入问题上采用的是限制性投资准入模式。尽管在有关投资准入条款中 ECT 使用了"软法"性质的措辞，仅要求缔约国"尽可能"赋予国民待遇和最惠国待遇中更优惠的待遇，并规定了一般性例外②。但仍能明显的看出其倡导的投资准入自由化意图。

有关履行要求问题上，为了防止外国投资者在能源投资领域受到歧视性待遇，ECT 第 5 条禁止缔约国采取"与贸易有关的投资措施"。但第 5 条仅要求缔约国遵守世界贸易组织《与贸易有关的投资措施协议》的规定，就其严格程度而言，不如《北美自由贸易协定》。

作为冷战结束后东、西欧达成的第一个实质性的区域协定，其涉及面广，影响力大③。尽管该条约仅适用于能源业，但条约众多的缔约国，使得它在现有的具有约束力的区域性投资安排中独树一帜。它将众多的南北国家融入一个高起点的多边投资自由化法律框架内，使得在敏感领域推行投资自由化和南北合作成为可能，也是长期以来在有关投资自由化和解除管制等问题上南北争论向着有利于发达国家理念的证明。它是"就投资保护和待遇问题对政府施加可由私人公司直接执行的广泛义务的第一个主要的多边条约"。④ 和许多"指南""宣言"不同的是它有牙齿："它允许私人公司针对政府违反条约下的重要投资义务的情况提请国际仲裁，不需事先存在仲裁协议"。

---

① 刘笋：《国际投资保护的国际法制》，法律出版社 2002 年版，第 49 页。

② ECT 第 24 条第 1 款规定，一般性例外通常是指基于国家安全、公共法律和秩序，以及维持国际和平与安全。为了防止它被利用来规避本应履行的义务，接着规定公共秩序和其他一般性例外不得被用作乔装的限制或不正当理由而援引一般性例外规定，即所谓的反滥用条款。

③ 胡国松、邓翔："欧洲能源宪章条约述评"，载《欧洲》1996 年第 6 期。

④ 孔庆江："区域性投资法律文件比较研究"，载《经济法论丛》第 3 卷，第 434 页。

第四节　美洲的监管机制

一、北美自由贸易协定

1992 年 10 月，美国、加拿大和墨西哥正式签署了《北美自由贸易协定》（英文缩写 NAFTA），并于 1994 年 1 月 1 日生效。NAFTA 作为第一个由一个发展中国家与两个发达国家所组成的非多边自由贸易协定，对发展中国家具有积极的借鉴意义，被看成是南北区域经济合作的成功范例。[①]

NAFTA 表面上只是自由贸易协定，但协定的主要目标，包括了增加投资机会和促进区域内的公平竞争，并设了专章规范投资和服务贸易，因此属于综合性的区域性投资文件。NAFTA 第 11 章是有关投资的规定，主要内容包括投资的适用范围，投资自由化，投资保护和争端解决，着重规制了 NAFTA 成员国实施的准入前和准入后的投资措施。第 12 章专门规定服务贸易，也与投资紧密相关。这些条款适用于服务业经营的所有领域，如生产、销售、购买、使用、服务销售与供给、进入与使用与服务条款有关的销售渠道和运输体系。

NAFTA 是迄今为止美国参与缔结的内容最为全面和规则最为严格的多边投资条约。[②] 它调整投资准备阶段、正在进行的阶段和投资后的经营运作阶段等各阶段的法律关系，而且投资纪律的严格性甚至超出了美式 BIT 的规定。

NAFTA 实行国民待遇和最惠国待遇组合模式的投资准入政策。投资自由化义务延续到准入前，是 NAFTA 第 11 章迥异于其他国际立法的最显著特征。与美式 BIT 一样，NAFTA 第 11 章的投资条款，要求每一成员国为另一成员国投资者的投资设业提供国民待遇和最惠国待遇，并以其中更优惠的待遇为准，而且应符合国际法规定的外国直接投资的最低标准，包括公正和公平待遇、充分的保护和保障，即便出现军事冲突或内乱，在对其境内投资损失所采取或维持的措施方面每一成员国将对其他成员国的投资者及其投资提供非歧视的待遇。协定所允许的国民待遇标准的例外情形只限于作为协定附件的国别例外。NAFTA 规定除"附件"中所列明的例外，其他有关投资批准的争议均可提交

---

① 涂志玲："NAFTA 十年回顾与展望"，载《求索》2005 年第 4 期。

② Daniel M. Price, "An Overview of the NAFTA Investment Chapter: Substantive Rules and Investor – State Dispute Settlement", *The International Lawyer*, 27 (1993), 736. 转引自刘笋：《国际投资保护的国际法制》，法律出版社 2002 年版，第 53 页。

约定的仲裁机制，以解决争端，这进一步限制了东道国对外资进入的审批权。① 而且联邦、州或省，以及各个层次的地方政府所采取的措施都不得违反此项义务。

NAFTA 第 1106 条的"履行要求禁止条款"，是第一个在多边投资条约中出现的直接禁止履行要求的条款。② 首先，第 1106 条第 1 款规定在整个外国资本的设业方面，完全禁止成员国对来自其他成员国的投资者实施某些履行要求，如"国内投入要求"、"国内含量要求"、"出口实绩要求"、"贸易平衡要求"及"技术转让要求"等。协定关于禁止履行要求的范围之广在国际贸易和投资文件里是没有先例的。其次，第 1106 条第 3 款规定，禁止成员国在准入方面，将履行要求与某些优惠相联系。如（1）优先采购当地原材料；（2）达到一定水平的当地成分要求；（3）将产品的当地销售限制在产品出口的一定比例范围内或要求获取外汇收入以达到某种程度的贸易平衡。这一规定与美国学者认为的投资措施往往被许多国家用作实施准入限制的有力工具有关，贯彻了美式 BIT 中推动准入自由与消除投资措施紧密结合的主张。

尽管如此，NAFTA 中也没有排除国家管理外资的权力。NAFTA 为各成员国保留了为维护国家安全、为维持国际和平与安全而履行联合国宪章下的义务而采取任何必要的措施的一般例外。③ NAFTA 第 1108 条第 7 款规定：成员国提供国民待遇和最惠国待遇等义务不适用于政府采购或补贴等领域。NAFTA 允许成员国在附件中，列明某些措施或重要部门，排除适用国民待遇、最惠国待遇或禁止履行要求的规则。此外，鉴于发展水平的差异，NAFTA 允许加拿大和墨西哥可以继续对某些较大规模的外资项目实行审查。NAFTA 允许墨西哥以宪法为依据，将从事某些重要的商业活动的权利保留给墨西哥政府。

NAFTA 创设了独特的投资争端解决机制：（1）NAFTA 第 11 章 C 节确立的投资人/主权国家的投资争端解决机制是其最具有创造性的贡献，在国际投资的多边立法努力中具有里程碑式的意义④。根据该节第 1116 条和第 1117 条的规定，NAFTA 给予投资者将其与东道国政府之间的投资争端，直接提交 ICSID 或按 1976 年《联合国国际贸易法委员会仲裁规则》进行仲裁解决的权利。该权利是事先一揽子授予投资者的，无需像 ICSID 机制那样需要东道国另

---

① 范剑虹：《国际投资法导读》，浙江大学出版社 2000 年版，第 215 页。

② 都亳、刘笋："双边投资条约发展的一个新动向"，载《法制与社会发展》2002 年第 2 期。

③ 刘笋：《国际投资保护的国际法制》，法律出版社 2002 年版，第 116 页。

④ 丁伟主编：《经济全球化与中国外资立法的完善》，法律出版社 2004 年版，第 549 页。

行同意或所属国卷入，甚至可以在无仲裁协议的情况下提请仲裁。[①] 但这并不意味着投资者任何投资争端投资者都可以自由地提起投资仲裁。根据 NAFTA 第 1112 条的规定："在本章规定与其他章节不一致时，在不一致范围内其他章节规定优先。"例如根据 NAFTA 第 2103 条第 6 款的规定，被外国投资者视为间接征收的东道国政府的征税行为和财政措施方面的争端，只有在适格主体未予裁决的情况下，才能提起 NAFTA 仲裁。[②]（2）采用临时仲裁庭而不是常设仲裁庭来解决多样性的投资争端，也是它与其他国际投资仲裁解决机制的不同之处。（3）程序的公开与透明。秘密性是一般国际商事仲裁的特性之一，但 NAFTA 投资仲裁中国家利益和社会公共利益的涉及使得公共性成为 NAFTA 仲裁的一个固有特点。（4）开放性。表现之一是 NAFTA 允许作为非争端方的缔约方介入争端解决程序。依据 NAFTA 第 1128 条规定："向争端方递交书面通知后，成员国可以就公约的解释向仲裁庭提交意见。"非争端方 NAFTA 成员国政府的介入，有助于仲裁庭进一步了解 NAFTA 缔约各方的观点，以更好更准确地理解 NAFTA 条款。此外，2001 年 NAFTA 自由贸易委员会对 NAFTA 第 11 章的公开性的解释支持仲裁庭接受"法庭之友"的意见，也使其具有更广泛的开放性。

但 NAFTA 生效以来发生的众多投资者诉国家的仲裁案件，在不同程度地挑战了各缔约国的主权权利、内国国民的平等权和 NAFTA 关于投资的规定，使东道国面临着经济赔偿的风险。这些仲裁案折射出来的问题，促使各成员方政府试图通过寻求缩小责任的范围，来应对公众压力和减少它们自身在诉讼中的损失。例如，它们已经颁布了对第 1105 条的进一步的解释，以明确政府管理行为和征收间的关系。[③] NAFTA 的成员国已经意识到对等互惠制的双边或多边投资规则制定者不能向另一缔约国投资者提供太前卫的实体和程序保护，应确保外国投资者得到的投资保护不高于国内投资者的实体权利，否则将作茧自缚。[④]

二、安第斯共同市场对待外国投资的共同规则

安第斯集团（Andean Group）又称为安第斯条约组织（ATO）、安第斯共

---

①　张圣翠："NAFTA 投资规则及其影响"，载《政治与法律》2005 年第 2 期。

②　李万强、朱晗："国际投资法中东道国权益的程序保障创新——美国的经验及其启示"，http://www.chinafair.org.cn/china/Forum/12th/Html/05/18.html，2012 年 8 月 10 日访问。

③　魏卿、魏逊："美国双边投资协定的最新发展"，载《河南司法警官职业学院学报》2005 年第 3 期。

④　张圣翠："NAFTA 投资规则及其影响"，载《政治与法律》2005 年第 2 期。

同市场（ANCOM），它是依据 1969 年南美洲安第斯山脉五国签订的《安第斯区域一体化协定》建立的。作为纯粹由发展中国家组成的区域性经济集团，在开展区域内经济合作的同时，它更注意对来自区域外国家（主要是发达国家）的直接投资进行共同的、协调一致的限制和监督。

安第斯集团对待外国投资的共同规则经历了一个从限制外资到吸引外资的过程，是最具有代表性的发展中国家适应经济全球化趋势所采取的务实措施[①]。安第斯集团的投资准入规则也从最初的限制性投资准入模式过渡到区域性工业化项目模式。虽然并没有明确规定投资准入问题，但在区域内部进行的跨国投资项目上，实行某些内部激励制度。暗含着投资准入权的获取，取决于投资者是否采取工业化计划或合资企业等特定形式。共同规则始于在 1969 年通过了《关于外国投资待遇、商标、专利，许可证以及提成费共同制度的卡塔赫那协定》。根据该协定成立了"卡塔赫那协定委员会"（以下简称委员会），它作出的决议具有法律约束力，各成员国都有义务在其国内法中予以贯彻和体现。委员会对共同体的投资规则进行了多次修订。1970 年作出了"第 24 号决议"；1987 年通过了"第 220 号决议"取代了"第 24 号决议"；1991 年通过了"第 291 号决议"和"第 292 号决议"取代了"第 220 号决议"，至此形成了安第斯集团新的对待外资共同规则"。

第 24 号决议曾一度被认为是发展中国家集体对抗外国垄断资本势力的杰出成果[②]。它主要规定了成员国对外国投资施加限制的最小限度。具体内容包括：（1）著名的"外资逐步减少方式"。在某些国民经济命脉部门，如银行和金融机构，只能由本地人占有 80% 以上股权的公司经营。至于其他部门，则要求外国人的股权应在规定期限内减少至 49% 以下。（2）禁止在投资合同中承认外国投资者的母国政府对外国投资的代位请求权。该决议颁布后，流向安第斯地区的外资仍然不降反升。这表明发展中国家对外资的合理限制措施并不会使它们丧失对外资的吸引力。

第 220 号决议将外资利润汇出比率、投资部门限制以及投资争端解决等方面规则的制定权，留给成员国，悉听各成员国自便；外国投资者若非正在向集团其他成员国出口商品并且希望获得区域内关税减让的优惠，就不再要求其减少在外资企业中的股权比例；外资比例逐步减少至 49% 以下的年限在哥伦比亚、秘鲁和委内瑞拉被延长至 30 年；在玻利维亚和厄瓜多尔则更延长至 37 年。

---

① 王贵国：《国际投资法》，北京大学出版社 2008 年版，第 248 页。
② 陈安主编：《国际经济法学》，北京大学出版社 2004 年版，第 341 页。

第 291 号决议开宗明义地声明要取消对外资的大部分限制，以促进外国资本和技术流入安第斯条约地区。主要特点有两个：一是外国投资者指的是安第斯集团以外国家的国际私人直接投资者，这一特点与东盟的多边投资条约是有区别的，也不同于欧盟。二是更大限度地取消对外国投资的大部分限制（如著名的"外资逐步减少方式"的最低比例和年限等）。同年的第 292 号决议，即"安第斯多国企业统一规则"，进一步完善了原有的对两个以上安第斯集团国家投资者出资兴办的企业（安第斯多国企业）的优惠制度，以促进区域内部资本流动及互补合作。

第五节　亚洲的监管机制

一、亚太经济合作组织的监管机制

1989 年 11 月，澳大利亚、美国、日本、韩国、新西兰、加拿大及当时的东盟六国在澳大利亚首都堪培拉举行了亚太经合组织首届部长级会议，标志着亚太经济合作组织（英文缩写 APEC）正式成立。[①] APEC 是亚洲地区最高级别的政府间合作组织，成员广泛，共有 21 个成员国，总人口占全球的 42%，GDP 约占全球的 50%，贸易额占全球的 46%。

APEC 合作模式的区域性的官方经济论坛性质，正是 APEC 作为一种开放的地区主义合作模式，不同于传统区域经济合作模式的根本点。[②] 传统的区域投资协定采用的是通过谈判和义务承担方式达成内向型区域合作的模式，而 APEC 确立的是以"自主自愿、协商一致"为特点的合作方式。APEC 通过协商一致的方式达成关于贸易与投资自由的共识，并通过"协调的"成员方单边计划和集体行动计划来履行。APEC 的成员不受法律约束，也不负有条约下的义务。APEC 的另外一个显著特征就是开放性，即贸易和投资自由化措施不仅在成员内部实施，也对外部国家和地区开放，允许非成员国搭便车。开放性是其他区域安排所不具备的。

APEC 秉承自愿性、非拘束性、非谈判性以及开放性区域主义的运作原则。这些原则也体现在 APEC 的投资监管机制中。从 1994 年"APEC 非约束性投资原则"（NBIPs）的提出，到 1998 年单边行动计划下"选择菜单"的具体

---

① 1993 年 6 月改名为亚太经济合作组织，简称亚太经合组织或 APEC。

② 廉晓梅：《APEC 区域合作模式与发展前景研究》，吉林大学 2004 年博士论文，第 59 页。

操作适用，从 2008 年"投资便利化行动计划"到 2009 年"亚太自由贸易区"建设设想，可见 APEC 投资监管是一个逐步自由化的渐进机制。

（一）APEC 非约束性投资原则

APEC 非约束性投资原则是 1994 年雅加达会议上亚太经济合作组织部长会议通过的，以便亚太各国在有关外国直接投资的国家政策上达成共识。文件共包括透明度；对经济源泉的非歧视性；国民待遇；投资鼓励；履行要求；没收及补偿；资金的汇回及可兑换性；人员的进入及居住；免除对外国资本的限制；避免双重征税；投资者行为和争端解决 12 项条款。

在有关外国直接投资的管制问题上，《非约束性投资规则》并没有将亚太经合组织内绝大部分发展中国家和部分发达国家所采用的投资限制纳入其范围。例如，投资鼓励措施被限制在禁止降低卫生、安全和环保标准上，而未能就范围广泛的诸如外汇风险、出口退税、以及补贴的投资鼓励措施进行规范①。履行要求原则的规定语焉不详，一笔带过。虽然要求成员国"应尽量"减少使用扭曲贸易和投资、限制贸易和投资扩大的履行要求，但包括了许多例外，从而容易使得例外所依附的原则归于无效。争端解决条款由于 APEC 的自主自愿原则形同虚设。APEC 非约束性投资原则的显著特点是涉及的范围广，但标准偏低；原则本身严格，但无约束力。尤其是在执行方面缺乏强制性使其未能对投资者和投资提供法律上的实质性保护，作为十分有限。

（二）投资自由化选择菜单

为了推动 APEC 贸易与投资化进程，1998 年底，APEC 制定了"自愿选择纳入单边行动计划的有助于强化成员经济体的投资自由化和商业便利做法菜单"，简称"投资自由化选择菜单"。"选择菜单"除前言之外，包括总则、透明度、非歧视性、征用与赔偿、冲突及类似条件下的保全；与投资有关的资本移动、实绩要求、人员入境与居留、争端调解、知识产权、避免双重征税、竞争政策及管理改革、商业便利化措施等 13 部分内容。选择菜单是为实施 1995 年《大阪行动议程》的一个重要的集体行动计划。成员在制定外资政策或更新单边行动计划时，可参考清单有关措施，自主选用。同 NBIPs 相比，"选择菜单"新增加了知识产权、竞争政策、商业便利化等相关内容；对外资的保护更加全面，有关规定十分具体，直接可以用作成员制定外资政策的参考，其实质上起到了 APEC 成员国家投资自由化立法的示范法作用。②

① 孔庆江："区域性投资法律文件比较研究"，载《经济法论丛》第 3 卷，第 435 页。
② 何红锋、焦洪宝："APEC 创制区域性投资协定的必要性和中国的对策"，载《当代法学》2002 年第 9 期。

（三）投资便利化行动计划

随着 APEC 对投资便利化研究的进一步推进，2005 年后投资便利化的行动加速发展。2005 年，APEC 和联合国贸发会议及其他机构合作提出"投资便利化倡议"。2008 年 5 月，APEC 在秘鲁召开的高官会（SOM）上，就 2008 - 2010 年实施投资便利化行动计划（IFAP）达成共识。APEC 投资便利化行动措施清单中涉及 APEC 非约束性投资原则框架所覆盖的全部八个方面，共 59 项行动措施。虽然 IFAP 还只是投资便利化的原则框架，但它是 APEC 第一次在投资便利化领域采取的大规模行动，大大加速了 APEC 投资便利化进程。[①]

二、东南亚国家联盟的监管机制

东南亚国家联盟（简称东盟 ASEAN）于 1967 年正式成立，并于 2002 年建成自由贸易区。成员国多层次的地缘政治和经济结构，使其具有与欧盟和北美自由贸易区不同的特征，体现为成员之间经济互补性较弱，组织结构松散，采取协商一致、开放的和非约束性的运作方式。投资规则也充分体现了这一特征。东盟的投资准入模式有着渐进性特征：1996 年标志着东盟有关跨国直接投资地区性机制确立的《东南亚国家联盟促进和保护投资协定》仅规定了有关外国投资者待遇问题、投资原本及利润的汇出和转移问题、国有化及征收问题和争端解决问题，没有投资准入和履行要求的规定。这一时期，东盟实行的是限制性投资准入模式。1992 年签署了《加强东盟经济合作框架协定》采用了区域性工业化项目模式。1998 年签署了《东盟投资区框架协议》，此后 2001 年签署了关于修改《东盟投资区框架协议》的协议，规定在准入前和准入后阶段给予国民待遇，以实现投资自由化。这一时期东盟实行的是国民待遇和最惠国待遇组合模式，承诺逐步消除投资壁垒，最终实现投资自由化。东盟的问题在于《东盟投资区框架协议》虽然目标中声称促进东盟内部和外部的投资，但是其第 7 条规定的是成员国必须对东盟内部的投资者开放工业部门。附件三的开放时间表对于成员国的投资者是 2010 年，到 2020 年该规定适用于所有投资者。[②] 2009 年签署了《中国与东盟全面经济合作框架协议投资协议》取代了《东盟全面投资协议》，规定国民待遇适用于准入前和准入后阶段，各缔约方只有承担了减少或消除不符措施的回转义务后方可维持现存的不符措施。

---

① 沈铭辉："APEC 投资便利化进程——基于投资便利化行动计划"，载《国际经济合作》2009 年第 4 期。

② 丁伟主编：《经济全球化与中国外资立法完善》，法律出版社 2004 年版，第 94 页。

第十章 跨国公司多边监管机制

第一节 多边监管机制的基本问题

一、多边监管机制的含义和类型

跨国公司多边监管机制是跨国公司国际监管的一种，是为了协调各国政府对跨国公司的管理行为和直接管制跨国公司行为，而由具有促进国际社会法律协调统一的国际组织制定决议和文件的包括规则、方法和机构在内的一套有机联系的法律制度。约翰·杰克逊教授将国际经济法分为"交易性和管制性的国际经济法"两类。[①] 对跨国公司的多边监管就属于"管制性国际经济法"。

（一）按规范程度不同的分类

按照规范程度不同的分类，可分为规制跨国公司国际投资的初级规范和高级规范。前者是指国家、国际组织在跨国公司规制问题上的国际合作。主要通过多边框架内的立法，实现协调各国国内立法的多边管制功能。这一框架内，各国通过修改国内法或重新立法以履行国际义务。后者是指国际社会制定的直接针对跨国公司施加义务的直接管制规则，如《跨国公司行动守则（草案）》。制定跨国公

---

① John H. Jackson, *The Jurisprudence of GATT& the WTO*, Higher Education Press, 2002, p. 11.

司的行动守则是国际监督和管制的最重要手段。[1]这类规范必将是未来跨国公司多边规制的发展方向，它体现了国家主权对抗工业主权侵蚀的国际合作态势。

（二）立法表现形式不同的分类

实践中，跨国公司的多边监管机制立法表现形式多样：公约形式的如《解决国家与他国国民投资争议公约》、《多边投资担保机构公约》；宣言或决议形式的如《关于自由开发自然财富和自然资源的权利决议》、《关于自然资源永久主权的宣言》、《建立国际经济新秩序宣言》；宪章或纲领形式的如《各国经济权利和义务宪章》、《建立国际经济新秩序纲领》；守则形式的如联合国《跨国公司行动守则（草案）》；指南形式的如《外国直接投资待遇指南》。

（三）内容不同的分类

现有的跨国公司多边监管规则的普遍规律是具有软法性质。主要有两种类型；一种是适用性较宽泛的一般原则性行为标准。另一种是旨在确定比较具体的有关跨国企业活动的行为标准。属于第一类守则的文件有 1976 年 OECD 的《跨国企业指导原则》[2]，1977 年国际劳工组织（ILD）的《关于跨国企业和社会政策三方原则》，1980 年通过的联合国贸发会议（UNCTAD）《关于限制性商业惯例的准则》以及 1983 年联合国的《跨国公司行动守则草案》（未获通过）等。属于第二类文件的例子有世界卫生组织于 1981 年通过《母乳替代品销售国际守则》，国际商会分别于 1977 年、1990 年制定的《禁止商业交易中欺诈和贿赂行为》及《可持续发展企业宪章》等。[3]

二、多边监管机制的历史沿革

20 世纪 70 年代以来，广大发展中国家为了建立新的国际经济秩序，普遍要求加强对跨国公司的国际监管。20 世纪 70 年代初，联合国大会通过的一系列决议，并成立了跨国公司委员会负责起草跨国公司行动守则。此外，一些区域组织、国际商业组织和一些专业机构也参与到制定守则的行动中来了[4]。制定有关跨国公司的行动守则是国际监督和管制的最重要手段。[5]

迄今为止，国际社会构建跨国公司多边监管体系的努力经历了三个阶段：

---

[1]　余劲松主编：《国际经济法问题专论》，武汉大学出版社 2003 年版，第 49 页。

[2]　国内论著中对其有多种译法，本书采纳《国际投资和多国企业宣言》。但为了引文的准确性，引文部分尊重原文的翻译。其他国际协定的翻译也有同样的问题。

[3]　董世忠主编：《国际经济法》，复旦大学出版社 2004 年版，第 419 页。

[4]　余劲松主编：《国际经济法问题专论》，武汉大学出版社 2003 年版，第 51 页。

[5]　余劲松主编：《国际经济法问题专论》，武汉大学出版社 2003 年版，第 49 页。

第一阶段是从"二战"结束至20世纪70年代。1929年巴黎和会上提出的《外国人待遇协定》是建立多边投资条约的首次尝试①。1948年《哈瓦那宪章》又进行了第二次尝试，明确规定了国际投资的待遇及竞争规则等内容。不过，随着国际贸易组织方案的流产，该项努力也未获成功。此后，陆续出现了各种方案，包括1948年的《波哥大经济协定》、1949年国际商会的《外国投资公正待遇法典》以及1962年经合组织的《保护外国财产公约》（草案）等。但是，由于当时国际投资的规模有限，加之当时南北矛盾非常突出以及有关方案本身的不完善等因素，上述各种努力均未能取得成功。

第二阶段是从20世纪60、70年代至乌拉圭回合。经济全球化日趋加强，国际投资空前高涨，国际社会再次掀起制定多边投资法典的高潮，并且取得了一系列重要进展和成果。1965年，世界银行倡导并通过了《解决国家与他国国民间投资争议公约》（简称"ICSID"体制）。1985年，世界银行通过了《多边投资担保机构公约》（简称"MIGA"体制）。关贸总协定乌拉圭回合谈判结束后，各成员方达成了《与贸易有关的投资措施协议》（TRIMs）、《与贸易有关的知识产权协议》（TRIPs）及《服务贸易总协定》（GATs），首次将投资问题纳入多边贸易体系。1995年，经合组织（OECD）部长级会议发起了《多边投资协定》（MAI）谈判，但于1998年终止。国际社会再次出现了通过协商谈判建立统一的、综合性的多边投资体制的大胆尝试，但统一的国际投资法律秩序仍未建立。②

第三阶段是乌拉圭回合之后至今。1996年，联合国贸发会（UNCTAD）第九次会议讨论了未来的多边投资协议框架并且达成初步共识。1996年，世贸组织（WTO）首届部长级会议成立了专门的工作组，负责研讨投资与贸易及投资与竞争的关系，并且负责审查TRIMs的实施情况。但在谈判机构上的选择、谈判时机的掌握以及一些技术上南北分歧很大。投资问题上长期存在的南北分歧在经济全球化影响下进一步恶化，使得制定一个反映国际社会需要并为各方普遍接受的统一的跨国公司行动守则的努力又一次受挫。多哈回合有关投资和竞争问题的协议不能按期达成，甚至无法启动谈判。

可见，从1929年巴黎和会《外国人待遇协定》伊始，国际社会从未停止构筑跨国公司多边监管制度的努力。除了签订ICSID和MIGA这两个程序性公约以外，更将投资问题纳入到世界贸易组织的框架内。然而，无论是联合国还

---

① 世界银行：《2005年世界发展报告》（中文本），清华大学出版社2005年版，第185页。
② 韦经建、刘世元、车丕照主编：《国际经济法概论》，吉林大学出版社2000年版，第292～293页。

是世界银行集团、无论是 OECD 还是 WTO 都没有能建立起统一的、综合性的多边投资体制来监管跨国公司的国际生产。国际投资体系仍然是一个由习惯国际法、2000 多个 BIT、NAFTA 等区域性 FTA 中包含的投资保证、GATs 与 TRIMs、OECD 通过的《资本流动自由化法典》，以及一系列允许将投资争端提交国际仲裁并且在国内法律执行国际仲裁裁决的条约体系等规定的国际法律义务交织构成的体系。[①] 这一体系中，联合国贸发会议拟定的《跨国公司行动守则》（草案）更多地关切了东道国的利益，为跨国公司的行为设立了一定的准则，而世界银行集团和 OECD 制定的规则更多代表跨国公司的利益，倡导投资自由化。

第二节　多边监管的必要性

一、符合各方利益的明智选择

国际投资领域，跨国公司正扮演中越来越重要的角色，它对全球经济的影响越大，规制跨国公司国际规则的需求就越强烈。投资国、东道国以及跨国公司均有确保自身利益实现的客观要求，从而极大地促进了国际投资的多边统一立法行动。这样就使得国际投资的协调和管理逐步走上了规范化、系统化和制度化的道路。但国际投资领域的协调与管理仍远远落后于国际投资活动本身的发展。国际投资领域至今还没有出现类似货物贸易领域的 GATT/ WTO 和服务贸易领域的 GATs 那样的一整套国际规则，然而为了减少国家和跨国公司的冲突，制定统一的规制跨国公司的国际协定，继而开创一个稳定、可预见和透明的国际直接投资环境是众望所归。

（一）跨国公司

跨国公司的进一步发展需要统一的国际投资协定。理由在于：（1）跨国公司统一决策的需要。跨国公司由处于不同国家的经济实体构成，为了跨国公司整体利益的最大化，经营战略需要在单一的决策体制下统一和协调，但是各国法律政策的差异往往成为统一决策的障碍。因而，跨国公司希望有一种超国

---

① ［美］何塞·E. 阿尔瓦雷斯：《作为造法者的国际组织》，蔡从燕等译，法律出版社 2011年版，第 363 页。

家的法制来解决这些问题，以保障内部机制最优化地服务于营利目标①。（2）统一的国际规则能够提供一个判断公司行为的标准。当母国与东道国政府的政策有冲突时，明晰的国际规则可以使跨国公司摆脱"做也不是，不做也不是"的困境。（3）资本的本质和逻辑决定的。资本的本质在于追逐利润，资本的逻辑在于为获取最大化利润而移动，这使得资本具有了不断扩张的本能。正是这种本能使得跨国公司的投资活动需要一个有效率的全球统一市场，而其建立必然要求统一的国际投资协议作为基本规则。（4）国际投资活动中，如果投资者本身不承担国际水平的义务，很难想象在外资管理过程中，东道国政府会愿意接受对跨国公司的管理权限的限制。从其自身利益出发，跨国公司希望能够有国际法制为其投资提供保护。

（二）政府

政府的角度看，跨国公司的多边监管也是有益的。（1）各国政府为了有效地影响跨国公司行为，并改善在与跨国公司谈判中的劣势，希望通过国家集团来实现针对跨国公司的集体的和协调的政策。随着跨国商业的发展，公司集团形式是在不同法域进行有效并且盈利的商业活动的理想手段。利用这种形式，能够摆脱潜在的法律责任，并且可以在集团内转移利润，尤其通过转移定价的做法达到最大利益。在主权国家推行引进投资政策的形势下，为外交和技术上的法律原因在某地创设一个子公司既是可能的也是必要的。但公司集团形式在国际商业中扮演关键角色的事实，致使单一国家的立法机构不愿对其施加制约。如果一个法域推行一个敌视公司集团形式进行商业经营的法律机制（例如是母公司对子公司的债务负责），将会影响跨国公司投资于该特定法域。针对这种情况，对策是必须在超国家层面进行立法，才能消除经济上的潜在损失②。经济全球化加深了各国经济的相互依赖，一国经济政策的制定对本国和其他相关国家的经济都会产生影响（母国的反对，会导致东道国政府监管政策的失效），因此需要对各国政策进行全球协调，制定统一的游戏规则以有效处理跨国公司监管的问题。（2）多边监管是维护和继续推行已有的国际直接投资自由化政策的有效手段。（3）多边监管是消除政府制定的扭曲国际投资

---

① 刘丹："国内法律规制跨国公司的冲突及解决"，载《江苏警官学院学报》2005 年第 3 期。

② ［英］David Milman："公司集团：通向单独立法之路"，丁昌业译，载《民商法论丛》第 32 卷，第 485 页。

流动的法律和政策的负面影响①，使得双方获得潜在利益的必要保证。（4）多边监管是消除政府"以邻为壑"政策的必然选择。有些国家以提供宽松的法律和管理制度作为吸引和保留外资的手段。这种"降到底线"的监管方式，已为亚洲金融危机证明只会潜在地对国家经济造成损害，甚至威胁到金融系统的稳定，而当其他因素促进投资外逃时将会自食其果。

二、克服现有监管机制不足的必然选择

跨国公司所带来的全球性问题，单纯依靠市场自发调节和单个国家的政府监管不能解决，需要国际社会共同努力来制定规则。以反限制竞争为例，面对跨国公司的全球竞争行为，单纯依靠国内法来维持国际市场的有效竞争已显得越发的苍白，而主张本国竞争法的域外管辖又会带来更多的法律问题，势必需要国际社会共同制定规则对跨国公司的不正当竞争行为直接加以规制②。

（一）克服国际市场机制失灵的方法

跨国公司的全球经营要求与之相适应的健全的国际规则，而国际市场调节机制存在内在的缺陷，迫切需要新的管制机制，借以协调或统一规制各国的政府监管，弥补市场机制固有的不足，满足经济全球化对秩序的需要。

国际市场调节机制的缺陷在与国际市场失灵。国际市场上国家之间的竞争往往是一种无序的竞争，国际市场较之国内市场的"市场失灵"特性更加明显：国际市场中市场固有障碍（诸如市场障碍、市场唯利性、市场盲目性与滞后性等）不但没有消除，反而因为各种因素（各国经济政策、管制或保护、市场垄断力量等）的制约更加明显，需要其他管制机制予以补充。

（二）克服政府监管机制失灵的方法

政府监管本来是作为弥补市场失灵的手段运用的，但是国家行为本身受到"人类组织"——政府——"人为的"规则和制度结构的影响，因此不可避免的存在政府失灵问题。③由于国家并非公平；经济市场和政治市场的并存必然产生"寻租"现象；信息的不充分；政府的低效能常态等原因④导致政府失灵。国际社会必须对政府行为进行规范和约束，在投资自由和法律协调的目标下，确立一些基本原则，克服政府监管机制失灵，为统一的跨国公司行为规范

---

① 负面影响：跨国公司在全球竞争中，不仅存在经济约束（如生产规模、技术水平、国际分销等）和组织约束（组织效率），而且要面对由于政府在竞争过程中的介入而形成的政治约束，因为东道国和母国政府的政策法规往往会扭曲竞争状态。

② 漆彤："国际经济法对象与范围的再思考"，载《经济法论丛》第9卷，第129页。

③ 杜文中：《界限经济与市场主体行为》，经济科学出版社2004年版，第2页。

④ 布坎南的公共选择理论对政府失灵的解释。

创制提供基础。

政府失灵具体表现在国内和国际两个层面上：

（1）国内层面的政府失灵：用林德布洛姆的话说就是政府"只有粗大的拇指，而无其他手指"。一方面表现为政府监管的"无效性"，即政府在监管的方式、范围、层次、力度和预期选择上的不适当。有时候，政府不是问题的答案，而是问题的根源。比如对生态环境的保护不力，缺乏保护公平竞争的法律法规，政策工具选择上失当，不能正确运用行政指令性手段等，结果也就不能弥补和纠正市场失灵；另一方面表现为政府监管的"无限性"，即政府监管的范围和力度超过了弥补"市场失灵"和维持市场机制正常运行的合理需要，或干预的方向不对路，或形式的选择不当（比如不合理的限制性规章制度过多过细，对各种政策工具选择及搭配不适当，过多地运用行政指令性手段干预市场内部运行秩序），结果非但不能纠正市场失灵，反而抑制了市场机制的正常运作。

（2）国际层面的政府失灵是指政府监管跨国公司的政策失灵。①政府监管规则的局限性。政府监管能够直接起作用的领域仅限于该国范围内的跨国公司子公司的活动，而由于国家管辖权的有限性无法监管整个跨国公司的全球活动，为其逃避监管留下有利的制度空间。跨国公司的活动，超出了某国政府控制范围，各国政府愈发难以贯彻一些有价值的经济活动政策。① ②政府监管规则的差异性。各国政府监管措施和力度的不同，妨碍了国际市场的形成和发展，降低了政策的可预见性，同时也妨碍了市场机制的统一调节作用。③政府监管规则的利己性。国家的利己性，使得政府监管相当长的时间处于"过度"状态，加剧了国际市场上国家层面的限制性和不正当竞争，严重阻碍了国际市场的协调发展。② ④政府监管的管辖权冲突性。跨国公司具有组织和管理上的国际特质，即跨国公司的行为影响了管辖国属民或国家的社会经济利益，而基于国家管辖权的领域原则和国籍原则，一国可对其领域内的财产、人、行为行使管辖权。由于一个以上的国家在对跨国公司行使管辖权，而且各国同时行使的管辖权种类的不同使得管辖冲突不可避免。管辖权冲突的实质是权力行使上的冲突。管辖权的冲突有积极冲突也有消极冲突。不论哪类的冲突其结果都是导致一国对跨国公司监管的失效或者引发国家之间的冲突。

---

① John. H. Jackson, *Law and Policy of International Economic Relations*, MIT Press, second edition, 1997, p. 1.

② 这一特征在"二战"前数年最为明显。各国涉外经济法大量出现并迅速发展起来。参见李仁真主编：《国际金融法》，武汉大学出版社1999年版，第11页。

（三）弥补现有监管协议不足的客观要求

正如著名法学家 A. A. Fatouros 指出的，关于 FDI 的国际法律体系只是一个由各种各样的国内法规范及国际法规范组成的网状体，其内容有些相互重复，有些并不协调，不能构成一个完整的、广泛的国际投资法律体系。① 这种法律状态与跨国公司及其外国直接投资在世界经济中的显著地位极不相称。②

政府监管无法处理跨国公司的国际影响，双边监管通常不规定跨国公司的行为准则，区域监管的范围仅局限于区域内部，甚至是对多边主义的侵蚀。随着 BIT 和区域性投资协定的数量不断增多，一个国家会参加包含不同标准和准则的各种层次的投资协议。这既会给进行全球性经营的跨国公司带来困惑，也不利于各国政府监管政策的协调和执行。

多边层次上，现有的协议存在诸多不足。要么是不具有法律效力，要么在范围和主题上是专业性的，覆盖不够广泛，要么差异显著。

（1）现有投资协议的差异性。现有的国际投资协定之间的差距和冲突会限制市场的可竞争性、扭曲投资流向、降低经济效率，并破坏这些协议目标的实现。另外，一国参加包含不同标准和准则的各种多边投资协定，必然带来政策的不可预见性和差异性，给进行全球经营的跨国公司带来困惑。

（2）现有投资协议的倾斜性。当前以 WTO 规则体系为代表的各种国际组织规范的重点在于规制各国的经济管理行为，推进国际投资的自由化进程，而对于跨国公司的限制性竞争行为和不正当竞争行为的调节规则迄今尚不多见。这种严重的倾斜妨碍了跨国公司监管的有效性。

（3）现有投资协议的软法性。国际社会早在20世纪70年代就开始了通过国际立法统一监管跨国公司行为的努力，但直到今天，尚未出现对其有拘束力的立法，现有的规则都还属于软法性质③。立法上，投资协议不是由各国的立法机关，而是由国际组织或民间组织制定的；法律执行上，现有的投资协议大多不具有法律约束力。只有在被有关国家或立法机关接受作为法律，才具有约束力；具有较大的灵活性。

三、克服跨国公司治理超国家性的客观要求

跨国公司的公司治理结构具有超国家性。一般国内公司的治理结构都是建

---

① A. A. Fatouros, "Towards an International Agreement on Foreign Direct Investment ?", *ICSID Review – Foreign Investment Law Journal*, 9 (1995), 47～62.

② 张乃根主编：《新编国际经济法导论》，复旦大学出版社2002年版，第371页。

③ 所谓软法，是相对于硬法而言的，"软"主要体现在立法效力、司法效力以及稳定性等几个方面。

立在某一国特定的法律框架下，股东在公司内部治理结构中起主导作用，同时外部市场机制（经理市场、证券市场和公司控制市场）在一定程度上，也可以弥补公司治理结构的不足，减轻信息不对称和代理风险①。跨国公司的委托——代理关系是在不同国家独立法人主体之间形成的委托——代理关系，只是由于母公司掌握了具有创造性的核心资源，才将各子公司纳入到了统一的治理模式之内。跨国公司利益相关者边界扩大了许多：包括母公司和子公司、合资企业和战略联盟、外派经理和国际劳工以及母国和东道国政府，使得跨国公司委托——代理层级增多，高级经理人员而非股东在治理机制中起了主导作用。加之，外部市场机制在国家之间存在重大差异，国际市场的不完全性导致单一国家难以形成对跨国公司有约束力的监督和管理，使其处于超然的地位。跨国公司治理机制的超国家性主要体现在以下三个方面：

（一）确定跨国公司国籍的困难

跨国公司各经济实体具有经济上一体性和法律上独立性的矛盾。跨国公司本身不具有法人资格和正式的国籍，是由依据所在国国内法设立的母公司、子公司、分公司和合资企业组成的经济联合体。跨国公司国籍评判标准难以统一。原本英美法关于公司国籍的评判标准是公司组建地主义，而大陆法系国家多是管理中心主义。随着跨国公司一体化程度的深化，更增加了判定公司国籍的现实困难。虽然建立跨国公司的国际组建安排，有助于制定国际公共政策并简化这一特殊问题的法律解决程序②，但将跨国公司作为一个统一整体组建的国际公司法，迄今没有任何突破性的进展③。而且这一安排需要严格的先决条件④，在可以预见的将来，达成这一目标还有很大困难。可见，确定跨国公司的国籍身份仍然是跨国公司治理机制无法回避的困难之一，因此迫切需要国际层面的监管合作。

（二）一国监管跨国公司关联交易的困难

关联交易往往是大股东侵害中小股东和其他利益相关者利益的重要手段，因此也是公司治理的重点之一。跨国公司的关联交易是其全球经营的常态。它通过转移价格增强竞争力、转移利润或逃避税收。对此，各国已订立双边税收协定加以监管，但因公平交易原则和一系列的技术问题使得转移价格问题依然

---

① 吴先明：《跨国公司治理》，商务印书馆 2005 年版，第 67 页。

② 国别法只有在各国司法管辖权限内才具有完全的法律效力，它们不能处理所有真正的跨国经营活动，而且由于政策或法律措施的不同还可能发生司法管辖冲突。

③ 除了 1977 年《国际权利研讨会》中的有关讨论外。

④ 首先，各国公司法中有关组建和运营机制的条款在政策上的具有一致性；其次，各方还具有采取一致行动的愿望。

严峻，需要国际社会的协调行动。

（三）监管跨国公司社会责任制度的缺失

跨国公司具有组织与内部决策体制相互关联的特征，其全球经营使其能够在国际和公司内部优化配置资源。因此从社会责任角度应将跨国公司视为一个整体，而不是单个国家内部的企业单位，需要国际社会全面监管其社会责任。跨国公司拥有超过母国或东道国政府控制范围内的经济能力，其行为除了对一国的市场结构和竞争环境会产生不良影响外，对环境和人权等方面如果监管不力的话，影响也是深远的。

总之，为了克服跨国公司的超国家性，需要制定跨国公司行为的国际守则，促进跨国公司良性发展，并为其提供一个稳定、可预见的多边制度框架。

第三节 联合国对跨国公司的监管规则

一、联大的有关决议

联合国大会仅 1974 年就出台了《建立新的国际经济秩序宣言》《建立新的国际经济秩序的行动纲领》、《各国经济权利和义务宪章》等一系列文件，反映了发展中国家对跨国公司进行国际管制的要求。虽然，联合国大会通过的建立国际经济新秩序的宣言、宪章不同于经缔约国签署并履行国内法批准程序后生效的国际公约或条约①，但是，它们毕竟是经国际社会大多数成员同意或参与起草的国际法文件，对于调整跨国公司的行为具有重大的指导作用。这两个宣言和一个宪章构成了建立国际经济新秩序基本框架。

《建立新的国际经济秩序宣言》提出每个国家拥有发展权，以及对自己的自然资源和一切经济活动拥有充分的永久主权。例如第 4 条第 7 款："根据跨国公司所有国的充分主权，采取有利于这些国家国民经济的措施来限制和监督这些跨国公司的活动。"

《建立新的国际经济秩序的行动纲领》中明确提出："应作出一切努力来制订，通过和执行一项关于跨国公司的国际行动准则，以（A）防止它们干涉业务所在国的内政以及防止它们同种族主义政权和殖民政府进行勾结；（B）管制跨国公司在所在国的活动，取消其限制性商业活动，顺应发展中国

---

① 以美国为首的西方发达国家一直不承认它们是具有拘束力的国际法文件，称之为国际"软法"，相对而言，关于 GATT/WTO，或 IMF/ ICSID 的国际公约是具有拘束力的国际"硬法"。

家本国的发展计划和目的，……。"（D）对跨国公司把它们经营所得的利润汇回本国加以管理……。"

《各国经济权利和义务宪章》也对此问题有所阐述。《宪章》第2条第2款明确规定："各国有权：（a）根据本国的法律和条例、符合自己国家的各项目标与优先考虑，在本国的管辖权范围内，对外国投资行使管理权力。不得强迫任何国家给予外国投资优惠待遇。（b）在本国管辖权范围内，对跨国公司的经营活动加以管理和监督，并采取各种措施，以保证上述活动遵守本国的法律、法规和条例，并符合本国的经济与社会政策。跨国公司不得干预东道国内政。各国在行使本款规定权利时，在充分考虑本国主权的同时，应当与其他国家进行合作。（c）将外国资产国有化、征用或转移所有权，在这种情况下，采取这种措施的国家应当考虑本国有关法律和条例以及所有该国认为相关的一切情势，给予补偿。在因补偿而产生争议的任何情况中，应当根据进行国有化的国家国内法，并由其法庭解决，除非所有相关国家自由协商，一致同意在各国主权平等的基础上，并依据自由选择途径之原则，采用其他和平方式解决。"

二、联合国贸易与发展会议的努力

联合国贸易与发展会议是联合国处理有关贸易和发展问题的常设机构，简称"贸发会议"，是由发展中国家倡议并根据第19届联大1995号决议于1964年成立。联合国贸发会议在管制跨国公司问题上做出的努力包括：（1）拟定了《联合国国际技术转让行动守则（草案）》（1985）和《跨国公司行动守则（草案）》（1986）。这两项草案历经世界各国政府代表近十年努力，方才拟就。但因美国等发达国家坚持自愿参加，被束之高阁，草案未正式签署，自然也不会发生国际法效力。（2）制定了《联合国关于控制限制性商业惯例的公平原则和规则》（1980），以实现对跨国公司的限制性商业惯例的规制。根据第七部分的规定，UNCTAD建立了一个以政府间专家小组形式出现的协定执行监督机制。（3）制定了一个非约束性的《可持续发展准则：走向环境保障的可持续发展》（1990），对投资问题也有涉及。此后联合国再也没有做出过比较重要的有关决议。①

下文就《跨国公司行动守则》（草案）（1986）、《联合国国际技术转让行动守则》（草案）（1985）和《联合国关于控制限制性商业惯例的公平原则和规则》（1980）中有关跨国公司行为的部分作以阐述。

---

① 沈伯明："多边投资协议谈判和发展中国家的对策"，载《世界经济》1999年第7期。

（一）《跨国公司行动守则》（草案）

1977 年，联合国跨国公司专门委员会开始拟定《跨国公司行动守则》，1982 年提交了有关草案的最后报告，一定程度上反映了发展中国家关于需要国际准则以支配跨国公司和东道国有调整和控制跨国公司活动的权利的愿望，但由于发达国家态度比较消极，过分强调"平衡"和反对"约束力"，一直未能达成协议。1985 年，联合国纽约特会期间，以德里·布什为首的专家提出了一个案文，受到多数成员国的欢迎，同样因为发达国家缺乏达成协议的政治意愿遭搁置。后历经多次讨论，1992 年联合国大会仍未能达成一致，实际上终止了全部的实践。但草案起草过程中反映出的南北矛盾为进一步制定跨国公司活动的国际标准提供了丰富的借鉴。

草案主要包括六个部分：序言与目标；有关定义与适用范围；跨国公司的活动；跨国公司的待遇；政府间合作；行动准则的实施。发达国家与发展中国家代表团的分歧集中在第二部分和第三部分上。尤其是第三部分，因为包含了所在国对跨国公司的一般待遇、国有化和补偿、管辖权等国际经济关系中最有争议的问题，争议问题更大。

第二部分"跨国公司的活动和行动"包括 3 个问题：一般性和政治性问题；经济、财务和社会问题；资料公开问题。第一个问题有两个分歧，一个是关于国家的"永久主权"，另一个是关于跨国公司"不干涉内部事务"。[①] 有关国家的永久主权，发达国家代表团认为提及永久主权必须同时提到国际法对跨国公司待遇标准，否则无法接受。发展中国家代表团认为永久主权原则是主权固有的属性，是国际法的公认原则，也为很多联合国决议所肯定。这里只是重申，并且这种重申不应该附条件。关于"不干涉内部事务"的分歧，与不干涉原则的确切范围密切相关。发展中国家代表团认为"应无条件禁止跨国公司干涉所在国的内部事务"，发达国家则认为"应限定为与破坏社会政治活动相联系的内部事务或称之为颠覆活动，或以内部政治事务称之"。经济、财务和社会问题上的分歧较小，只在国际收支和金融财务、转移定价和技术转移的具体表述上做了少许变动。资料公开义务问题的关键不是是否应该公开而是公开范围的大小。不同领域内跨国公司的记账方法和报告方法不同，致使其所公开的情报的不具有可比性，为此必须规范记账和报告方法。

第三部分"跨国公司的待遇"是存在争议最多的部分。因为本部分的中心在于"确立判断东道国对跨国公司待遇的适当和合法标准"，涉及到许多国

---

① 分歧参见余劲松主编：《国际经济法问题专论》，武汉大学出版社 2003 年版，第 51～58页。

际义务的问题。（1）关于国民待遇标准问题的争议在于发达国家认为标准的规定应该是灵活的，以便让跨国公司可能获得优惠待遇，而发展中国家认为是否给予优惠应由各国自由裁量，不应作为一般国际标准。（2）关于跨国公司的投资及利润汇出的问题分歧在于发达国家极力主张除了基于国际收支平衡的一般限制之外自由汇出，而发展中国家不愿放弃管制其外汇资源的权力，或主张不予规定或适用国内法制约。（3）关于国有化的补偿问题，南北国家存在重大分歧。发达国家主张赫尔原则，发展中国家质疑赫尔原则是否为补偿方面的国际法原则，主张补偿应受国内法制约或实行"卡尔沃主义"。（4）关于是否存在有关跨国公司待遇的习惯国际法问题，发达国家主张作为判断跨国公司行为的国际法不仅包括条约和协定，还有习惯国际法。而发展中国家质疑这个领域国际习惯法的效力，赞成遵守有条约、协定和国家明示同意的国际义务而非国际习惯法。（5）关于跨国公司管辖权问题，涉及跨国公司责任承担机制、管辖权冲突的解决、法律选择和争议的解决方法等诸多复杂的法律问题，发达国家和发展中国家分歧最严重。草案试图为其建立一个普遍的多边框架的努力困难重重。

通过对守则草案的分析，可见它贯穿了尊重东道国主权，合法经营，充分合作，有利东道国社会经济发展的基本原则，但行文是笼统地和原则性的。但是，发达国家连这些毫无制裁手段的原则、规则也不愿意成文，唯恐给跨国公司套上"紧箍咒"。而发达国家积极地推动侧重保护跨国公司利益的国际公约，并利用其特殊地位纳入其控制的国际组织体系。这说明在涉及各国切身利益的国际投资领域，发达国家与发展中国家之间存在着难以弥合的"鸿沟"。作为第一次在普遍性多边机构中为跨国公司规定共同标准作出的努力，草案的协商过程反映了跨国公司问题上南北不同的利益取向，说明一个为各方普遍接受的标准制定的难度很大。

（二）《联合国国际技术转让行动守则》（草案）

作为国际技术贸易市场上的最主要提供者，跨国公司能够利用技术贸易中的优势地位，对技术受让方施加各种不合理的限制性条件。为了防止任何一方滥用其优势地位，促成交易中当事各方的谈判地位平等，《联合国国技术转让行动守则》（草案）对反竞争行为的进行了规制，集中体现在第四节关于限制性商业行为的管制问题中。但囿于当时条件，守则未能在管制和处理上建立起足够有效的机制。经过了自 1978 年 10 月至 1985 年 6 月的 6 次会议，发展中国家和发达国家在关于守则的性质，适用范围，国际性体制机构，适用的法律和争端的解决等问题仍存在深刻的分歧，不能达成协议。第 6 次会议最后通过一项决议提请联合国大会就进一步采取必要措施而告结束。

（三）《联合国关于控制限制性商业惯例的公平原则和规则》①

1980 年 12 月 5 日联合国大会第 35 届会议通过的第 35/63 号决议批准了《联合国关于控制限制性商业惯例的公平原则和规则》（以下简称《原则和规则》）。这是世界上第一个关于反垄断问题的有效的国际条约，为国际反垄断立法奠定了基础。此外，联合国贸发会议秘书处在 1984 年还完成了限制性商业惯例法律范本，并根据各国意见不断进行修正。2003 年法律范本共 13 章。

自 1980 年《原则和规则》通过以来，联合国在贸发会议主持下在 1985 年、1990 年、1995 年、2000 年举行了四次全面审查《原则和规则》的会议。第四次审查会议（2000 年 9 月 29 日）通过了一项决议要求，"重申联合国《原则和规则》的有效性，建议大会为便于援引起见，将《原则和规则》的副标题定为'联合国关于竞争的一套原则和规则'并呼吁所有成员国都执行《原则和规则》的条款。"

《原则和规则》是有关竞争问题的主动执行型的协定，内容分七个部分。它将受管制的限制性商业行为具体分为两大类：第一类是垄断，即滥用市场支配地位，第二类是限制贸易的共谋和协议。协定的目标是保证限制性商业惯例不会阻碍或影响关税或非关税壁垒削减带来的好处，提高国际生产的效率和推动发展，保护消费者利益。②

《原则和规则》的特点在于不仅为政府提供了准则，而且还提出了企业（尤其是跨国公司）的行为规则；既涉及限制性商业惯例对国际贸易的影响，也涉及对发展的影响；但在国际间如何消除或有效处理限制性商业行为而采取的措施方面，发达国家和发展中国家意见相左（77 国集团力图将免除制裁的情况减少到最低限度，而西方发达国家则依然企图将对限制性商业活动的管制纳入到其内国法的轨道），致使这一关键性问题最终未规定在《原则和规则》中；没有关于争端解决的规定，政府间专家组或其附属机构不得作为法庭或以其他方式就某项商业交易所涉个别政府或企业的活动或行为做出裁决。

但《原则和规则》较之经合组织有关决议的进步意义在于将发展作为一个大前提予以强调，使得发展中国家可能在限制性商业行为上处于比西方发达国家更加优惠的地位。

---

①　联合国贸易和发展会议文件中文本采用《一套多边协议的管制限制性商业惯例的公平原则和规则》的译法。

②　《原则和规则》中将"限制性商业行为"定义为：企业通过滥用或取得并滥用市场支配地位限制进入市场或以其他不正当方式限制竞争，从而可能或将会对贸易或商业产生不利后果的做法或行为；或者企业间通过正式或非正式，书面或非书面的协议或安排而具有同样作用的做法或行为。

第四节　世界银行集团的监管规则

世界银行集团促进生成了一系列正在不断成长并相互联系的，旨在保护外国投资者以及促进全球范围内的外国投资的国际机制与制度。[①] 这些制度既包括像《解决国家与他国国民间投资争端公约》和《多边投资担保机构公约》这样具有法律效力的公约，也包括向《外国直接投资待遇指南》这样无法律效力的文件，既有《世界银行指南》通过被纳入贷款协议和世界银行专署（核查小组）的工作使其得以遵守，也有 IMF 通过贷款条件性在全球范围内影响主权国家的决策。

一、《解决国家与他国国民间投资争端公约》

全球多边投资协定的主要障碍是政治问题，根源在于主权国家与跨国公司之间的目标冲突。这样的冲突也刺激了对投资者——国家争端解决机制的需求。20 世纪 50 年代后期，发展中国家在政治独立的同时，强烈要求经济独立。各国普遍加强了对外资的管理，同时理论上卡尔沃主义盛行，使得这一时期东道国政府与外国投资者的争议频繁出现。但传统的国际投资争端解决方法不符合双方的利益，东道国政府与外国投资者是不同法律地位的主体，一般国际商事仲裁机构难以胜任；投资者又不信任东道国当地救济，往往寻求投资母国的外交保护使得投资争议政治化，严重影响了国际私人直接投资的流动。为了在投资母国和东道国之间寻求一种平衡，在世界银行倡导下，各国于 1965 在华盛顿签署了《解决国家与他国国民间投资争端公约》（也称《华盛顿公约》，英文简称 ICSID），并于次年正式生效。

ICSID 是国际社会第一个专门解决国际投资争议的程序性公约，也是国际投资保护领域第一个被广泛接受并付诸实践的公约。截至 2006 年 2 月 28 日，签署国共有 154 个，其中 2005 年柬埔寨被接受为第 142 个正式成员[②]。根据公约成立了解决投资争端国际中心，通过调解或仲裁平息投资争端。

中心仲裁是对发展中东道国法律和司法双重不信任的产物。[③] 首先，从其

---

① ［美］何塞·E. 阿尔瓦雷斯：《作为造法者的国际组织》，蔡从燕等译，法律出版社 2011 年版，第 348 页。

② http：// www. worldbank. org/icsid/news 2006/3/1.

③ 李万强：《ICSID 仲裁机制研究》，陕西人民出版社 2002 年版，第 295 页。

产生的初衷就是投资者不信任东道国当地救济，希望寻求国际救济；其次，制度设计上，如有关中心的法律适用问题上，将东道国的国内法与可适用的国际法准则相并列。公约42规定："仲裁庭应依据争端当事人之间协议的法律准则裁决争端。如无此协议，仲裁庭应适用当事国之缔约国的法律（包括其冲突法规则），以及可适用的国际法准则"。最后，中心仲裁实践中，仲裁员多数来自发达国家，中心仲裁使得外国投资者与东道国的争议国际化。

20世纪90年代以来，中心仲裁越来越受到青睐，是投资自由化趋势在投资争端解决领域的突出表现之一。自中心成立第一案1972年假日酒店诉摩洛哥案，到1988年中心共受理国家投资争端仅25起，而自1988年到2001年，中心仲裁就受理了38起案件，受案率大幅度增长。截至2006年3月，中心登记的案件共202起，其中99起已结案，103起还悬而未决。① 如今，ICSID是公认的私人投资者与国家争端解决机制的领导者，超过70%的国际投资争端的解决受其管辖，仅在2016年，ICSID就解决了258个案例，是其历史上最多的一年，可以说在世界的每一个地区都有案件受理中心的管辖。② 但随着中心裁决越来越多地倾向于投资者，而忽视东道国利益的保护，很多发展中国家不再信任中心仲裁，厄瓜多尔和玻利维亚甚至退出了ICSID公约。

二、《多边投资担保机构公约》

《多边投资担保机构公约》（英文缩写MIGA）是与《解决国家与他国国民间投资争端公约》并列的，在TRIMs之前仅有的两个具有约束力的程序性跨国直接投资的多边条约，虽然它们只对国际投资中很小的领域进行了规范。③

ICSID为投资者与东道国政府之间的投资争端解决提供了新的国际调解和国际仲裁程序。MIGA则为投资者在发展中国家生产性投资遇到的非商业风险（征收、违约、战乱以及国内暴乱）提供共同保险和再保险。它于1985年10月在汉城签字，1988年4月12日正式生效，又称《汉城公约》。截至2016年8月23日止，共有181个成员国，其中发展中国家156个，发达国家25个。④

从它的宗旨来看，MIGA为跨国公司规避在发展中国家投资的非商业风险提供了多边的解决平台，协调了各国的海外投资保险制度，从而促进生产型国际投资的增长；从它的争端解决机制来看，MIGA以代位求偿制度为枢纽，通

---

① http://www.worldbank.org/icsid/news 2006/3/1.

② 资料来源：ICSID 2017 Annual Report.

③ 刘光溪主编：《坎昆会议与WTO首轮谈判》，上海人民出版社2004年版，第218页。

④ http://www.miga.org 2017/3/1.

过间接的方式，将投资者与东道国的投资争端分解为背对背的争端，由具有独立地位的多边投资担保机构作为中介，缓和了两者之间的紧张气氛，形成了独特的国际投资争端解决机制，以达到促进投资的目的。MIGA 的建立为资本输入国和输出国开拓了一个新的合作领域，为国际投资活动提供了一个新的磋商场所。

同时，它自身也在不断更新。为应对 2008 年金融危机，MIGA 董事会修订了公约第 12 条，扩大了合格投资范围，同时提高了 MIGA 决策灵活性，赋予董事会批准任何形式的中长期贷款为合格投资的权利且不受关联性要求的限制。①

三、《外国直接投资待遇指南》

《外国直接投资待遇指南》（简称《指南》）是 1991 年由法国等发达国家倡议，世界银行和国际货币基金组织（IMF）联合设立的"发展委员会"制定和颁布的，旨在促进外国直接投资、涵盖面广泛的法律框架。

与其他的世界银行指南一样，《外国直接投资待遇指南》是在世界银行的制度结构缝隙中产生的，是世界银行内部的行政性立法，而不是由声称具有普遍的代议制正当性的政治性机构通过的具有法律约束力的法律。但它由世界银行和 IMF 联合发布，解决投资争端国际中心和多边投资担保机构也参与了《指南》的拟定，这些机构在解决投资争端的法律适用上可能接受其影响，甚至会直接采纳某些规则。另外，如果国家在法律和实践中推荐和接受了这些标准，则将会对国际习惯法的发展产生影响。实践中，的确有许多双边协定都借鉴其内容，使《指南》成为对国际投资有重要影响的文件。

《指南》共五个部分，包括适用范围、外资准入、外国投资的待遇、征收和单方面改变或终止合同和争议解决。此外也涉及到了外国投资者责任。下文仅就外资准入、投资鼓励措施和征收的规制以及外国投资者责任这些与跨国公司监管有关部分加以阐述。

（一）外资准入

（1）《指南》力图排除关于外资进入的繁琐规章。建议各国采用开放性的批准程序，以减少外国投资准入的障碍。为了鼓励外国投资，各国应给外资的进入和开业提供便利，避免对外资的进入规定繁琐或复杂的程序或附加不必要的条件。这种做法已为许多国家普遍接受。

---

① 张庆麟、余海鸥："评《MIGA 公约》的最新修订及其启示"，载《国际经济法学刊》2015 年 7 月。

（2）《指南》将开放外资准入作为外资立法的目标。《指南》肯定各国有权制定关于外资进入的规章，但同时认为用来作为外资准入条件的某些履行要求经常是起反作用的，而开放外资准入是更有效的方法。《指南》进一步解释说，对外资准入附加某些履行要求会阻碍投资或鼓励滥用，而对外资准入采取限制性列举（即列举禁止、限制、允许外国投资的部门）的方法更为可取。①

（3）《指南》规定了关于外资自由准入的例外。第一个例外是对国家安全的威胁，但必须"明确地限定"国家安全，以防解释过宽。第二个例外是由于国家的经济发展目标或国家利益的需要而保留给东道国国民的部门。此外，由于公共政策、公共健康和环境保护等原因而适用于国内投资的某些限制也同等地适用于外国直接投资。

（二）投资鼓励措施的规制

《指南》要求东道国在投资过程中保障外国投资者的汇兑自由，并对税收豁免和税收鼓励问题提出了"最佳实践"的建议。《指南》不赞同国家间竞争性地给外国投资者提供税收豁免之类鼓励的做法，认为实行合理的或稳定的税率较之不稳定或高税率可提供更好的鼓励。即使东道国有此类鼓励，则此类鼓励应只与特定的活动类型有关，而不应在内外投资者之间有所区分。

（三）征收的规制

《指南》规定除非依据可适用的法律程序、为了公共目的、不根据国籍实行歧视以及支付"适当"补偿，否则国家不得征收外国投资。这种否定例举的方式充分反映了保护投资者的倾向，而没有突出东道国具有征收外国财产的权利，是发达国家保护外国投资者理论的有力实践。

（四）外国投资者的责任

除了重点对于东道国的政府行为进行规范之外，《指南》也轻描淡写地规范了外国投资者行为。（1）指南要求投资者善意从事投资行为并遵守东道国的法律和法规；（2）指南要求东道国基于公共秩序、公众健康和保护环境的理由对国内投资者实施的投资限制也应当同样适用于外国投资者；（3）指南建议各国采取适当的措施以防止和控制贿赂性商业行为并促进政府与外国投资者之间的交易的可说明性和透明度，并建议国家间合作以建立和发展上述国际程序和机制。

《指南》是对晚近发达国家在国际投资重大法律问题上所取得的成果进行的全面提炼和总结，从而为推行投资自由化、外资准入自由等设计了一套指导

---

① 余劲松主编：《国际投资法》，法律出版社2007年版，第282页。

规则。作为一个指导性的文件，《指南》"并非最终标准，而只是普遍接受的国际标准演进过程中的重要一步"，而且只是"对现存的众多双边条约及有约束力的国际法规范的一种补充"。它完全按照发达国家"惬意"的标准，从中抽出的"最好实践"制定而成，其实质是倡导投资自由化，进一步限制东道国的外资管辖权。鉴于国际投资实践中，发展中国家越来越实行自由化政策，更多地借鉴了《指南》的规定，表明《指南》在国际投资的国际法制中具有越来越重要的影响。

第五节　经济合作与发展组织的监管规则

成立于 1961 年的经济合作与发展组织，是西方发达国家之间经济合作的跨区域的国际组织。成立伊始，它就致力于促进国际资本在全球范围内的自由流动。早在 1961 年、1976 年就分别制定了《资本流动自由法典》、《经常项目无形交易自由化守则》，1976 年发表了《OECD 关于国际投资和多国企业宣言》。始于 1995 年《多边投资协定》的谈判，是 OECD 成员国关于外资监管讨论的集大成者。1999 年 OECD 部长会议签署了有关跨国公司治理问题的一系列原则——《OECD 公司治理原则》。这些原则旨在帮助成员国和非成员国评价和改善各国有关公司治理的法律、制度和管制框架。论述的问题涉及股东的权力与公平待遇、股东在公司治理中的作用、信息披露和透明度以及董事会的责任。同年，针对跨国公司政治贿赂行为正式实施了具有法律拘束力的《关于反对在国际商业交易中贿赂外国政府官员的公约》。公约允许 OECD 国家与其他国家合作，采取国内立法使得对外国政府官员行贿成为犯罪。

一、《资本移动自由化法典》

经合组织框架内，已生效的有关外国直接投资的法律文件中最重要的是《资本移动自由化法典》与《国民待遇文件》。尽管《资本移动自由化法典》与《国民待遇文件》的法律性质不同，这两个文件合在一起就可能形成一个促进国际投资的开放环境①。

《资本移动自由化法典》是较全面处理外国直接投资的具有法律约束力的文件。《法典》虽然只适用于经合组织成员国，但《法典》呼吁将法典带来的自由化进程推广到 IMF 的所有成员国。

① 孔庆江："区域性投资法律文件比较研究"，载《经济法论丛》第 3 卷，第 434 页。

《法典》中有许多与外国直接投资有关的规定①，如新企业的设立、现有企业的扩张、兼并接管以及非居民参与本国企业。1984 年修订时加入了有关设立权的规定，要求成员国政府不应保留或引入：适用于授予许可、特许或类似的批准的法规和做法，包括批准所附的条件，影响企业运营的，对非居民的投资者所施加的特别障碍或限制的，以及有意或产生防止或构成对非居民的对内直接投资障碍的效果的法规和做法。同年 4 月，还将法典中要求成员国在处理其他成员国国民在其领域内开业所需的许可申请或其他审批手续时实行最惠国待遇标准的条款完全生效。可见，《法典》采用的是相互间国民待遇模式的投资准入政策。投资准入权授予所有位于成员国内的拥有成员国籍并且（或者）为了商业目的在成员国境内设有住所的投资者。

《法典》的规定是有约束力的，例外情形只限于缔约国在签署时所作的特定的保留、法典所规定的一般例外规定和临时性的脱循。但它的一个重大缺陷在于没有规定争议解决程序。法典只能由经合组织下属的资本移动和无形交易委员会监控，依靠通告制度和对成员国的测评和协商制度执行。

二、《OECD 关于国际投资和多国企业的宣言》

1976 年《OECD 关于国际投资和多国企业的宣言》包含两个与外国直接投资有关的文件——《多国企业的指导方针》和《国民待遇文件》。

宣言本身只是一个无约束力的政治性承诺，但它却得到了有法律约束力的经合组织理事会决议的支持，该决议规定了一个覆盖通知、政策监控、评议和协商的追踪程序，而且它的执行由专门创设的国际投资和跨国公司委员会来监控。这些制度可以形成一定的来自 OECD 的"同行"的压力，敦促成员国取消或减少那些歧视外国投资者的措施。②

《国民待遇文件》的主要内容是要求成员国应该赋予在其领域内经营的并由其他成员国国民直接或间接拥有或控制的企业③不比在类似情况下赋予国内企业的待遇不优惠的待遇。同时，它要求成员国"努力保证"地方政府也适用国民待遇。

《多国企业的指导方针》1976 年制定，历经 1984 年、1991 年修订，现行版本是 2000 年通过的。《多国企业的指导方针》主要调整跨国公司的责任，覆

---

① 《法典》1984 年修订时，资本的定义才扩充包括了外国直接投资。
② 刘笋：《国际投资保护的国际法制》，法律出版社 2001 年版，第 35 页。
③ 它不适用于新企业的建立，1991 年修订过的《资本移动自由化法典》处理新企业的问题。

盖的范围很大，包含信息披露、竞争行为、融资、税收、就业、环境保护、科技行为等条款。《指导方针》的性质属于建议性质，不具有法律拘束力，但各成员国在立法时经常参照其相关规定，一定程度上起到了协调成员国有关多国企业政策的作用，也为制定统一的多国企业国际规范的谈判奠定了基础。《指导方针》行文上非常笼统，它被视为《联合国跨国公司行动守则》的替代物。

三、《多边投资协定》（草案）

《多边投资协定》（草案）（英文缩写 MAI）的谈判，始于 1995 年，终止于 1998 年，后来，于 2000 年 10 月的重新讨论仍然未果。国际投资和多国企业委员会（CIME）和资本移动与无形交易委员会（CMIT）进行了谈判的前期准备。从某种意义上来说，MAI 是经济合作与发展组织代表跨国公司要求各国政府在主权问题上妥协的第一份宣言书，成为一个要剥夺东道国政府管理权的草案。[①]

MAI 力图建立综合性的投资条约，既规定了高度自由化的投资准入和投资待遇，也规定了很高的投资保护标准，并提供了一套争端解决程序予以保障。[②]其中，投资准入、履行要求、鼓励措施等规定与跨国公司监管息息相关。

（一）国民待遇扩大适用到投资准入阶段

MAI 有关投资准入的规定反映了将国民待遇适用范围扩大到市场准入的趋势。MAI 的国民待遇原则、最惠国待遇原则和非歧视待遇原则不仅适用于外国投资进入东道国后经营的各个方面，也适用于开业前的投资进入，即适用于开业权与准入权。这使得发展中国家控制外资进入的领域和审查外资的主权几乎丧失殆尽。除了少数例外，MAI 要求只要某一部门或领域对本国投资者开放，就必须对外国投资者开放。

各国存在分歧之处在于"外国投资准入权的例外方面"，即不对外国开放部门的负面清单范围。例外是权利义务的核心所在，因此是谈判的焦点。例外的理由涉及国家安全、公共秩序、区域经济组织、文化、补贴、健康、社会服务、原住民和少数民族等方面。MAI 采取了所谓"自上而下"的否定清单谈判方式，原则是一律自由化而例外和保留特别是国别例外必须明文列出。但一

---

① 杨伯溆："跨国公司与主权国家——全球化进程中的此长彼消"，载《世界经济与政治》2001 年第 11 期。

② 具体条款包括 1. 总条款；2. 范围和适用；3. 投资者和投资待遇；4. 投资保护；5. 争端解决；6. 例外和保护；7. 金融服务；8. 税收；9. 国别例外；10. 与其他国际协定的关系；11. 执行和运作；12. 最后条款。

些国家列出的例外和保留（其中，美国对自由化的承诺提出许多例外；欧盟坚持例外包括但不限于区域经济一体化组织例外条款；加拿大等国坚持文化例外条款）很多，实际上降低了 MAI 原定的标准。例外的列出是经过谈判决定的，这种谈判类似于关贸总协定的减让谈判。

（二）全面禁止履行要求

MAI 有关履行要求的规定，反映了多边基础上全面废除具有"扭曲投资"效果的履行要求的趋势。

首先，MAI 禁止的履行要求的种类远远超过了 TRIMs 规定。MAI 以清单的方式列举了 12 项应禁止的、在投资各个阶段适用的履行要求。这是迄今为止项目最多、范围最广的禁止履行要求的清单，其已将触角伸至服务贸易领域和与贸易无关的领域，例如技术转让。禁止采用的履行要求范围包括以下方面：（1）与贸易有关的投资措施，即当地销售与出口比例（贸易平衡），国内含量，当地购买；（2）技术转让；（3）研究与开发；（4）当地雇佣（国民就业）；（5）股权参与的最低限度或最高限度。上述第 1 项列出的各项内容，因已被 WTO 下的 TRIMs 所禁止，因此即使与鼓励措施相联系，也是禁止的。其余各项履行要求，只有在投资者自愿采取或者与鼓励措施相联系时，才是允许的。

其次，适用范围扩大到投资准入前。投资准入前的履行要求一般包括当地股权要求和产品制造要求。当地股权要求限制了外国投资者在其投资设立的企业中的股权比例，而产品制造要求投资者设立的企业不得生产或者必须生产某种产品，限制了外国投资者的投资领域。准入前的履行要求一定程度上限制了外国投资者的设业权，与发达国家一直倡导的投资自由化相违背，因此 MAI 将禁止履行要求扩大到准入前，限制了东道国管理外资的权力。

再次，立法方法上采取的是"自上而下"的方法。即消除和减少履行要求是一般原则，各国只能通过谈判或依据 MAI 在少数部门或领域实施履行要求。这种不同于 GATs 中的"自下而上"的立法方法，实质上剥夺了东道国是否取消投资限制的主动权。

最后，"冻结"和"回撤"机制。各国除可以保留少数符合 MAI 规则的例外，不得实施新的履行要求，而且各国在加入 MAI 时保留的履行要求今后也必须逐步取消。

各国分歧在于是否应当将履行要求的取消作为绝对义务而不允许有例外。一些国家代表基于对国民待遇与最惠国待遇是相对义务的认识而对上述履行要求的绝对禁止持保留态度。MAI 全面禁止履行要求的规定，严重削弱了发展中国家引导和管理外资使之符合国家经济发展目标的主权，这在现阶段是很难为发展中国家接受。

（三）鼓励措施的规范

各国为吸收外资而出台的各种鼓励措施，实际上构成了对东道国本国企业的歧视，体现了"超国民待遇"。国际上不认为它是对国民待遇的违反，原因在于国民待遇的基本要求是"不低于"给本国企业的待遇，而且给予国民待遇的义务是针对外国人的，而不是本国人（即东道国只应履行给予外国投资者国民待遇的义务）。MAI认为对鼓励措施也应予以规范，但如何规范分歧很大。最终各国达成了初步谅解，将其列入今后拟解决的议程。

（四）征收的扩大解释

这一议题与跨国公司监管直接相关。MAI不会禁止政府实施正常的管制权力，并且这项权力的实施不等同于征收。但按照MAI对征收行为的扩大解释（不仅包括直接征收，也包括间接征收），则凡东道国采取的任何对投资利润产生不利影响的限制性管理措施，都可能被视为间接没收而受到指控。

各方的分歧恰恰在于征收范围的解释是否包括间接征收。支持者认为，扩大解释将会有效地取消东道国政府许多不必要的管制行为。反对者认为，东道国所采取的任何与征收具有相同影响的措施也被解释为间接征收，并给予适当、及时与有效的补偿。这是他们不能接受的。

（五）争端解决的国际化

争端解决条款包括两套具有强制执行力的机制，其一是缔约国与缔约国之间的争端解决；其二是投资者与东道国之间的争端解决。MAI倡导"可适用法律"的多元化，尤其重视以国际法作为"可适用法律"的规定。MAI争端解决机制寻求投资争端的非东道国处理以及投资者拥有不受东道国约束的直接发起国际仲裁的权利，是高度自由化投资规则的体现和保障。

在第一类程序中，解决争端的方式包括磋商、多边磋商、调解、斡旋以及仲裁（包括多数缔约方为申诉方的集体仲裁）。缔约国之间关于MAI的解释或适用的争端用磋商、斡旋和调解的方式解决；缔约国之间关于一方是否违反MAI义务的争端通过仲裁解决。该程序的适用有两个条件，首先，如果一缔约方的投资者已就同一争议提交仲裁的，除非被申请缔约方不履行仲裁裁决或仲裁中止或没有作出裁决，否则该缔约方不应提起该仲裁程序；其次，争议的缔约双方如同时为另一国际组织的缔约方，则申诉方应对采用哪一个组织的争议解决机制做出选择，选择只能进行一次。该程序主要涉及与WTO争端解决机制进行协调的问题，无疑，这里为申诉方提供了选择仲裁机制的权利。

第二类程序，具体规定如下：东道国和投资者之间因前者违反MAI义务给后者或投资带来损失或损害的争端，不能用协商或磋商的解决的，则可由投资者在以下三种方法中选择：提交争端缔约方的法院或行政法庭解决；根据争端产生前双方同意的争端解决程序解决；适用 ICSID 规则、ICSID 附加便利规则、联合国国际贸易法委员会仲裁规则或国际商会仲裁规则之一进行仲裁解决。另外，允许缔约国采用"分岔路"原则（即规定如投资者选择其中一种以后，不得再选择另一种方式），如缔约国对此没有限定，则可由投资者自由变更其选择。引进"投资对国家"程序并将其广泛适用于投资的各阶段和各方面，被视为 MAI 争端解决程序的显著特色。①

各方分歧在于：（1）质疑"第三方国际仲裁的方法"。MAI 谈判过程中，某些谈判方和 NGO 对晚近出现的、诸多投资条约倡导的、运用第三方国际仲裁的方法来解决投资者与东道国之间的投资争议机制提出了质疑：其一，运用这种争端解决方法，外国投资者可以对东道国违反投资条约的行为提请国际仲裁，因而获得了东道国投资者无法享受的特权。其二，这种争端解决方法也会使外国投资者及其律师获取过多的操纵投资政策事项和立法过程的权利。其三，该程序不符合传统国际法的习惯与特征。国际投资实践中大多数国家处理这类争议的做法，仍然是首先在东道国依司法途径解决。只有在遇有司法拒绝时才可诉诸国际仲裁，此即习惯国际法中的"用尽当地救济"原则。（2）常设上诉机构设立问题。有的谈判方建议，创设一个类似于 WTO 上诉机制的投资争端解决机制，以便国家对国家性质的争议和投资者对国家性质的争议最终都可提交一个常设上诉机构裁决。然而，多数谈判方认为上诉机制适用于前一种争议尚具备一定的可行性，适用于后一种争议则会遭遇诸多技术困难。②

（六）简略提及投资者责任

MAI 承认各缔约国有权制定规则对投资者所设的企业进行管辖。在就业、健康、安全、环境、信息披露、劳动标准以及劳资关系等方面，MAI 要求其承担相应的责任。

1998 年 12 月 OECD 制定 MAI 的失败，证明了"在发达国家之间易于达成一项高度自由化的多边投资协议"的观点是谬论，发达国家对"何谓可接受的自由化"投资多边规则尚未达成一致。但作为 MAI 谈判方的发达国家共同的出发点是进一步维护资本输出国及其跨国公司的利益。为达到这个目的，就必须进一步削弱东道国审查、引导和管理外资的权力，以便为外资创造一个更

---

① 刘笋："从 MAI 看综合性国际投资多边立法的困境和出路"，载《中国法学》2001 年第 5 期。

② 丁伟主编：《经济全球化与中国外资立法完善》，法律出版社 2004 年版，第 568 页。

加"良性"的投资环境，让国际资本完全在"市场法则"的引导下自由地动，让所有国际生产要素得以彻底地"合理配置"。这在现阶段是为发展中国家无法接受的。即使在发达国家内部达成了协议，也无法推广至发展中国家。

MAI 谈判期间政治气候变化、谈判的封闭性和谈判存在结构性缺陷等诸多原因导致了 MAI 谈判的流产。联合国贸发会议曾一针见血地指出：MAT 失败一个最重要原因在于，其内容没有准确反映不同国家投资政策的需求，没有适当考虑权利和义务的平衡问题，在追求更大的投资自由化和对投资者更全面和完善的保护的过程中一味忽视东道国利益的做法是不可取的。渐进的投资自由化规则较之那些超前的和无所不包的自由化承诺更易于接受。①

第六节　多边贸易体制下的投资安排

一、国际贸易组织阶段

《哈瓦那宪章》有关投资的条款主要体现在第 3 章（第 8 ~ 15 条），尤其是第 11 条、12 条（国际投资问题）、第 4 章（限制性商业行为的管制）和第 5 章（反托拉斯政策有关条款中。

如果它被批准的话，国际贸易组织将对跨国公司的行为有一定的管辖权。由于美国等主要资本输出国认为宪章过分肯定了发展中国家干预外国直接投资的权力，而对外国直接投资者本身的权利肯定不足，未能平衡各方面的利益，宪章未获批准。即使获得通过，宪章自身关于投资条款的缺陷也使得它很难起到实质性作用。这一缺陷主要体现在：首先，第 11、12 条的非约束性，本质上不能对东道国政府进行强有力的管理。国际贸易组织成员国政府仅仅是将被劝说"适当考虑国外投资中避免歧视的愿望"，而未被要求实施非歧视性政策或国民待遇；对于东道国或母国投资鼓励或履行要求也未制定任何规则；未包含任何约束性程序来仲裁投资者与政府之间的争端。其次，国际贸易组织在管理跨国公司活动方面比管理影响公司的政府行为方面有更多的权力。最后，反托拉斯政策主要目的在于处理国际贸易问题而不是处理国际投资问题。

---

① 张洋、张涛、王玮："从 MAI 看未来多边国际投资立法之动向"，载《山东科技人学学报（社科版）》2004 年第 6 期。

二、关贸总协定临时适用阶段

乌拉圭回合之前，GATT 根本没有涉及国际投资和竞争的问题，历次的谈判大部分都回避这些问题。标志着与贸易有关的投资措施被正式纳入到 GATT 框架之中的事件是，1982 年 GATT 争端解决小组受理了美国和加拿大关于加拿大《外国投资审评法》的争端，从而首开了 GATT 管辖投资措施的先例。[①] 1986 年《埃斯特角宣言》正式授权将与贸易有关的投资措施列为乌拉圭回合谈判的内容。

三、世界贸易组织阶段

WTO 对国际投资领域的协定可以概括为两类——多边协定和诸边协定，多边协定包括《与贸易有关的投资措施协议》（英文缩写 TRIMs）、《服务贸易总协定》（英文缩写 GATs）、《补贴与反补贴措施协议》（英文缩写 SCM）以及《与贸易有关的知识产权协议》（英文缩写 TRIPs），诸边协定主要指 1997 年 12 月 13 日达成的《金融服务协议》，有关货物贸易和服务贸易的投资分别受到上述协定中相应条款的管辖。同时，WTO 的六大核心原则（最惠国待遇原则、国民待遇原则、互惠待遇原则、关税减让原则、取消数量限制原则和透明度原则）对投资领域也同样适用，但有关货物贸易和服务贸易的投资受约束的程度有所不同。这里侧重各个协定谈判过程中所反映的南北分歧性问题，揭示出国际投资问题上达成多边协定目前仍存在的诸多障碍。

（一）《与贸易有关的投资措施协议》

投资问题，涉及的是生产要素运动，同时与自然资源的利用、环境保护、就业和国家的经济安全等问题息息相关，直接影响一国的社会经济发展目标。长期以来，都是通过国家立法和政府规定来引导。投资问题的复杂性远超过贸易问题，而且，国际投资的规则从一开始就深入地闯入国内政策领域，发达国家和发展中国家在此问题上各自利益的尖锐冲突，因此，双方意见截然对立，谈判进行得极为艰难。

谈判的焦点主要集中在：（1）是否有必要制定专门的协议；（2）将"与贸易有关的投资措施"划入投资措施，还是划入边境措施的问题；（3）TRIMs 的定义；（4）TRIMs 的范围；（5）TRIMs 的分组；（6）发展中国家的差别待遇。

---

① 胡峰："从 TRIMS 到 MAI：比较和分析"，载《广西经济管理干部学院学报》2001 年第 1 期。

有关 TRIMs 的范围，争论尤为激烈。由于投资措施种类繁多，各国就某类投资措施对贸易有直接影响、影响程度如何，意见相左。针对关贸总协定贸易谈判委员会提交的 14 项 TRIMs 清单，美国认为所有上述投资激励和经营要求几乎都可对贸易造成扭曲和限制，主张根据自由进入外国市场原则拟定一部全面投资守则，将一切对外国投资进入构成障碍的各国投资政策，均纳入GATT 的法律框架之内，因为这些要求和限制均不利于生产资源的全球最佳配置，即使那些激励投资的措施，也会对贸易流向造成扭曲，甚至引起"补贴贸易"一类情形。日本的方案与美国稍有不同，它主张分两步进行并特别强调规则不仅应约束国家一级（如联邦政府），还应约束地方一级（如美国的"州"），这显然是针对美国而提的。欧共体主张只列入对贸易有明显、直接的扭曲和限制作用的投资措施。北欧国家则认为只有"当地成分"和"出口要求"这两项才属于此类投资措施。

发展中国家认为 TRIMs 不应包括那些并不必然妨碍贸易的投资措施。此外，发展中国家主张投资措施是用来对抗跨国公司限制性商业惯例的，因此，应同时就投资措施和限制性商业惯例展开谈判，遭到了发达国家的反对。

随着谈判的继续，发展中国家一方面迫于经济方面对发达国家依赖，不得不接受发达国家的部分要求，另一方面基于自身既得利益的需要也开始认同规制投资措施的必要性，逐渐以务实的态度来对待谈判。发达国家一方面考虑到发展中国家的坚决态度，要适当尊重发展中国家的感情，反映他们的要求，另一方面也虑及一项过于严厉的协定也可能反过来妨碍发达国家自身在必要时对外国投资采取管制措施，因此也有所妥协，例如规定给予发展中国家一些特殊的优惠待遇和过渡安排。尽管谈判进行得十分艰难，在乌拉圭回合其他大部分协定草案达成后，协定草案终于在 1991 年 1 月 20 日产生了。

TRIMs 第 2 条规定，任何成员方都不得实施与 GATT1994 第 3 条（国民待遇）和第 11 条（普遍取消数量限制）不相符合的"与贸易有关的"投资措施。具体包括五类：其中与国民待遇原则不相符的有当地成分要求和贸易平衡要求；与普遍取消数量限制原则不相符的有通过贸易平衡限制进口、通过限制获得外汇来限制进口和出口限制。

TRIMs 是南北国家妥协的产物，但主要体现了发达国家的意愿，实际上成为限制发展中国家履行要求等投资措施的单方面守则，加剧了国际投资领域的不平衡性。具体体现在：（1）协定仅规范了东道国采取的对贸易产生限制或扭曲作用的投资措施，没有规范投资者母国采取的对贸易有限制或扭曲作用的投资措施；（2）协定仅规范东道国采取的投资措施，没有规范外国投资者尤其是跨国公司采取的各种限制性商业惯例；（3）协定仅适用于货物贸易，对服务贸易不适用。这样在发达国家占据主导地位的服务贸易领域存在的，大量与贸易有关的投资措施受不到约束和限制。

通过使投资问题迂回地在多边贸易体制中得以解决，实现了发达国家无法在多边投资谈判中取得的投资自由化目标，进一步束缚了发展中国家制定符合本国国情的投资措施的权利和外资管辖权的范围。在这种多边立法的过程中，发达国家以贸易实力为筹码，以关税减让和市场准入为诱饵，以跨部门交叉报复为威胁手段，迫使发展中国家让渡更多的外资管辖权。在发达国家不断施压下，TRIMs 可能将更多的投资措施列入禁止的范畴，发展中国家可能处于更加不利的地位。

（二）《与贸易有关的知识产权协议》

国际投资与知识产权有密切联系：首先，知识产权本身作为一种财产权是可以用于投资的；其次，知识产权保护的水平是评价一国投资环境的重要指标；最后，知识产权保护在推动未来高科技直接投资方面具有重要意义。

虽然 TRIPs 不直接对外国直接投资问题构成约束，但该协定有关保护知识产权的最低水平、国内实施程序和国际争端解决的规定等内容，间接影响到吸引外国直接投资的法律环境，因此也构成对国际投资领域的约束。此外，知识产权是出资的一种，保护知识产权实质上也是对投资者的一种保护，因此TRIPs 对于引进技术之投资的影响也是深远的。

TRIPs 同样反映了投资问题上国际社会南北矛盾的尖锐斗争，虽然也考虑到了发展中国家的特殊情况，赋予发展中国家实施协议的过渡期上等优惠待遇，但本质上仍是有利于发达国家利益，倾向于保护知识产权权利所有人的利益。

TRIPs 有利于发达国家的内容，主要体现在：（1）含有对发展中国家和最不发达国家进行适当照顾的条款过于抽象难以具体落实，并未具体解决发展中国家严重经济困难。（2）规定了发展中国家的过渡期安排，但对如何促进发达国家向发展中国家转让技术和提供技术援助只字未提。（3）协议形式上的平等性掩盖不了事实上的不平等。南北国家拥有的知识产权相差悬殊，在经济水平差距悬殊的情况下要求两类国家承担相同的义务，将使发展中国家付出沉重的代价，人为拉大知识经济时代南北差距。

TRIPs 有利于保护知识产权权利所有人利益的内容，主要体现在：（1）协议虽然承认强制许可制度的合法性，却设置了十分苛刻的条件。第31条规定的"未经权利持有人许可的其他使用"，实际上是规定了对权利限制的限制；（2）协议虽然规定了各成员方有权在其国内法中具体规定协议许可的权利滥用的构成条件以及防止或控制权利滥用的行为，但抽象的立法方法未能确立有效控制知识产权权利滥用的国际法规则，不利于全球范围内有效打击权利所有人（跨国公司）的反竞争行为。[①]（3）发展中国家所希望的，协议能够同时成为国际技术转让领域的反不正当竞争法典的良好愿望最终落空。

有学者尖锐地指出，从 TRIPs 具体条文来看，协议序言所规定的目标并没有得到完全公平的体现，协议过分偏重对知识产权的保护而对知识产权拥有者应尽的社会责任没有能够很好地考虑，对发达国家在国际技术贸易中滥用其技术垄断地位和知识产权，几乎没有做出有效约束，实际上是不利于知识产权的传播和全球社会整体发展的。[②] 可见 TRIPs 没有有效地维持发展中国家（技术受方）与跨国公司之间利益的平衡。

（三）《补贴与反补贴协议》

SCM 的规定适用于工业产品，它限制政府实施那些被认为能够造成重大贸易扭曲的补贴。发达成员为了鼓励对本国落后领域的投资，以及发展中成员为了吸引外资而使用的对外国直接投资的激励政策受到该协定的约束。激励措施中凡属于"政府放弃本应征收的税收"的，均纳入补贴范围；金融优惠中凡属于"政府基金的直接拨款或政府担保贷款"也属于补贴的范围；其他优惠包括基础设施补贴、服务补贴等，如果属于"政府提供产品或服务，或者购买产品，或上述两项范围的"均属于补贴的范围，要受到 SCM 的管辖，其内容相当复杂。

SCM 禁止了基于出口实绩和使用本地产品替代进口产品等条件而给予外资企业的补贴；要求对特定外商投资企业的优惠必须以不损害其他成员方利益为限度；要求对于特定区域（如经济特区、高新技术产业开发区等）内外商投资企业的优惠也必须以不损害其他成员方利益为限度等规定对国际投资产生深刻影响。

（四）《服务贸易总协定》

GATs 规范的国际服务贸易包括过境支付，境外消费，商业存在和自然人流动。GATs 所适用的各种国际服务贸易方式中，最重要的是通过"商业存在"所进行的国际服务贸易，而此类国际服务贸易必须通过在外国设立独资、合资企业或分支机构才能开展。因此，"商业存在"既是国际投资在国际服务

---

① 在国际技术贸易和知识产权投资中，发达国家的跨国公司往往利用其自身强大的经济力和谈判实力以及关键技术独的特殊地位，滥用知识产权权利，从事种种限制性商业行为，从而限制竞争和谋求不正当暴利，严重损害了技术接受方和东道国当地投资者利益。

② 刘笋："知识产权保护立法的不足及 TRIPs 协议与国际投资法的关系"，载《政法论坛》2001 年第 2 期。

贸易关系上的具体表现，又是两者的连接点；既是国际服务贸易的工具，也是外国资本直接进入东道国的结果。这种工具性的结果，使得在国际服务贸易的"商业存在"领域，国际投资活动不得不遵循 GATs 的相关普遍性原则和特定性义务，否则无法取得国际资本的有效配置。服务贸易问题包含了服务业的国际投资，这意味着 GATs 的有关原则和规则，适用于成员方影响服务业国际投资的各种措施和立法。

GATs 中涉及的投资多边规范主要包括：（1）总则中的范围与定义；透明度；国民待遇；发展条款、例外和收支平衡保障措施；争端解决的条款；（2）第三部分"具体承诺"：即承诺清单上应允开放的那些服务业上的具体承诺，核心是关于国际私人直接投资进入"国际服务贸易领域"中的"市场准入"问题和"国民待遇"问题。其中，GATs 对于东道国给予外国私人直接投资者及其投资"国民待遇"的规定，是属于"强制性"的；而对于外国私人直接投资进入东道国服务贸易领域"市场准入"的规定，则采取以东道国在其"具体承诺减让表中同意和列明的条款、限制和条件"为前提。

乌拉圭回合谈判中，因害怕服务贸易自由化会对经济主权构成威胁，发展中成员在一开始断然反对将服务贸易纳入谈判议程。贸易自由化的发展使得发展中成员间经济差异逐渐增大，难以形成一个统一的立场。有的发展中成员在谈判过程中态度发生了转变，积极支持服务贸易的谈判，并最终促成了 GATs 的签署。

但是，作为服务贸易中相当重要的一个部分，金融服务贸易的开放尤其是其中涉及国民待遇问题的敏感部分，始终是发展中成员态度游移不定的重要因素。因为外资金融机构的进入会对发展中成员的民族金融业产生一定的影响，这种影响有两个可能：一种是可能加剧竞争，刺激国内金融业的发展，并逐步与国际接轨；另一种是占领国内市场，挤垮民族金融业。发展中成员的民族金融业相对较弱，无法与发达成员的金融机构抗衡，如不保护，必将丧失国内市场。因此，虽然发展中成员对服务贸易自由化的态度和立场与发达成员存在很大的差异。它关注的是对发展中成员有利的特殊保障措施，以及发达成员如何更多地开放劳动密集型服务业市场等发展中成员拥有比较优势的产业。

通过上述四项协定的分析，可见尽管乌拉圭回合协议将许多措施引入国际投资法，这些措施放宽了跨国公司经营环境的限制同时对政府监管跨国公司也有重大影响，但它未建立起一套综合性的跨国公司国际监管体制，现有 WTO 关于投资的规则仍存在相当程度的局限性，更多地反映了发达国家利益。

第十一章　现行跨国公司监管机制的制度性缺陷

第一节　现行跨国公司监管机制之个体缺陷

一、政府监管机制之失灵

跨国公司的政府监管机制也存在着自身难以克服的制度性缺陷。——"孤立的政府监管仅仅是一根根孤立的木条，其对国际经济活动的整体监管效能取决于这些木条中最短的那一根。"[①] 一国政府的力量无法对跨国公司进行有效管制，跨国公司法律管制需要建立在国际合作的基础之上。一般意义上，"市场"自身具有调节功能。但垄断，公共物品，外部效应，不完善的市场，经济周期性，视野局限，通货膨胀和通货紧缩，收入分配不公等诸多因素的影响会导致市场失灵。为了克服"市场失灵"就需要"政府之手"。

（一）政府监管的局限性

跨国公司的投资是基于其对全球利益的综合考虑，但政府监管却局限于其整体性投资的境内部分这种各自独立的单方管制力量确保跨国公司为东道国经济和社会利益最大化服务。这一过程中政府不会考虑对其他国家的影响，

---

① 钟伟："跨国公司发展对国家监管的挑战"，载《科学决策》2001年第 3 期。

结果是发展中国家处于弱势地位①；跨国公司已经形成全球生产、销售和资金调度网络，其海外公司往往是生产或销售中心而不是资金调度中心，使得政府监管很难对海外公司的价格转移进行控制；跨国公司可以最大限度地利用各国和地区在自然资源、劳动力、产业、税收、金融等各方面的差异，达成资源全球优化配置和利润最大化的战略，而政府监管无法适当地处理跨国公司的国际影响。因此将孤立有效的政府监管政策放到经济全球化框架中，则其效能就会大打折扣。

（二）政府监管的冲突性

1. 管辖权冲突的必然性

第一，基于国家管辖权的领域原则和国籍原则，一国可对其领域内的财产、人、行为行使管辖权。而跨国公司具有组织和管理上的国际特质，其行为会影响到两个或两个以上所在国属民或国家的社会经济利益。这使得两个或者两个以上的国家可以对其行使管辖权，形成对跨国公司管辖权的国际冲突。第二，确定公司国籍的标准的不统一。各国确定公司国籍的标准或以形成它的法律作为标准，或它所在地的或领导办公室所在地的法律作为标准，或主要管理地或控制地的法律为标准。有关国家实行不同的确定公司国籍的标准，而又同时要求对该公司进行管辖，则会面临错综复杂的法律冲突，产生多重的管辖。第三，各国同时行使的管辖权种类不同。例如，东道国对其跨国公司的投资所得基于属地管辖权征税，而母国对同一投资者的同一所得基于属人管辖权也要征税。这就产生了两个国家在税收管辖权方面的冲突。上述因素的综合作用使得管辖冲突不可避免。管辖权冲突的实质是权力行使上的冲突。

2. 管辖权冲突的后果

政府管辖权冲突的存在，使得跨国公司经常利用注册的机会逃避一国的管辖。实践中，各国运用"方便管辖"击败或防止利用注册逃避管辖的行为。例如，美国最早确认和加强了美国司法体系跨领土管辖的先例是美国法院 Hartford Insurance Co. V. California（113S. CT. 2891）的判决。该案涉及以伦敦为基地的联合保险公司共谋限制在美国提供的某种保险，特别涉及对污染请求的限制。美国最高法院在该案中确认效果原则对行为的重要性，表明领土主权的模式正在让位于基于效果而不是基于行为发生地的灵活的管辖观念。然而这种基于效果原则的"长臂管辖"的问题也很多。司法实践中，美国反托拉斯法依据效果原则所行使的域外管辖权，与其他国家的涉外民事管辖权发生严重

① See, P. Muchlinski, Multinational Enterprises and the Law, Blackwell pub., 1995, pp. 107 – 108.

冲突，遭到其他国家的强烈反对。许多国家（包括英国、加拿大、瑞典、挪威等国）通过保护性立法来对抗美国的效果管辖权①。可见，单纯地依靠某一国家的政府来监管跨国公司都可能是冲突的和无效的。

（三）政府监管的策略失误性

政府以往对跨国公司的监管是以迫使公司采取一系列新的投资安排和经营结构以满足政府要求为主。但事实证明这种做法使政府的规制成本过高，它往往因跨国公司投资的初始意愿受到伤害而酿成跨国公司要么采取拒绝在政府的控制下投资，要么虽不放弃投资意愿，但采取改变经营形式和经营方式从而达到规避政府控制的结果。无论何种结果都使政府原本能获得的技术、管理知识、商业经验乃至税收等收益因此受到损害。

（四）政府监管的失灵性

根据政府在经济生活中的作用，政府之手可分为：无为之手、扶持之手和掠夺之手。根据斯密的理论，政府应当充当"守夜人"的角色，在有市场这只有效的"看不见的手"的地方，政府干预愈少愈好，发挥的是"无为之手"的作用；如果政府是善意的，为了增加社会福利而行为时，它发挥的是"扶持之手"的作用；但有时政府也有自身利益，并使用强制力来实现，这时政府成为"掠夺之手"，通常体现为政府失灵。

即使是市场经济制度发育完全的国家——美国，它的政府监管仍然不可避免存在一定的"失灵"。美国的市场经济法律制度的基本特征是在传统的以普通法为基础的法律体系之外，还有专门的竞争政策和监管规则，对参与市场交易的所有主体（包括跨国公司）的经济行为实施监管。执行规则的方式上，即有以普通法和法庭为基础通过诉讼方式进行的事后执行方式，也有行业专门的监管机构对市场主体的行为进行事前规范的制度安排。监管机构在美国是具有半立法、半行政、半司法性质的政府的第四个分支。一个有效运作的市场经济必须受到上述不同层次、不同领域的网络制度的约束。② 过去20年以"放松监管"为主的监管改革中，大部分行业基本取消或放松监管，经济性监管范围相对缩小，监管手段更间接的，同时环保、安全等社会性监管得以加强。美国安然公司的迅速崛起和倒塌，作为美国历史上最大的破产案，反映出在政府监管层面的问题，引发了对美国基本的经济制度和法律体系以及企业——市场——政府关系的深入讨论。安然监管问题在于能源监管的缺失、金融衍生品

---

① 徐卉：《涉外民商事诉讼管辖权冲突研究》，中国政法大学出版社2001年版，第243页。

② 高世辑："更自由的市场、更复杂的交易、更严格的规则"，载《比较》第1辑，第106页。

交易的疏忽监管、养老金监管的漏洞以及会计标准和信息披露监管的缺陷。

一定意义上，政府监管是克服市场失灵的有效良药。然而，政府行为本身受到"人类组织"——政府——"人为的"规则和制度结构的影响，以及经济市场和政治市场的并存必然产生的"寻租"现象；信息的不充分；政府的低效能常态等①等原因，不可避免的造成政府失灵问题②。尤其是国家作用的"本质两难"的现实③，使其成为处理政府与公司关系时最棘手的问题。

"市场失灵"本身并非政府监管的充分条件，"政府失灵"反倒有可能是一种成本高昂的替代。政府介入其中造成资源无效配置的市场不乏其例④。政府失灵具体表现为：制度僵化、腐败问题严重、规制成本增加等情形。具体到政府监管跨国公司存在的失灵问题体现为：（1）政府监管的"无效性"：由于监管的方式、层次和预期选择上的不适当，造成的监管无效。例如，东道国有时会迫使跨国公司采取一系列新的投资安排和经营结构以满足其政府要求。但事实证明，这种做法伤害了跨国公司投资的初始意愿，使其要么放弃投资，要么改变经营方式规避监管。无论何种结果都会使政府原本能获得的技术、管理知识、商业经验乃至税收等收益因此受到损害。（2）政府监管的"过度性"：各国政府的"长臂管辖"客观上加剧了国际市场上国家层面的限制性和不正当竞争。

（五）政府监管的竞争性

实证研究表明，资本运作的全球化可能带来的后果之一是：各国的国内法在公司治理的规则方面进行全球性的"优惠竞赛"。这种优惠竞赛一方面会最终损害所有东道国的利益，另一方面也会损害东道国其他商主体的利益。

二、双边监管机制之缺陷

BIT 在处理跨国公司监管方面具有独特的优势，是国际投资领域最重要的国际法形式，也是目前调整两国间私人投资关系最有效的手段。BIT 中最成功的就是对跨国公司的税收进行管理的部分——避免双重征税协定的广泛签署。

---

① 布坎南的公共选择理论对政府失灵的解释。
② 杜文中：《界限经济与市场主体行为》，经济科学出版社 2004 年版，第 2 页。
③ 这一理论最早是由政治学家巴里．温加斯特表述的：国家需要足够强大，才能具有足够的强制力去做它改做的事，即执行合同；但国家又不能过分强大，以至于它不受约束，滥用自己的强制力，任意侵犯公民的财产和权利。
④ ［美］丹尼尔·F. 史普博：《管制与市场》，余晖等译，上海三联书店、上海人民出版社 1999 年版，第 26 页。

（1）调整范围限于两国，能顾及双方的特殊利益，从而有可能在互利基础上谋求协调一致；（2）在国际法上，BIT 对两国均具有法律约束力，有利于东道国各项投资措施的真正落实；（3）对资本输出国而言，代位权的规定是确保其海外投资保险制度效力的可靠手段；（4）与区域性和多边协定相比，BIT 能够更迅速地订立，并能改善双边的经济和外交关系；（5）在一定程度上，BIT 反映了各国期望在一般性的国际投资协定中的利益诉求。

BIT 最大的缺陷在于它是两个缔约国之间的特殊国际法，只能约束缔约双方，而不像一般国际法那样可以对国际社会产生普遍的约束力。正如有的西方学者指出的："事实上，BIT 在确立习惯国际法规则方面并没有做出多大贡献，它们只是有助于确立缔约国之间的某种特别的习惯。"①

BIT 一直是发达国家借以抵消或削弱 20 世纪 70 年代发展中国家通过联合国大会决议确立的一系列关于建立新的国际经济秩序的原则和规则的有力武器。利用双边谈判的方法，发达国家可以回避发展中国家集体力量的锋芒，以便其施展各个击破的策略。通过一个庞大的否定联大决议精神的 BIT 网的建立，从而最终确立有利于发达国家的国际投资法律秩序。②

此外 BIT 在监管跨国公司问题上还存在内容有限、用语抽象、缺乏稳定性、统一性和保障性、谈判艰苦和义务失衡等众多缺陷。

（1）内容有限：传统的美国式双边投资保证协定主要围绕代位追偿等问题展开，基本上是国内投资担保制度的延伸。欧式双边促进与保护投资协定内容要广一些，但也只是主要涉及投资安全和投资待遇问题。内容主要集中在投资者的权利和东道国的义务方面，很少涉及母国及投资者的义务以及东道国的权利。而且发展中国家关心的跨国公司管制问题、环境保护问题、人权问题等也很少提及。（2）用语抽象：在有关条款的订立及解释上，由于利益不同，各国往往各执一词，无法统一，导致双边协定用语一般化、抽象化。（3）缺乏稳定性：各国"一般不把这些贸易协定当作正规国际义务的那种严格承诺来看待，协定的脆弱性排除了任何稳定性"。③由于任何条款既不可能完全考虑到将来可能发生的一切具体情况，又不可能具备约束一国未来立法的绝对效力，协定不能从根本上绝对保证投资环境的稳定性。（4）缺乏统一性：虽然

① Bernard Kishoiyian: "The Utility of Bilateral Investment Treaties in the Formulation of Customary International Law", *Northwestern Journal of International Law and Business*, 14 (1994), 374.

② Andrew T. Guzman, "Why LDCs Sign Treaties That Hurt Them: Explaining the Popularity of Bilateral Investment Treaties", *Virginia Journal of International Law*, 38 (1998), 654.

③ R. E. Huder, "The GATT legal system: a diplomat's jurisprudence", *Journal of world trade*, 4 (1970), 617. 转引自肖北庚：《政府采购之国际规制》，法律出版社 2005 年版，第 86 页。

BIT 的核心内容大体相同，但由于缔约国经济利益的差异及谈判实力的不同，导致具体确立的权利义务标准参差不齐，因而无法认定它们包含着相同的内在逻辑，增加了投资者的调查成本也增加了缔约国的管理成本。（5）缺乏保障性：目前的 BIT 虽然也设立了一些争端解决机制，但显然远不如多边的机制更有保障；（6）谈判艰苦，成本高昂：一方面，单纯两国之间的谈判，由于双方利益不同，难以达成。另一方面，以扩展现有双边协定的方式为日益增长的经济全球化提供必要的法律框架，也是一种昂贵且无效的方式。理论上，投资政策协调可以通过一个大的 BIT 网络来实现，但如果世界上每对国家签订 BIT 的话，则这种协定的数量将超过 7000 个①（7）不平等性或称为义务失衡性：BIT 大多对东道国施加了义务却很少提及母国义务，母国仅有放弃外交保护的义务。由于发展中国家流向发达国家的投资比例较少，现行 BIT 事实上是单线型的投资协定②。尤其是美式 BIT 更因自由化程度过高，严重削弱东道国管辖权因而至今进展缓慢。BIT 侧重于保护投资者的利益，而忽视东道国的权力，导致公私利益严重失衡。

BIT 已被证明存在如此多的不确定性和矛盾，在飞速缔结中存在如此多的变动和不一致，其实践在不同情形下又受到诸多的政治利益左右，很难从中洞察一些稳定的和统一的规范国际投资的习惯规则，因此不能认为形成了投资领域内的"国际习惯法"。③ BIT 充其量是权宜之计，其对国际投资法的影响极为有限，发达国家与发展中国家的利益冲突并非双边协定能够协调，对跨国公司的监管还须探讨更有效的方式。

三、区域监管机制之缺陷

区域一体化，尤其是区域经济一体化，是进入 21 世纪以来最为炙热的话语。为实现区域整体目标，区域性国际组织根据成员国的授权拥有了一部分监管跨国公司的职能。

但区域监管机制仍然不是有效监管跨国公司的理想选择。首先，区域监管机制中关于专门规范跨国公司行为的区域安排还甚为少见④。这与跨国公司的蓬勃发展是极不相称的。其次，影响范围的局限性。虽然它在协调区域内国家

---

① ［美］爱德华·M. 格莱汉姆：《全球性公司与各国政府》，胡江云等译，北京出版社 2000 年版，第 99 页。

② 丁伟主编：《经济全球化与中国外资立法完善》，法律出版社 2004 年版，第 89 页。

③ Bernard Kishoiyian："The Utility of Bilateral Investment Treaties in the Formulation of Customary International Law", *Northwestern Journal of International Law and Business*, 14（1994），372.

④ 王贵国：《国际投资法》，北京大学出版社 2001 年版，第 281 页。

的监管方面起到了一定的作用，但因为每个区域安排只涉及跨国公司经营所在国的一部分，涵盖的地理范围和缔约国数量有限，影响范围有限。有的还具有很强的排他性，因而也存在一定的局限性。再次，现有的区域投资安排之间存在很大的差异和彼此冲突的可能性，增加了投资者的调查成本和守法成本，同时也增加了缔约国的管理成本和无序竞争。此外，缺乏系统性的区域投资协定增加了国际投资规则体系的复杂性。最后，从某种意义上来说，区域主义是对多边主义国际法律制度的一种侵蚀。区域化部分地阻碍了全球化的进程。一定程度上，投资国际法制的相对薄弱是区域化加强的结果。随着区域化实力的不断增强，就会形成不同的强有力的区域利益群体，加之很多区域协定的排他性，不利于国际投资的多边协调。区域一体化并没有消除以国家为本位的保护主义思想，只是在一定程度上协调了区域内国家的步调。这种扩展了的国家界限仍然与世界经济一体化存在深刻的矛盾。它只能解决狭隘问题，而更全球性的安排可能避免此类问题（如在此协议下决定哪些实体有资格获得利益和哪些实体不能获得利益的规则，包括自由贸易区普遍存在的"原始规则"）。[1]

四、多边监管机制之缺陷

与双边和区域协定相比，多边协定是更优的选择，但它对现有的投资安排不是取代而是补充。[2] 理想状态国际社会对跨国公司的直接管制措施应更多地体现为多边投资协定。因为多边投资协定将会更有效、更稳定、更具有可预见性、更能确保贸易和投资纪律之间的连贯性，并能反映国际投资关系中的非歧视性原则和易于投资者遵循。

但多边监管也存在制度性缺陷。具体体现在以下几方面：

第一，多边监管的范围有限。跨国公司多边监管机制虽然是一种有效率的选择，但由于各国根本利益不一致，国际社会对建立国际投资法典提出的种种方案都相继流产，始终无法达成一项统一的多边投资协议。已经达成的多边文件在范围和主题事项上都是专业性的。[3] 这体现了现行多边监管机制范围上的不足。

第二，多边监管的效力基础薄弱。多边监管机制的基础是国家之间的同意，而这种同意的基础是薄弱的。申言之，国家参加一项国际条约的目的是为

① ［美］爱德华·M. 格莱汉姆：《全球性公司与各国政府》，胡江云等译，北京出版社 2000年版，第 133 页。

② 盛斌：《WTO 与多边投资协议》，天津大学出版社 2003 年版，第 141 页。

③ 余劲松主编：《国际经济法问题专论》，武汉大学出版社 2003 年版，第 51 页。

了自身的国家利益。一旦国际条约带来的利益大于了它需支付的成本，国家往往选择退出，而且一般的国际条约都有许多例外和免责条款，这也减损了条约的拘束力。

第三，多边监管规则的不平衡性。现行的国际条约偏重于对政府监管行为的规制，而缺失规制跨国公司行为。产生这种现象的原因有三：其一，长期以来，国际社会"强国制定规则，弱国服从规则"强权政治的影响。其二，全球化条件下跨国公司成为世界规则的潜在控制者，其垄断或相对垄断了世界规则制定权，左右世界规则的变迁方向，总是使制度变迁朝着对其有利而可能损伤东道国利益的方向发展，导致世界规则非平衡。[①] 其三，国际规制适用方式的采用与国际规制对国家主权的影响成正相关。国际规制中规则适用的方式通常有三种，所规制的法律适用于政府行为、适用于一般义务、适用于私人企业和个人的行为。国际规制如对主权影响不大时，可以直接适用私人和企业行为；国际规制可能与国家的管理活动有关但这种管理并不直接影响经济主权原则行使时，可以直接适用于政府行为；而国际规制可能直接影响经济主权时，更多地采用适用一般义务的方式。对跨国公司的国际监管既涉及国家的管理活动又对一国行使国家经济主权可能产生直接影响。这决定了跨国公司的多边监管机制更多地采取直接适用政府行为和适用一般义务两种方式，较少地直接适用跨国公司行为的方式。

第四，多边监管机制的合法性问题。长期以来国际秩序一直为传统的"威斯特伐利亚"民族国家和政府间国际组织主宰，相应的国际经济事务谈判也为国家所垄断，非政府组织和其他主体被排斥在外。全球大转型使得国家和制定和实施的"游戏规则"越来越难以应付全球化带来的诸多问题。国际经济法的议程设定、决策和实施过程中，主要问题在于缺少民主参与和公众介入。当今国际经济法在信息准入、制度生成、实施以及权利救济和争端解决过程的各个环节和程序中对各种利害相关者呈现的信息封闭性、决策内部化、垄断性、救济有限性等各种"民主赤字"。[②] 基于国家中心主义理念的民主缺失，是多边监管机制的根本缺陷。

[①]　崔健：《外国直接投资与发展中国家经济安全》，中国社会科学出版社2004年版，第75页。

[②]　王彦志："非政府组织的兴起与国际经济法的合法性危机"，载《中国国际法学精萃》2003卷，第280页。

第二节 国际投资多边统一法制之困

现行体系下，建立一个类似于管理国际贸易的全球组织——世界贸易组织同样功能的、管理国际投资的组织，或者扩大 WTO 的管辖范围使之能够监管全球贸易和投资，或是重启多边投资协议的谈判，理论和实践上都不可行。因为投资与贸易不同，牵涉更多的国家主权，国家之间的利益不易调和，投资问题上南北分歧和南南矛盾很大，致使跨国公司的统一多边监管机制举步维艰。

一、监管机构选择上的分歧

就跨国公司多边监管机构的选择问题，各方的意见分歧也很严重。目前有四个方案：经济合作组织；一个处理投资问题的全新的国际组织；联合国贸易发展委员会；世界贸易组织。

（一）经济合作与发展组织

发达国家倾向于由 OECD 担任跨国公司的全球管理机构。OECD 的优势在于它能摆脱 WTO "关于所有问题必须与贸易明确相关"的限制①；OECD 成员经济发展水平相近，对于国际投资规则的理解理论上更容易达成一致。但作为发达国家的俱乐部，OECD 明显偏袒跨国公司的利益，缺乏对东道国管制跨国公司投资权的起码尊重。选择其作为跨国公司全球管理机构必将遭到发展中国家的反对。

（二）全新的国际投资组织

跨国公司"企业界限经济"中，跨国公司间妥协的结果在外部产生优势互补的企业战略联盟。企业战略联盟全球性的组织结果完全可能是最终发展出跨国公司间的"世界直接投资组织"或称为"全球性直接投资组织"。基于公司自治性特征，"世界直接投资组织"作为跨国公司全球管理机构更能体现跨国公司的利益，易为跨国公司接受。但有"工业主权"抗衡"国家权力"之嫌，必然不易为主权国家所接受。

（三）联合国贸易发展委员会

发展中国家倾向于在联合国贸发会议的主持下进行谈判。1964 年联合国贸易和发展会议作为联合国的常设机构成立以来，广大发展中国家作为新崛起

---

① ［美］爱德华·M. 格莱汉姆：《全球性公司与各国政府》，胡江云等译，北京出版社 2000 年版，第 120 页。

的力量登上国际经济舞台。UNCTAD 有部门长期专门研讨 FDI 和 TNC 问题，曾经起草过有关的 UN 决议，出版权威性的"跨国公司"季刊、年度"世界投资报告"、"贸易与发展报告"和"最不发达国家报告"。UNCTAD 主持谈判有一定的发展背景，容易体现发展要求。① 但长期以来遭到发达国家的抵制，未能充分发挥作用。

（四）世界贸易组织

WTO 框架下进行投资问题的谈判也许是目前看来，最有可能完成的投资协定。世界贸易组织作为跨国公司全球管理机构的优势在于以下几方面：（1）实质性的论据在于贸易及投资政策问题是相互连接不可分开的。②（2）制度上的论据：WTO 是一个成员广泛的全球性国际经济组织，其成员已经涵盖世界上绝大多数国家，如果投资议题被纳入该组织体制，其涵盖范围之广是任何其他组织协议不能企及的。实践中，乌拉圭回合谈判达成的与贸易有关的投资规则，现阶段已得到最广泛的适用。（3）辐射效应：关贸总协定的经验表明，在一个世界性的经济组织内部，通过部分成员签署的协议具有辐射效应。例如东京回合谈判的关于政府采购的协议，最终在乌拉圭回合扩展到整个世界贸易组织成员国。（4）一揽子协议：乌拉圭回合的实践表明，同集中在比较狭窄领域的对话相比，更多领域对话的齐头并进更有可能成功。作为跨国公司母国的发达国家和作为东道国的发展中国家比较优势各不相同，为了各自利益的平衡，一揽子协议的形式更易接受。（5）政治上的可能性：世界性投资自由化趋势影响下，不愿采纳投资协议的国家逐渐减少，达成一个实体性投资协议政治上具有可行性。（6）程序上的保障：凭借 WTO 强有力的争端解决机制（包括其中的"交叉报复"手段）可以有效地保障多边投资协定下实体权利的实现。（7）组织上的保障：WTO 作为一个常设的多边贸易以及与贸易有关的议题的谈判场所，可被用以连续发动有关投资议题的谈判。（8）成员主导性优势：WTO 秘书处有限的决策权，保证了 WTO 的运作是各成员自己来推动的。即便是那些在 WTO 处于较边缘地位的发展中国家也承认，这是 WTO 与国际货币基金组织、世界银行相比的一个鲜明区别和优点。此外，协商一致的决策方式也体现了一定程度的民主和平等。

WTO 作为跨国公司监管国际机构的劣势在于发达成员和发展中成员权利

---

① 沈伯明："多边投资协议谈判和发展中国家的对策"，载《国际经贸探索》1999 年第 5 期。

② ［美］爱德华·M. 格莱汉姆：《全球性公司与各国政府》，胡江云等译，北京出版社 2000 年版，第 117 页。

并不对称，义务并不平衡，收益并不平等，逐步凸显了 WTO 内部的矛盾和冲突。

1. WTO 立法体制的缺陷

由 140 多个成员国组成的世贸组织，没有一个超然于各成员国之上的立法机构和决策机构，立法和重大决策采取由各成员国协商，并通过双边或多边谈判达成一致。而 100 多个成员方经过磋商达成一致，虽然民主却非易事，难有效率。在成员多、议题多，又存在重大分歧的情况下，这种以谈判为基础的多边磋商立法机制很难发挥作用。

2. WTO 权限的制约

世贸组织自身的程序阻止其成为管理跨国公司和直接投资的权威机构。任何多边投资协议必然超过目前世贸组织权限，不限于与贸易有关的投资范围。根据最初的谈判授权，世贸组织有关的投资措施都应与贸易有关，否则不管其多么贴切或迫切，都不可能被考虑。

新加坡宣言中限定贸易与投资工作组的权限仅限于研究讨论贸易与投资的关系，任何关于投资规则的谈判只有在成员启动谈判模式达成一致的情况下才能进行。WTO "一揽子接受" 方式决定了就多边投资计划在启动问题上的先天不足，从一个侧面反映出 WTO 成员内部对投资问题进行国际规制的分歧。

3. WTO 存在法律对称与经济不对称的矛盾

WTO 的基本原则是公平、透明和平等，提倡公平竞争。但由于经济实力的不同，造成了实际的谈判过程如果不能适当照顾发展中国家利益而一味强调公平竞争的话，势必导致经济实力强的成员能够获得更大的好处，人为地扩大发达成员与发展中成员的经济差距，从而造成事实上的不平等。

4. 大国影响力的负面作用

WTO 的表决机制虽是一成员一票，但大国尤其是美国的影响力不可低估。WTO 作为 "富人俱乐部" 的特征并未因发展中成员在坎昆会议上的联合而动摇。美国、欧盟始终是多边谈判的主导者和推动者。由于接连受到 9.11 事件、安然、安达信、世通、施乐事件以及伊拉克战争的影响，目前美国对多边投资框架的建立缺乏 "兴奋点"，甚至故意拖延谈判的进程。

5. 非政府组织反全球化运动的负面影响

1998 年以来，非政府组织的反全球化运动愈演愈烈，其规模和影响达到了世界性的程度。非政府组织认为全球化和 WTO 走得太远了，如果听任 WTO 关于投资问题的议程继续发展，那么跨国公司最终将统治世界，而东道国在与跨国公司的谈判中将处于不利的地位。这是对 WTO 多边投资框架的建立非常不利的因素。

6. "成员主导"性质对各成员的参与能力提出了更大的挑战

WTO 本质上仍有"成员主导"性质，它仅仅是负责提供一个为其成员间的贸易与投资关系服务的"论坛"或"共同机构框架"。这种"成员主导"的性质和秘书处较小的规模以及制定、执行政策上权力的限制，也意味着研究和派遣代表的费用必须由各成员自己来承担，能够从该组织获得的"技术援助"较为有限。其结果是，WTO 之外的实力不均往往在 WTO 的"谈判政治"中得到直接反映。最强大的成员拥有最好的资源并有能力通过谈判得到它们想要的结果；对于那些相对弱小的国家来说，它们面临的问题是财政和人力资源（特别是派驻 WTO 的代表）能否满足其有效地参与 WTO 各种活动的追求，并通过 WTO 使其利益和要求得到满足。显然，在 WTO 的管辖范围不断扩大的今天，更是如此。

7. 对主权的侵蚀

世界绝大多数国家目前都是世界贸易组织成员国的事实既是有益的又是有缺陷的。[1] WTO 作为一个拥有伸缩不定的管辖权，并能对其判断强加于监管政策之实质内容的国际贸易组织，更有可能对主权加以侵蚀。[2] WTO 的谈判议题越来越涉及各国传统的主权管辖领域——投资问题，涉及发达成员与发展中成员利益直接冲突的事项，不断逼近各成员经济与立法管理的核心等根本的制度性问题。今后 WTO 谈判每向前迈进一步，都将遭遇到前所未有的阻力，并付出更大的自由化成本。

8. 协商一致程序的缺陷

协商一致的表决程序体现了形式上的平等与实质上的寡头专制。这种协商一致产生一种"组织化的虚伪"。为了使 WTO 的谈判结果取得合法性，主权平等和协商一致的程序假象成为了针对各国民众的"表演"。实质上，大国借助协商一致获得"看不见的加权"，并在不同程度上主导着 WTO 的议程制定和谈判结果。[3] 利用"一揽子协议"的谈判方式，发达国家可能达到将多边投资协定议题"搭售"给广大发展中国家的目的。这种形式上高度民主和平等的协商一致决策程序，在大小国家主权平等的表面现象之下，掩盖着各国在参与决策和谈判方面巨大的不平等。所有成员在协商一致规则下集体参加决策，

---

[1] ［美］爱德华·M. 格莱汉姆：《全球性公司与各国政府》，胡江云等译，北京出版社 2000 年版，第 118 页。

[2] ［美］John O. Mcginnis, Mark L. Moveseian：《世界贸易宪法》，张保生、满云龙译，中国人民大学出版社 2004 年版，第 31 页。

[3] 黄志雄：《WTO 体制内的发展问题与国际发展法研究》，武汉大学出版社 2005 年版，第 125 页。

并不等于平等参与或平等获益；WTO 中通过谈判达成协商一致关键靠谈判实力而不是数量优势。

二、新加坡议题中启动投资问题的分歧

WTO 有关投资事项的讨论集中于服务贸易委员会、TRIMS 委员会和贸易与投资关系小组。1996 年 12 月在新加坡举行的 WTO 第一次部长会议授权成立"贸易与投资关系"工作组，对多边投资政策进行研究。2001 年 11 月，在多哈回合召开的 WTO 第四次部长会议又议定由下一届部长会议决定是否发动新加坡投资议题的谈判。

"新加坡议题"包括投资、竞争、贸易便利化和政府采购透明度。该议题投资的关键之处就是允许跨国公司自由地在其他国家投资设厂，如果遭到拒绝，企业可以起诉东道国政府。新加坡议题是否启动，各国矛盾异常尖锐，而且并不完全分化为发展中成员和发达成员。发达成员中支持启动的一方是欧盟和日本等，他们认为这些领域对于贸易自由化至关重要。而美国则不急于在投资和竞争领域达成某一公约。大多数发展中成员则反对在任何限制资本输入国政府对外国直接投资采取措施的协定中做出承诺。一些发展中成员，认为他们目前缺乏技术和人才，无力在投资领域实现自由化、透明化和便利化。而拉丁美洲一些发展中成员则希望如此。[①] 此外，一些反全球化人士认为这将使得成员政府无力阻止跨国公司侵入本国，挤垮民族企业。因此，也极力反对新加坡议题的启动。

欧盟、日本等发达国家作为支持者的理由：第一，现有的国际直接投资立法的局限性。现有的投资立法多属于双边或区域性，不能达到全球资源配置的最优化。第二，国际直接投资自由化的发展，客观需要统一的国际投资法典。第三，TRIMs 协议过于简约和原则性，不能为国际性投资提供一个规范、透明和统一的环境。第四，WTO 框架带有强制执行力的争端解决机制为多边投资协定的执行提供了保证。第五，贸易与投资的密切关系，使得 WTO 框架下制定统一的多边投资协议有助于协调现有协议。

印度、巴基斯坦、肯尼亚等国家反对的理由在于：第一，现存的各种 BIT 就可以很好地解决投资方面的问题，没有必要制定多边协定。对发展中成员来说，多边协定还不如国内政策来得更直接和有效。第二，质疑多边投资协定给外资以及经济发展带来的积极影响，认为制定新的多边投资协定并不能确保流入发展中成员的外资会增加。相反范围如此广泛，涉及众多成员的 WTO 框架

---

① 刘光溪主编：《坎昆会议与 WTO 首轮谈判》，上海人民出版社 2004 年版，第 22 页。

内的多边投资协定会进一步削弱国家主权，限制发展中国家政府对投资的管理和促进能力。多边安排中的制裁如交叉报复，比之在双边或区域安排中可能更有害。第三，WTO 的宗旨是促进贸易自由化，对于发展目标的关注不足，更少考虑不同发展水平成员之间的差异。第四，多边投资框架要求东道国承诺并履行对外国投资者的国民待遇义务，这将与发展中成员为保证本国经济发展目标的外资干预政策发生矛盾，从而减少发展中成员灵活选择国内政策的自由空间。

一些拉美国家，作为议题的发展中国家成员中的支持者认为：（1）许多发展中成员已在有关国际投资的双边和区域安排中对发达成员作了很大的让步，如果在 WTO 体制内就国际投资规则进行多边谈判，发展中成员就可以采取共同立场，从而加强谈判地位，况且多边投资协定较之非多边安排成本要低。（2）发展中成员竞相给予外资优惠措施的竞争将在多边框架内受到规范。（3）从国内角度来说，多边谈判将受到更多关注，因此国内法规的透明度会得到加强。（4）如果适用统一的争端解决机制，多边投资协定更可能受到有关规定的审查。因此在所有 WTO 成员间实施一个综合的和统一的投资规则，将为企业在全球市场上的经营提供一个稳定、透明和一致的环境。

三、坎昆会议上的分歧

2003 年 9 月，WTO 第五次部长会议在墨西哥的坎昆举行。由于南北双方就农业补贴和新加坡议题等存在重大分歧，会议无果而终。作为新加坡议题之一的多边投资协定谈判，在近期内显然将无法启动，使得继 1998 年经合组织关于《多边投资协议》（MAI）谈判失败后，国际社会制定多边投资协定的努力再遭挫折。但坎昆会议上出现的最大特点就是"穷国"首次联合向"富国"抗争，可以视为全球多边谈判中的"转折点"，标志着发展中成员在 WTO 中的地位进一步提升。①

（一）多哈部长会议宣言七个议题上的分歧

2001 年《多哈部长会议宣言》（其中第 20 条至第 24 条是有关贸易和投资关系）第 22 条列出了可能启动的谈判将会讨论的部分议题：范围和定义；透明度；非歧视；以 GATs 类型为基础的预设承诺模式（肯定列举式）；发展条款；例外与支付均衡保障；成员间磋商和争端解决。坎昆会议上，各方成员之间就这七个议题上分歧严重。

---

① 包括中国、巴西、埃及和印度等国在内的"21 国集团"；非洲、加勒比和太平洋地区集团。

（1）投资范围与定义。争论焦点在于"投资"的定义是否应该局限于直接投资。观点有四类：一是以企业为基础的定义，仅限于外国直接投资，即投资是指对企业有控制利益的投资；二是以财产为基础的定义，涵盖间接投资；三是折衷观点，即区分准入前后阶段分别适用狭义和广义定义；四是反对过早定义，提议保持定义的灵活性。（2）透明度。透明度主要涉及以下几个焦点问题，一是透明度义务的范围和程度问题。在有关公告、通知和行政程序透明度义务具体问题上存在争议；二是投资者和投资者母国的透明度义务问题；三是管理成本和负担问题；四是提高透明度的方式。中国香港建议利用网络来提高透明度，此主张得到了很多成员的赞同。[①] 美国主张通过设立面向投资者的政府咨询机构以提高投资规定的透明度，也得到一定的支持。（3）非歧视。集中于是否将国民待遇适用于开业前的问题。晚近发达国家极力弱化发展中东道国外资管辖权，表现在双边协定和多边协定中力图使国民待遇原则适用于开业前，但一直遭到发展中国家的抵制。南北在这一问题的分歧在谈判中表现得非常显著。（4）承诺模式。集中于 GATs 类型的预先制定的肯定式清单方法的承诺模式，是否适用于投资前阶段。（5）发展模式。发展模式作为水平议题涉及其他所有议题。各成员方以下问题上存在争议：如何给予发展中国家成员以灵活性和优惠待遇；是否应有充足的弹性以便发展中成员能引导外国直接投资投向有利于其发展的部门和地区；如何提供包括政策分析、人力资源能力建设和结构能力建设方面的技术援助等。（6）例外与支付均衡保障。分歧在于：怎样提供例外和怎样在特殊情形下暂时对条约责任进行减免；东道国面临国际收支问题时的例外；依据 TRIMs 的例外模式并考虑 GATT 相似条款。（7）成员间磋商和争端解决。争议集中于：是否使用 WTO 争端解决机制问题；机制的适用范围；是否有约束力；机制的适用对象等问题。

（二）个别国家提出的新议题的争议

（1）是否将投资激励和更多的履行要求纳入 TRIMs 协定加以禁止。在这个问题上，发达成员和发展中成员形成了两大阵营：发达成员大多支持将投资激励和更多的履行要求纳入 TRIMs 协定所禁止的范围，而发展中成员则基本上对此持反对意见（墨西哥除外）。

（2）是否补充竞争政策条款。大部分成员对补充竞争政策条款表示支持，只有东盟、印度和非洲集团持保留态度。支持者中，只有欧盟主张取消外资审

---

① 如果中国香港的提议被采纳的话，由于发达成员和发展中成员在经济发展水平和信息技术上的巨大差距，将使得技术援助成为本议题谈判中必不可少的重要组成部分。

查制度，其他成员均表示反对。由于欧盟自身的谈判实力尚不足以同其他所有成员相抗衡，故欧盟提议被采纳的可能性很小。由于谈判的天平明显地向支持者一方倾斜，故最后的结果可能就是将竞争政策条款纳入 TRIMs 协定，同时保留各成员的外资审查制度。

（3）是否纳入更多的投资保障条款。发达成员比较强调保障投资者的利益，而发展中成员则比较强调保障东道国的利益。由于投资保障条款是用来保护外国投资者利益的，因而发展中成员对此并不是很热衷。在此问题上最为积极的是中国香港。中国香港建议将 GATs 的投资保障条款予以扩大和改进，使其能适用于各种类型的对外直接投资。

（4）是否将投资政策纳入谈判议程问题。发展中成员坚决反对将投资政策纳入谈判议程，它们认为，投资政策的受益者是跨国公司，在全球大多数跨国公司被发达国家所掌握的情况下，投资政策的谈判只能对发达成员有利。正像知识产权保护实际上是保护跨国公司特权一样，投资政策是保护了发达成员跨国公司的利益，而损害了广大发展中成员的利益，侵犯了发展中成员的经济主权。

（5）是否纳入投资者和母国政府的义务。中国、古巴、印度、肯尼亚、巴基斯坦和津巴布韦共同提交这方面的建议。他们要求对投资者和母国的义务给予更多关注，提议建立关于企业行为和投资输出国义务的国际规则。

全球直接投资的增长，使得一些公司拥有了"与东道国讨价还价的能力和地位"，也能够"规避东道国政府实施的金融限制"，因此需要协调各国外国投资的监管规则。而目前十分缺乏可执行的跨国公司行为规则。主要应在限制性商业惯例、技术转让、国际收支平衡、所有权及控制权、消费者保护及环境保护，以及会计信息披露等领域内草拟投资者义务。而投资母国的政策可以影响其跨国公司行为，所以，投资输出国政府在保证跨国公司对其行为负有责任方面负有不可推卸的义务。

反对者的观点认为：第一，确保企业对其行为负责，更好的办法是依赖于东道国的国内法规，以非法律规制及其他投资者自愿的主动行为为补充。此外，除了政府和企业，股票持有者和非政府组织对确保公司职责规范的遵守也起到重要作用。第二，该问题不属于《多哈宣言》第22段的内容，甚至不包括在 WTO 范围之内。WTO 规则对私人商业活动并无直接影响，规制投资者义务与 WTO 不可用于私人行为，以及不应要求母国承担跨国公司在他国投资行为的义务的观点相矛盾。

（6）激励竞赛问题、公平和公正待遇问题。这两个议题并未包括在《多哈宣言》中，但已有成员就此提出了建议。

（7）复边协定的方式推动投资议题的谈判。多哈回合的后续谈判中，欧盟提出了以复边协定的方式推动投资议题谈判的主张，得到美国、日本、韩国以及哥斯达里加等国的响应。然而包括中国在内的绝大多数发展中国家以及加拿大、新西兰等一些发达成员，则对此表示强烈的反对。反对的主要理由是：在范围有限的 WTO 成员之间谈判达成一个有关投资议题的复边协定，诚然比较容易。然则，这将破坏 WTO 法律体制的多边性，实乃一种"开倒车"的行为。此外，历史经验表明，WTO 框架内的复边协定只是一种过渡性质的条约形式，其后终将"升格"为多边协议。这就意味着先前选择不参加复边协定谈判的发展中成员，最终将不得不接受由当年自己未曾参加谈判的复边协定转化而来的多边投资协定。而且，复边协定名义上听凭 WTO 各成员自愿选择参加，实际上发达成员会"软硬兼施"，迫使发展中成员接受，使之不断地朝着多边化的方向发展。最重要的是复边协定的出现会造成发展中成员集团对待投资议题立场的分化。加入该协定的那些发展中成员有可能会获得吸引外资的"比较法律优势"，迫使其余的发展中成员不得不考虑参加这样的协定。

各成员方部长们就多边投资框架的建立达成一致意见，同意第五次部长级会议以后开始相关谈判，但实际上只是将实质性的矛盾搁置而已。时至今日，多哈回合谈判仍处于困境之中。[①]

可见，现有的多边规则偏重于对政府监管行为的规制，而对跨国公司行为直接规制的规则缺失；现有的多边规则存在立法表现形式多样，立法效力弱的特点；现有的多边规则之间充满了矛盾，甚至是激烈对抗的理念，尤其是代表了发达国家和发展中国家的价值取向的文件更是如此。这种状态势必将妨碍法律框架的内部协调和统一，也将大大延缓统一国际法制构建的进程。

由于投资本身较之贸易牵涉更多国家主权，而且多边协定的制定过程中，缔约国主权让渡较之双边和区域协定更为明显，各国国家利益难以协调，代表跨国公司利益的工业化国家和作为东道国的发展中国家对投资问题长期以来存在严重分歧。这使得长期以来跨国公司监管方面的统一的全球性实体条约难以达成。甚至在谈判机构的选择、是否启动谈判、谈判的模式问题上也意见相左。

---

① 张帆："国际公共产品理论视角下的多哈回合困境与 WTO 的未来"，载《上海对外经贸大学学报》2017 年第 4 期。

第三节　现行跨国公司监管机制之整体性缺陷

国家政策和管理制度无法适当处理跨国公司活动的国际影响，双边条约通常不规定这些公司的行为准则，区域文件只能适用于区域范围，在多边一级，已制定文件在范围和主题事项上都是专业性的[①]。早在 20 世纪 80 年代初，就有迹象显示包括联合国和 OECD 都已经开始在制定国际规则这一方面进行尝试，然而这些动议似乎进展不大，结果是关于公司集团的法律规定仍然限于某一特定的国家（如德国）之内。

一、碎片化

据联合国贸发会议 2005 年 9 月 8 日在厦门发布的《国际投资协定近期发展动向分析》显示，近年来，国际投资协定迅猛发展，全球范围内平均每周就有 3 个以上的国际投资协议诞生。目前全球共有 5 100 多个与投资有关的国际协定，形成了一个多层次、多方位的国际投资体系。双边、次区域、区域以及多边国际投资协定近年来迅猛发展，目前国际上还有大量国际投资协定正处在谈判或重新谈判阶段，未来国际投资协定还会显著增加。

现有跨国公司法律框架的多层次发展，体现在立法参与者众多、文件效力复杂、文件形式多样和相互冲突。多层次发展虽然为制度内容的充实和丰富提供了更多机会，但也成为国际统一法制的障碍。一国参加包含不同标准和准则的各种层次投资协议，会给进行全球性经营的跨国公司带来困惑，也不利于各国政府管制政策的协调和执行。正如台湾学者所言，各种投资协议内容彼此重叠，充满复杂性、甚至部分带有保护色彩，将造成意大利碗面效果，进而侵蚀多边贸易的效果与功能。[②]

（1）立法参与者众多：现行跨国公司监管机制的立法者既有主权国家，还有区域型的国际组织和普遍性的国际组织。既有专门性的国际机构，还有临时性的国际会议。（2）文件形式多样：既有政府监管的国内法，也有 BIT；既有区域协定也有专题性的多边条约。此外，根据《国际投资协定近期发展动

---

① 余劲松主编：《国际经济法问题专论》，武汉大学出版社 2003 年版，第 51 页。

② 汪惠慈："意大利碗面效果"，http：//www. wtocenter. org. tw/SmartKMS/do/www/readDoc？document_ id =78266，2012 年 10 月 9 日访问。

向分析》显示跨国公司投资监管机制的规则正向"优惠贸易与投资协定"① 发展。这些协定负责解决贸易和投资问题，并且为开展贸易和投资提供便利。此类优惠贸易与投资协定的名称种类繁多，如自由贸易协定、地区贸易协定、经济合作伙伴协定、新时代合作伙伴协定、经济互补协定、建立自由贸易区协定，及紧密经济合作伙伴协定等。（3）文件效力复杂。BIT 对缔约方有法律约束力；而区域性协定效力不统一，有的具有法律效力，有的仅为建议；多边协议中程序性公约如 ICSID 和 MIGA 具有约束力，而对联合国大会所作的决议的效力看法不一：一般认为他们并不具备法律约束力，但也有人认为他们具有一定的法理意义，如东京高等法院在受理"英伊石油公司"案时所陈述的理由。（4）文件相互冲突。代表了发达国家和发展中国家价值取向的文件之间充满了矛盾，甚至是激烈对抗的理念，这种状态势必延缓统一国际法制的构建。《跨国公司行动守则》（草案）拟定的历史轨迹以及至今取得的有限成效，是投资问题上南北矛盾的集中体现。

二、执行机制国内化

现有跨国公司监管框架在执行机制上过分依赖国内机制。双边条约，无疑是坚持以国内机制直接解决跨国公司问题的典型。众多的区域条约或处于讨论中的多边文件，也试图以国内机制来解决跨国公司问题。例如联合国《跨国公司行动守则》（草案）所规定的跨国公司在诸如社会问题、信息公开上的要求、跨国公司待遇上的一般原则、跨国公司的国有化和补偿、管理权力和争议解决，都必须依赖国内机制来实现。跨国公司委员会只不过充任了一个协调者的角色，不能采取措施，不过是报告、评价和促进某些活动。国际机制几乎没有任何约束作用。遗憾的是即使如此虚弱的守则也无法得到各国的全面接纳。而《外国直接投资指南》，无论是外资准入、外国投资的待遇，还是征收、单方面改变或终止合同，乃至争议的解决条款，更是突出国内机制。重国内机制而轻国际机制的倾向势必导致这样的结果，即由于各国国内法制及经济、文化等方面存在着重大差异，各种规则只能停留于纸上，国际法制难以统一和协调。

三、救济措施匮乏

跨国公司政府监管机制的救济措施体现为东道国当地救济。东道国当地救

---

① 本书所指的协定主要是那些除了包含各种贸易自由化和贸易促进条款外，还有使签约方实现投资自由化、保护和促进投资的承诺。

济是一种重要的解决投资争议的方法，无论是从国家主权的维护与尊重角度，还是从最密切联系的角度来看，东道国当地救济都具有极其重要的地位。东道国当地救济包括行政救济和司法救济。其中司法救济又包括民事诉讼、行政诉讼和仲裁三种。该方法具有积极意义：有利于维护东道国的主权和根本利益；在一定范围内有效保护外国投资者的利益；解决争议更加便利、快捷；有效地避免投资争议政治化和国际化。然而，虽然该方法有强有力的法理依据，而且作为东道国的发展中国家倾向于优先适用该方法，但在投资实践中，由于跨国投资者及其母国对东道国法律制度的公平性常常心存疑虑，正如印度学者S. C. 杰恩指出："如果说当地救济有什么缺陷的话，那只能是缺少外国人信任"，① 跨国公司常常不愿意采用东道国当地救济解决投资争端，转向其他途径解决。

BIT 调整的争议包括两种：一种是缔约双方由于条约解释或适用而产生的争议，或者缔约国之间由于私人直接投资活动而产生的争议。另一种是外国投资者与东道国的争议。越来越多的 BIT 给投资者提供了解决争议的多种选择。这在无形中减损了 BIT 保障机制的有效性。

区域经济一体化组织的工作除了订立和签署条约，设置法规，建立固定机构以外，还包括内部争端解决机制的设置和有效运作。它改变了传统国际法没有一个超国家的强制力作保障，一直被称之为"软法"的现状。欧盟、北美自由贸易区、东盟等区域集团都设置了不同的争端解决机制，其效力各不相同。过多的争端解决机制容易使跨国公司无所适从。东盟采取的是以协商为主的东盟方式。APEC 的模式可以说是南北经济合作型的以协商机制为主的模式。北美自由贸易区采取的是以仲裁方式为主的，外交方式和法律方式相混合的争端解决模式。欧盟采取的是司法解决方式——设置欧洲法院，规定欧共体法在成员国内具有直接效力等方式解决区域经济一体化中的争端。

跨国公司的多边监管机制大多停留在指南建议等软法的层次，法律拘束力软弱。仅有的程序性条约 ICSID 的利用率也不高。TRIMs 虽然已将与贸易有关的投资措施纳入到 WTO 争端解决的框架内，但因涉及范围狭窄远远形成不了对跨国公司监管有效的程序保障机制。

四、NGO 的兴起导致对现行机制的认同感危机

合法性危机是指一种认同感的危机，是人民大众对现存体制缺乏信任

---

① ［印］S. C. 杰恩，《外国人财产的国有》，1983 年英文版，第 203～204 页。转引自周成新：《国际投资争议解决方法》，中国政法大学出版社 1989 年版，第 80 页。

感①。当代社会是权力和诉求日益社会化和多元化的时代。非政府组织的兴起是现有各种主体力量和组织模式的局限之必然结果，是国际经济社会领域市场失效、国家失效和政府间组织失效的产物，是一种组织创新和制度创新。② 现行跨国公司监管机制的合法性危机是指由于非政府组织的兴起对由政府主导的跨国公司的现行投资监管机制的认同感危机，主要表现在三个方面：

（一）主体结构

现有跨国公司监管机制可以说是完全以民族国家和政府间国际组织为主宰的，参加国际经济事务的谈判和决策的权力为国家所垄断，更进一步地为跨国公司所左右，体现为各国政府在国际规则制定的谈判过程中，往往受制于国内利益集团，特别是巨型跨国公司。在信息方面存在透明性差、信息不对称、知识不完备等缺陷。例如，《多边投资协议》谈判过程开始就是以秘密的方式进行的。WTO 等国际经济组织的重要文献解密时间过长，谈判的过程缺乏民主参与和公众介入等民主赤字问题。20 世纪 90 年代以来的全球大转型，使得民族国家和政府间国际组织所制定和实施的"游戏规则"越来越难以应付全球问题，难以反映多元化的诉求，必须赋予非政府组织等非国家行为体以国际经济法（尤其是国际法意义上）的主体资格，从传统的民族国家与国际组织一统的法律主体格局走向多元主体之间的理性交往与合作伙伴关系。具体到跨国公司监管问题上就是走向多元治理的跨国公司全球管制治理机制。

（二）问题领域

现行的跨国公司监管机制是以经济为中心的，既没有反映可持续发展的要求，也没能体现国际经济法一体化趋势。

国际经济法一体化的趋势是指在经济全球化影响下，各领域国际经济法律制度之间以及国际经济法律制度与社会及外交等领域国际法律制度的连接更加紧密，越来越构成一个不可分割的整体。经济一体化浪潮，推动了各国经济与世界经济的"块状"融合以及各领域国际经济活动的"条形"整合及社会化的进程。不同领域国际法律制度挂钩现象的不断增加。③ 具体体现在国际经济法的内部整合和外部联结两个方面。"内部整合"体现在国际经济法律体系内部的有关贸易、投资、金融、竞争及知识产权保护等领域的法律规则相互交

---

① 陈振明："当代资本主义社会及合法化危机"，载《岭南学刊》1996 年第 2 期。

② 王彦志："非政府组织的兴起与国际经济法的合法性危机"，载《中国国际法学精萃》2003 卷，第 285 页。

③ 徐崇利："经济一体化与国际经济法律体制的构建"，载《国际经济法学刊》第 8 卷，第 53 页。

融，联系程度空前紧密。既出现在同一主题各具体法律制度之间的整合（世贸组织内的货物贸易和服务贸易的联结），还体现在广泛主题下的各国际法律之间的挂钩。"外部联结"表现为国际经济法律制度与国际社会立法的联结。以往，经济自由化政策为中心的国际社会，不可避免地出现所谓的"社会倾销"现象。依据"市场失灵"理论、"合法性"理论、"国际道德或正义"理论和"宪法"理论①，以及可持续发展的客观要求，未来的跨国公司监管机制必须将国际经济立法与国际社会立法联系在一起考虑，摆脱"人类中心主义"和"经济中心主义"的束缚，兼顾各项发展目标的均衡，实现社会公正、社会保障和代际平衡。

（三）秩序模式

现行的跨国公司监管机制无论是政府监管，还是国际监管本质都是"权力导向"模式。"权力导向"模式在政府监管层面体现为政府垄断了制定有关跨国公司投资政策的权力，甚至未曾纳入议会审查和司法审查的视野中；在国际层面上由于各国实力的不均衡引致的国际组织决策过程中强权色彩浓厚。"强国制定规则弱国遵守规则"导致利益分配极为不均。

WTO 争端解决机制在承袭过去 GATT 争端解决机制的政策取向或务实取向的基础上，更多地加强了规则取向的方法和程序，如仲裁程序、专家组报告的司法属性、上诉程序、争端解决机构裁决的通过等等。尤其是，在有关当事国对专家组报告持有异议的情况下，允许该当事国提起上诉。为此，世界贸易组织在争议解决机构中设有常设上诉机构，专门负责受理上诉案件。这是原关贸总协定的争议解决机制没有的。这种类似国内法院上诉审的上诉机构程序的确立，可以有效防止专家组审理案件万一出现的失误或偏差，进一步保证了专家组办案的公正性，体现出 WTO 争端解决机制规则导向的性质。一定程度上反映了发展中国家对平等参与国际经济事务的诉求。但这两种模式都不能很好地解决"国家中心主义"的问题。

五、实体法进展缓慢，而冲突法运用不足

跨国公司的跨国经营，引发了各国监管跨国公司跨国公司的冲突与矛盾。如前所述跨国公司监管问题上，实体上无论是国内法制还是国际法制都存在二元制的系统缺陷，而冲突法的解决方法又运用不足。

除了管辖权冲突，跨国公司在诸多领域，尤其是公司法和竞争法领域存在

---

① 徐崇利："经济一体化与国际经济法律体制的构建"，载《国际经济法学刊》第 8 卷，第 73~74 页。

法律冲突。跨国公司拓展了相关法律冲突的范围，使得法律冲突内部化，大大提升了法律冲突的频率，同时因牵涉国家利益极易导致母国和东道国的国际冲突。另一方面，跨国公司经济上的一体性和法律上的独立性使其充分利用现行实体法管制的漏洞，进行法律规避。而这种法律规避有别于传统的法律规避，是以当时人的相互配合为主，更加隐蔽，不易监管。

尽管冲突法在协调跨国公司的法律冲突上，有诸多优势，但是迄今为止，在国内国际私法立法或国际统一冲突法公约中，还很少直接针对跨国公司的公司法冲突规范。① 综观各国国际私法，有关公司法冲突的规制尚未对跨国公司的国际关联给予足够的关注，公司法冲突规范很多不适用于跨国公司，法律适用上重视国内法而忽视外国法。针对跨国公司的竞争法冲突规范上，各国差异较大。有些国家的国际私法法典已经明确设置了有关竞争法的冲突规范，如奥地利、瑞士和罗马尼亚。

---

① 李金泽：《跨国公司与法律冲突》，武汉大学出版社 2006 年版，第 196 页。

第四编

走向全球管制治理的
跨国公司监管机制

通过上一编二元社会结构下跨国公司现行治理机制的论述，我们发现跨国公司的内部治理中存在母公司控制力过强的缺陷，外部监管机制上实体法尚未取得实质性进展，而冲突法方法缺乏，更有对现行治理机制的认同危机。可见原有的徘徊在二元结构框架之内的监管机制不能够满足全球化时代对跨国公司外部性问题监管的客观需要，这就要求我们突破二元结构的束缚，在国家、市场、市民社会的三元社会结构内寻找"柳暗花明"的出路——建立跨国公司的全球管制治理机制。

本编将在论述跨国公司全球管制治理机制的理论基础和现实条件的基础上，规划出跨国公司全球管制治理机制的具体框架，并探讨这一机制的实现途径。

跨国公司全球管制治理机制是建立在全球治理理论基础上的，以国家碎片化和多中心的"内部形式"和网络管理的"外部形式"为特征的多元化法律秩序。全球管制治理机制不是一个静止的模式，而是一种不断演进的互动决策过程。全球管制治理机制不是一个静止的模式，而是一种不断演进的互动决策过程。它是强调各种路径（市场调节、政府调节和社团调节）综合平衡和多向度的权力网络；是在治理主体与治理对象之间通过畅通的信息流动机制来营造共识的过程；是不同调节方式（习惯、社会规范、法律）之间多层次相互作用；是不同法律之间（硬法和软法、国内法与国际法、国际经济法与国际社会法）的联结；是国家强制执行与非集中化执行的结合。这一机制应该是建立在充分发挥政府监管的职能、国际组织协调作用和非政府组织社团调节功能上的横向合作式的治理机制。其中，政府在全球管制治理机制中的中心地位仍然没有改变，国内管制机构的高度自治和国际合作是全球管制治理的关键。允许跨国公司一定程度的自治也是现阶段解决跨国社会问题的有效途径。

第十二章　跨国公司全球管制治理机制的形成基础

第一节　跨国公司全球管制治理机制的现实基础

经济全球化影响下跨国公司经营活动进入到更深层的一体化阶段，亟需有效的监管机制克服其外部性和资本逐利性引发的一系列社会问题，然而现有机制的制度性缺陷导致监管的无效。过去的四十年里，全球背景发生了巨大的变化，影响了政府的 FDI 政策，也成为跨国公司监管机制走向全球管制治理机制的现实基础。这种变化主要体现在国际政治经济秩序的演变、经济全球化的进程、全球社会结构的变化、国际商业社会的形成、网络的迅速发展和国际经济法律制度供需矛盾突出等诸多方面。

一、经济全球化进程的必然结果

经济全球化是一把双刃剑，它是"幸福的源泉"的同时，也是"悲惨的祸根"。其负面影响体现在：（1）加大了国际市场的动荡。市场具有天然的缺陷，在国际市场上其盲目性、自发性和滞后性等特征更为明显，加之国际市场缺乏政府对市场有效调节的机构和机制，蝴蝶效应会造成国际经济的巨大波动。（2）人类中心主义与可持续发展的矛盾。经济全球化在带来经济快速增长的同时，掠夺性的发展造成严重的资源和生态危机。（3）加剧了社会分化。传统的南北矛盾在经济全球化下没有消除，反而因信息和技术的差距而加剧。"一个均质的全球公民社会"并没有出现，相反富人与穷人、发达国家和发展中国家的利益分配差距更大。（4）国际政治领域里，国家权力受到来自非国家行为体的挑战。受跨国公司影响的强国主导着国际规则制定，小国只能依附于强国。"强者制定规则，弱者服从规则"仍然是残酷的现实。

利益的不均匀分布，以及在制定全球规则方面的失衡，是当今全球化的特点。而跨国公司作为全球化的推动者对此负有不可推卸的责任。现行监管制度无法消除经济全球化的负面影响，这就要求我们在监管跨国公司的制度选择上寻找新的进路，以弥补跨国公司推动的经济全球化对国家权力的侵蚀，填补权力真空，完成全球化时代经济和社会的治理过程。

二、国际政治经济秩序演变的内在反应

经济全球化被认为是一种强大的变革力量，造成了社会、经济、治理的制度以及世界秩序的"大规模变动更新"。

国际关系上"复合相互依存"，不单一地表现为国家与国家之间的相互依存关系，而是一种包括国家和各类非国家行为体在内的多渠道的、综合性的社会关系，其中"国际关系"和"国内关系"呈现出了相互交织的状况。国际事务与国内事务，外部事务与内部事务不再有清晰的划分，国际性的国内事务的增加反映了新的全球权力关系结构的形成。晚近，各类跨国经济交往日益频繁，大量纯属国内法的社会关系不断进入国际法的视野。① 国际法问题正向国际法律问题过渡。

由于全球性问题日益增多和各国相互依存关系不断加深，各国之间的利益更紧密地关联。"倾巢之下，安有完卵"，可以说，没有任何国家能够无视国际社会的共同利益而单独求得发展。全球化使国家置身于更多的契约约束：国际条约的覆盖领域不断扩大，使得单个国家在面对日益复杂的国际问题时，已经不能独立的做出决策，必须考虑相应的条约义务；与全球化伴生的国际社会组织化趋势，使得大多数的国家都已经是某一国际组织的成员，而国际组织对其成员国的影响是巨大的，加深了各国之间的联系。

投资问题上的南北矛盾依旧。全球化激化了国家之间利益冲突。两大类国家之间历史上的恩怨和旧债尚未有效化解，资源禀赋和分配差距鸿沟难平，全球化时代国家间的竞争越来越体现为经济上和知识人才的竞争，彼此之间的国家利益冲突中更夹杂了国内公司集团的利益，矛盾更加不易调和。发达国家与发展中国家各自代表着国内生产者的利益，维护国家利益的诉求始终是国家行

---

① 徐崇利："全球化趋势与跨国法学的兴起"，载《法商研究》2003 年第 4 期。

为的中心。两者在 IMF、WB、WTO 中的国际债务问题，发展模式问题、跨国公司守则问题上的重大分歧无不源自于此①。在当今国际社会，国家间在经济、社会发展水平上的巨大差距，已经成为各国和平相处、共谋发展的"瓶颈"。分配正义的缺位，贫困和不发达问题已经成为国际和平与安全、恐怖主义的主要根源。

与此同时，南南矛盾上升。南南合作已被证明是不成功的实践。发展中国家内部已建立起近百个区域性经济集团，但区域集团的内部贸易额通常很小②。在经济全球化的进程当中，发展中国家又面临着更为严峻的竞争。"竞争的原则与实践使每个国家都把主要力量用于自我改善，努力使自己能够被西方经济大国与跨国公司所接受。为了能够更多地获得来自北美、西欧、日本的直接投资，每个贫困的发展中国家都被迫进行反对其他国家的斗争。"这必然导致发展中国家的分裂。一些发展中国家正在成为发达国家，另外一些发展中国家则几乎被国际社会所遗忘。此外，还存在着石油输出国、群岛国等这样一些具有特别利益和要求的国家群体。

19 世纪开始直至 20 世纪 70 年代，国际投资保护一直处于南北双方在国际投资法律领域对峙的最前沿，并具体表现为外国投资者待遇、国有化补偿、特许协议的性质及投资争议解决等问题。20 世纪 80 年代以来，国际投资关系发生了重大变化。为了改善投资环境，吸引更多外资，就投资保护问题，发展中国家在法律上也对发达国家作了不同程度的妥协。广大发展中国家为了发展民族经济，纷纷实行鼓励外资的政策，对外资采取严厉措施的情形已鲜见。在本国海外投资的保护问题基本获得解决之后，发达国家开始提出更高的要求，进一步推动发展中国家放宽对外资的法律管制，以实现投资自由化。至此，南北纷争的焦点开始转移至东道国的外资管辖权问题。为了实现投资自由化的目标，发达国家竭力通过双边或多边途径，要求发展中国家广泛实行国民待遇并直接消除各种投资措施。而南北双方在放宽对外资管制这一敏感问题上存在难以弥合的立场分歧，发达国家的努力见效甚微。

三、全球社会结构变化的衍生产物

经济全球化是一把双刃剑，促进经济增长的同时，会加剧贫富分化、产生

---

① 王彦志："非政府组织的兴起与国际经济法的合法性危机"，载《中国国际法学精萃》2003 卷，第 283 页。

② 车丕照："经济全球化趋势下的国际经济法"，载《清华大学学报（哲社版）》2001 年第 1 期。

全球性的生态环境问题，甚至引发暴力冲突和战争。新的国际劳动分工影响下，一些国家、社会和社群被边缘化了的同时，新的全球分层模式出现了。这种全球社会结构不再是传统的地理意义上的金字塔结构，而让位于社会意义上的世界经济分工。全球通信和交通设施支持着经济和社会的新形式，这些新的组织形式包括跨国公司、全球市民运动、国际管制机构等。它们超越了国家边界，分别代表了精英、赞成者以及边缘者这三个层面，组成了三个同心圆的新的全球社会结构①。

20 世纪 90 年代以来，可以追溯到 19 世纪甚至更早的历史时期的全球市民社会迅速复兴，其数量、活动和影响都有了空前的增加。跨国公司坐拥一种"无责任的权力"，在缺乏有效监管的情况下，为追求高额利润不惜从事不正当竞争、欺诈消费者、污染环境和侵害劳工合法权益等勾当，成为"跨国社会问题"的主要制造者。而市场机制和政府统治在解决日趋严重的跨国社会问题上频频"失灵"。非政府组织代表社会的弱势群体，在全球范围内开张了声势浩大的"反全球化运动"，力图打破国际社会权力由国家垄断的格局，建立跨越国界的社会空间，最终建立包括"国家"、"人民"和"全球市民社会"的三元结构体系。

非国家行为体影响日益增强的情况下，国家主权的行使必然受到约束，但国家的核心主权（独立权、生存权、发展权、国土所有权等）无论如何不能让渡。国家主权仍然是国际社会的基础，非国家行为体存在的前提是国家，其职能是国家自愿限制主权，通过缔结组织章程赋予它们的，世界经济活动在相当长的时期内仍旧在民族国家的框架内进行。② 最终，民族国家仍然处于国际社会的中心。

四、国际商业社会构建的客观要求

作为世界经济微观主体的跨国公司，它的界限本质上归于企业内部化的边界问题，主要涉及全球化市场微观主体的内部边界以及微观主体之间的联盟边界问题。企业界限的扩展，表现为处于同一个决策体系下的母公司与子公司及子公司与子公司之间的"内部一体化经营"和处于不同决策体系下的"企业之间的一体化"亦即企业战略联盟关系。从某种意义上来说，企业界限的扩展是对国家界限束缚的应对。

---

① 杜文中：《界限经济与市场主体行为》，经济科学出版社 2004 年版，第 16 页。
② 李少琳："全球化背景下非国家行为体与国家主权的互动相关性分析"，载《山东社会科学》2005 年第 5 期。

与国家界限经济相对照，企业界限经济具有跨国公司追求自身发展的历史与逻辑统一性特征。跨国公司之间在竞争日趋激烈的同时呈现全方位合作趋势。跨国公司全球战略联盟的出现使得跨国公司的传统界限不再泾渭分明，标志着跨国公司之间的一体化进入了新的阶段。未来的企业全球战略联盟发展方向是多元战略网络组织群，它们之间的竞争与合作构成全球化的"新经济结构"的基础，正在形成"国际商业社会"。跨国公司正在构筑独立于"国家"界限的全球化公司网络。[①] 与之相适应，跨国公司的外部监管也必然走向平行的治理合作。

五、网络等新技术革命的必然产物

信息革命和网络的发展为经济和跨国公司的发展提供了物质技术基础的同时也为全球管制治理提供了可能。

首先，国际互联网络的发展和普及为跨国公司的网络管理体制提供了技术支持。经济全球化的发展催生了跨国公司内部组织结构的创新——网络管理体制。其核心是通过人力资源、软技术和信息在跨国公司全球系统内的自由流动，开发新型管理关系。从金字塔型的等级制向网络一体化制的过渡显示跨国公司适应信息技术和其他外部环境变化的组织革命。

其次，国际互联网络是加强各行为体之间联系的纽带。信息的快速收集、加工、存储和传递，使各国政府、公司企业和个人能便捷地获取信息。信息的这种透明性和流动性，有利于行为体之间的经济联系。信息技术革命缩短了人们的时空距离，极大地降低了信息流通成本，从而为远距离监控和全球治理提供了物质技术准备。

再次，信息技术的进步使得跨国界活动越来越多。信息技术是经济一体化的催化剂，并使其更为彻底。而单个国家在自我管辖"一体化"的经济活动（包括贸易问题、劳动福利标准、消费者权利等多方面）显得力不从心。信息技术还使得许多立法、司法与执法问题变成了跨国界的问题，否则就不能奏效。

复次，全球通信和交通设施的改善支持着新的非领土的经济政治组织的出现。跨国公司的迅速发展、跨国市民社会的复兴，莫不与信息技术革命息息相关。

最后，信息技术革命导致发达国家和发展中国家之间社会信息与知识差距的扩大，形成在信息与财富方面"富者恒富，穷者愈穷"的趋势。为了防止

---

① 杜文中：《界限经济与市场主体行为》，经济科学出版社 2004 年版，第 17 页。

南北差距的进一步扩大，必须加强国际协调与互助。

六、解决国际经济法律制度供需矛盾的必由之路

全球化使国家之间的联系日益频繁，而频繁的联系需要有明确的规则，表现为"国际关系中，文明的演进表现为从力量走向外交，从外交走向法律"[1]。在经济交往中，为了保护当事人（包括跨国公司和主权国家）的正当期望，需要制定共同的法律规则，来提高法律关系的稳定性及各方对其法律行为后果的可预见性。[2] 全球化引发的全球问题乃至全球危机，以及各国人民不断增长的物质需要和文化诉求，要求更多的国际经济法律制度供给。

然而缺乏中央立法机构的国际社会，只能通过实力相差悬殊的众多国家之间谈判，以共同同意为基础创制国际经济法律规则。国家具有自身利益的倾向性，共同同意谈何容易。这导致国际经济法律制度供需矛盾日益尖锐，客观上要求摆脱国家中心主义的束缚，赋予各种非国家行为体以制定国际经济软法的权利。尤其在跨国公司监管上问题上，东道国与投资国之间利益关系的冲突难以弥合，使得跨国公司直接投资领域迄今没有一项自己独立的国际公约及自成体系的国际监管组织。这与跨国公司的蓬勃发展极不相称，必然要求寻找新的管理模式，解决跨国公司监管规则的供需矛盾。

第二节　跨国公司全球管制治理机制的理论基础

跨国公司对世界政治经济格局的影响既包括它对全球直接投资的推动作用也有对相关国家的消极影响。[3] 国际社会一直致力于将所有关于跨国公司与东道国关系的问题纳入到一个综合的多边框架之内加以解决。单个国家的法律难以对其实行有效的管制，而且各国法律规定的不一致，为跨国公司规避有关国家的法律管制提供了可钻的漏洞，亟需建立有效的国际监管体制。事实证明，在"国际"框架下，达成跨国公司行为规范之艰辛，犹如"蜀道之难，难于上青天"。现有跨国公司国际监管的困境表明应该寻找新的道路解决跨国公司外部治理问题。而近年来复兴的社会学上的全球市民社会理论、法学上的法律多元化和全球化理论、国际关系学上的全球治理理论，为全球管制治理机制提

---

[1] Louis henkin, *How nations behave*, Columbia University Press, 1979, p. 1.
[2] 陈安主编：《国际经济法学专论》（上），高等教育出版社 2002 年版，第 195 页。
[3] 包括控制东道国经济，利用转移定价，从事各种限制性商业惯例，违禁支付等。

供了坚实的理论支撑。

一、全球市民社会理论的影响

1869 年恩格斯在《卡尔·马克思》一文中写道："马克思从黑格尔的法哲学出发，结果得出这样的一种见解：要获得理解人类历史发展过程的钥匙，不应当到被黑格尔描绘成'整栋大厦的栋梁'的国家中去寻找，而应当到黑格尔所轻蔑的'市民社会'中去寻找。"①

市民社会是一种现代现象，它与政治国家的分离是由市场经济"需要的体系"所导致的结果，是现代市场条件下人与人关系的反映。在市场这只"看不见的手"的牵引下，个人对自己物质利益的追求，能够自然地达成社会的进步和公共利益的增长。社会本身具有了自我管理和自我调节的能力。尽管市场社会中的契约关系必须由法律来保障，但它却不是必须通过国家的外力干预才能完成的社会内部运作过程，其内部的法权关系是自然的生成过程。正如马克思所说"立法权并不创立法律，它只揭示和表述法律"。② 既然国家是市民社会所决定的，那么超越市民社会内在矛盾（私人利益和公共利益矛盾）的根据就不在国家之中，而在于市民社会自身发展的逻辑。

当代社会是一个以市场为基础的多元化社会，必然存在较以往任何社会更为明显多元化利益诉求和利益冲突。立法者是法律创制的主体，立法者对社会主体利益诉求的认知状况直接决定着法律创制的结果，因此代议制立法是法律文明发展至今最为合理的谋求现实普遍性的立法形式。③ 然而实践中，代议制立法也可能产生"多数人的暴政"。只有主体之间经过充分的对话沟通，才能为现代社会日趋活跃的不同层次的利益集团提供平等的保护，才能融通横向利益的冲突。社会团体成为了相对软弱的个人联合起来去抗衡专权的"堤坝"和监督权力"社会的独立之眼"。它占据着个人和国家之间的中间地带，从而使国家权力受到了社会多元权利的有效制衡，遏制了权力滥用并提高了权力运作效能，而且还可以起到协助国家向私人领域传递政策信息、融通价值共识的作用。

二、法律多元化理论的影响

日本学者千叶正士提出的"法律多元"概念认为：人类社会的法律有三

---

① 《马克思恩格斯全集》（第 1 卷），人民出版社 1956 年版，第 721~722 页，注释 91。
② 《马克思恩格斯全集》（第 1 卷），人民出版社 1956 年版，第 316 页。
③ 庞正："社会团体法治功能的一般理论分析"，载《法律与中国》第 4 卷，第 220 页。

个层次组成：法律原理、官方法和非官方法，它们构成了一个国家现行法律的整体结构。"官方法"是指一个国家合法权威所认可的法律体系。"非官方法"是非由官方权威正式认可、而是由某个圈子的人们在实践中通过普遍的一致同意所认可的法律体系。"法律原理"是指在确立、论证和指导官方法和非官方法中，与官方法和非官方法密切相关的价值和理想体系。这三个层次根据与法律认可的权威的不同方式分为官方法和非官方法；根据能否与其余的文化程式相分离分为法律规则和法律原理；根据与人类社会法律的不同起源分为固有法和移植法。换言之，单一国家的法律是有不同类型的官方法和非官方法组成的，而每一种又分别由法律规则和法律原理、固有法和移植法构成。① 以上是一种涵义的法律多元，即基于一个国家法律文化之上的法律多元。

全球的角度，法律多元还表现在多极、多源、多重主体、多种追求和多重价值标准、多层次和多样化等国际法律文化的多元。这种多元基于国家正在逐渐地彼此依赖的国际社会现实，以及与西方法律文化相联系的现代法律体系虽然具有一些被人们欣赏的普遍性特征，但从未在人类社会的法律控制手段中享有独占地位，而是与不同的法律文化共存甚至更多的是冲突。至此，我们可以就法律多元得出的概略结论是：它包含次级法律文化、国家法和国际法律文化组成的三重机构，而不限于流行的二重结构。②

"法律多元"是相对于法律一元来说的。就某一具体的国家与地区范围而言，法律多元被界定为一国的公民遵守着多种法律规范。社会学家和人类学家证明法律存在多种起源的可能。一国存在着多样的法文化体系，既有官方的也有非官方的。随着现代社会国家权力日趋分散，法律更呈现多元色彩。法律多元意味着除了"法"以外还有些社会规范对跨国公司起到同样的治理作用。非政府组织正在创造着不同于"国家法"的新规则、制度和秩序——"民间法"。"民间法"的表现形式有国际行业规则、商业惯例、技术标准化、示范法和国际仲裁机构的裁决等。实际上一个国家对跨国公司的治理结构的确是法律、政策和关系规则的有机结合，三者之间存在互补替代与转化关系。在法律和政策不完备的时候，关系规则起着关键作用。

美国学者 Ellickson 通过对美国社会进行田野调查指出，并非只有政府才能产生规则与秩序。现实中往往存在多元秩序治理结构，当法律和监管政策均

① ［日］千叶正士：《法律多元：从日本法律文化迈向一般理论》，梁治平等译，中国政法大学出版社 1997 年版，第 149、190 页。

② ［日］千叶正士：《法律多元：从日本法律文华迈向一般理论》，梁治平等译，中国政法大学出版社 1997 年版，第 225 页。

不完备时，各种替代性社会机制仍起着治理作用。正式规则之外还存在着不通过官方机构执行、实施的非正式规则，包括建立社会信任的各种机制，这些规则内生于人际关系的互动网络中，形成私人秩序，我们称之为"关系规则"，属于社会资本范畴。① 而非政府组织制定的"民间法"就属于关系规则的范畴。

美国另一学者小约翰·科菲提出了社会规范能有效规制公司行为的主张。他认为由于公司行为的主要动力是"内在的信任和信赖在行动上的表现"，因而公司的行为应受制于内在的规范，而不是由法律规则来塑造和决定的，甚至法律不应该对公司的内部行为和决策进行严格监管，因为社会规范能有效规制公司行为。② "社会规范"通常被理解为一种非正式的行为准则，这种准则限制自利行为但是得不到权力机关的强制执行。没有强制执行人并不意味着没有惩罚。公司违反了一项规范所遭受的名誉损失会很严重。正是通过这样的机制，社会规范在法律最软弱的时候（正规的法律没有给股东提供充足保护时），起到替代法律的作用。社会规范的共识最可能出现在有凝聚力的商业社会。全球化时代的到来，预示着一个主要由跨国公司组成的全球商业社会的出现。跨国公司监管机制正是应该建立在法律多元的基础上，无法也不应由国家法律所垄断。

法律全球化的过程是法律一体化和法律多元化的统一。③ 虽然对于法律全球化的概念，人们尚未形成统一的认识。但最早产生于经济领域的全球化对政治、法律等领域已产生了深远的影响，这一点毋容置疑。各种全球化力量（特别是经济力量）推动下正形成一个能够替代威斯特伐利亚和约形成的主权与国家互动观念的多中心的全球法律秩序。多中心的全球法律秩序是通过全球网络式的治理而不是通过传统的统治和国际法构造出来的。从这些全球治理网络中释放出来的规则不能轻易地包容在传统的国内法和国际法的观念之中。这一视角下，全球化正在法律的性质方面产生革命性的变革。④ 在资本跨国流动所引起的全球经济一体化的浪潮下，经济活动的调整方式（包括对跨国公司的监管）已经突破了由政府进行规制的传统方式，走向全球管制治理。⑤

---

① 张建伟："国家转型与治理的法律多元主义分析"，载《法学研究》2005 年第 5 期。

② ［美］小约翰·科菲："社会规范重要吗？"，载《比较》第 18 辑，第 91 页。他的观点虽然有失偏颇，但从另一个侧面反映了公司行为的特殊性以及外部治理机制的特殊性。

③ 严存生："全球化中法的一体化和多元化"，载《法律科学》2003 年第 5 期。

④ David P Fidler, *The rule of law in the era of Globalization*, 6 Ind, J. Global Legal Stud, P421.

⑤ 李桂林："论全球共同法"，载《法学》2005 年第 1 期。

三、全球治理理论的形成

（一）全球治理理论产生的背景

今日世界的一个基本矛盾是经济的全球化与全球治理的短缺之间的矛盾。人们普遍认为，国际关系正在从传统上集中在民族国家之间的关系，扩展到包括跨越边界的非国家的关系（跨国关系）和作为一个整体的全球体系的运作（全球关系）。全球化的加速推进，向民族国家在其"领土半径"范围内进行统治的传统模式提出了挑战。人类在对全球化诸多后果进行深切反思的过程中，将治理的分析框架应用于国际层面时，全球治理理论应运而生。

全球化的发展使得市场机制在全球范围内自行其道，但全球范围内权力和权威的缺失，现有国际组织和国际规约的软弱或不完善，使得全球范围的市场失灵和政府失败更为突出。正是基于对全球化所带来的国际经济领域的"市场失灵"和国际政治领域的"国家政府失败"双重失败的深刻认识，西方学者主张用"治理"替代"统治"，用"全球治理"代替"国家合作"。著名公共政策问题专家罗伯特·艾克斯罗德利用博弈论证明了在适当的条件下，合作确实能够在没有中央集权的自私自利者中间产生。后来，这一问题在艾克斯罗德的合作演化理论与基欧汉的新自由制度主义理论的结合中得到了进一步的论证和解释，从根本上否定了把中央集权作为国际合作的前提条件，从而也就否定了政府是组织任何社会生活的唯一代表的结论。由此，强调多中心、多层次管理的治理理论不仅提供了实现全球治理的新思路，而且也符合没有政府的治理这一现实需要。

（二）全球治理的界定

兴起于 20 世纪 90 年代的全球治理是 21 世纪人类社会的趋势与主题。迄今为止，"全球治理"仍然是正处在形成阶段的一种改革世界现有管理方式的构想或学说。① 国际学术界尚未形成一个明确、一致的定义。我国最早对全球治理理论进行评介的著名学者俞可平认为："大体上说，所谓全球治理指的是通过具有约束力的国际规制解决全球性的冲突、生态、人权、移民、毒品、走私、传染病等问题，以维持正常的国际政治经济秩序。"② 本文采纳全球治理委员会的定义"全球治理是各种公共的或私人的个人和机构管理其共同事务的诸多方式的总和，它是使相互冲突的或不同的利益得以调和并且采取联合行

---

① 余敏友："中国和平崛起与全球治理"，载《中国的和平发展与国际法研讨会论文集》，第 1 页。

② 李惠斌编：《全球化与公民社会》，广西师范大学出版社 2003 年版，第 75 页。

动的持续的过程。"① 它反映的是这样一种理念：各国政府不再完全垄断诸如经济和社会调节以及指挥和仲裁的政治职能，而是与各种各样的政府性及非政府性国际组织、私人企业和社会运动结合在一起构成本国的和国际的某种政治、经济和社会的调节形式。

（三）全球治理的内容

1. 全球治理的主体

全球市民社会的兴起推动了全球治理主体的多元化，全球治理不仅要求正式的制度和组织——国际机构、政府间合作等，而且意味着所有的其他组织和压力团体——从跨国市民社会、多国公司到众多的非政府组织——都要参与。联合国体系、世界贸易组织以及各国政府的活动是全球统治的核心要素，但它们绝不是唯一的要素。如果非政府组织、跨国公司、社会团体等被排除在外，全球治理的形式和动力将得不到恰当的理解。尤其对于可以与民族国家抗衡的影响巨大的跨国公司的治理而言，更需要推进治理者与被治理者平等和对称的关系，实行平行的和合作的治理机制。但民族国家仍将是本国公民利益的主要保护者。其他治理主体在很大程度上只是对各国政府的"敦促力量"，不可能完全取代民族国家。

2. 全球治理的对象

全球治理的对象是各种各样已经或者将要影响全人类的跨国性问题。除全球贫富差距、环境污染、跨国犯罪、全球安全问题以外，还包括世界市场的治理（其中跨国公司的治理是最重要的内容）等等。由于这些问题本身已经全球化，因此它们的最终解决，很难依靠单个国家的力量，而必须依靠国际社会的共同努力。

3. 全球治理的核心环节是国际规制

"国际规制"是指一种维护国际社会正常秩序、实现人类普遍价值的规则体系，是全球治理得以实施的重要途径。如果没有一套人类共同遵守的具有一定约束力的普遍规则，全球治理就无从下手。"全球秩序中的治理并不局限于某一行为领域。它指的是通行于规制空隙之间的那些制度安排，或许更重要的是当两个或更多规制出现重叠、冲突时，或者在相互竞争的利益之间需要调解时才发挥作用的原则、规范、规则和决策程序。尤其是全球治理更重视"那些对国际秩序和规制的运作中必不可少的非正式、非权威的方面"。

国际规制的实施奉行一种"法治"模式，即国际规制一旦形成就被制度

---

① Commission on Global Governance, *Our Neighborhood*, Oxford University Press, 1995, p. 2.

化。国际规制至少在如下几个方面对全球治理产生影响：对全球治理提供基本的原则和规范，约束不负责任的行动；民族国家、地区参与国际规制的制定，而形成后的规制又对国家的行为产生独立的影响；对于目前跨国公司为追求利润而忽视环保的做法进行约束与限制等理论体系。

（四）全球治理的意义

虽然全球治理理论还很不成熟，面临着不少现实问题，存在某些不容忽视甚至极其危险的因素（例如对强国的天然依附）。但这一理论的出台对于威胁人类社会的一些全球性问题（包括对跨国公司监管问题）的解决，却有着非常积极的意义。人类面临的共同的经济、政治、生态环境等问题的解决需要国际社会的共同努力，全球治理顺应了世界历史发展的这一发展趋势。因此，可以预见，全球治理是未来人类社会治理的主要形式。[①]

（1）全球治理有助于符合全球化时代要求的新的国际法规范的生成。治理强调各种非国家行为体应成为制定跨国经济软法的主体，通过营造共识对全球经济事务实行调节性的管理。它成为了推动"跨国经济法"范式的重要国际关系理论。

（2）全球治理是保持全球社会公正、和谐发展的需要[②]。竞争具有很多不确定因素，因而难以避免无序与混乱。市场是无情的，不会怜悯贫困与无助者。所以，国家和国际共同体的合理干预和有效调控是完全必要的。

（3）全球治理是保持全球经济稳定发展的需要。稳定的利率和汇率制度、稳定的国内政治体制是经济持续稳定发展的不可或缺的条件，但如果没有与全球市场相适应的全球治理，经济的持续稳定增长只能是一句空话。

（4）全球治理是全球化得以继续发展的需要。全球化产生的一系列后果如贫富差距、民主危机等等，客观需要全球治理来加以解决。

---

① 周延召、谢晓娟："全球治理与国家主权"，载《马克思主义与现实》2003 年第 3 期。
② 孙辉："全球化的消极后果及全球治理的必要"，载《济南市社会主义学院学报》2003年第 3 期。

第十三章　跨国公司全球管制治理机制的模式设计

第一节　全球管制治理机制的静态结构

经济全球化的背景下，一方面是跨国公司不断扩张的公司权力，另一方面是政府监管外部的不断受限和内部的不断放松。国际社会由于在对跨国公司行为的规制上各国缺乏共同的立场，短时间内还很难为跨国公司制定出统一的行为规范。而跨国公司引发的跨国社会问题又需要对其进行有效的治理。非政府组织的发展以及由其推动的全球市民社会运动的蓬勃兴起，催生了新型的跨国公司全球管制治理机制。

资本的更复杂和更集合性的形式预示着从竞争资本主义时期的形式抽象的规范向非形式化的标准之转变，映射到全球经济中，体现为监管制度正发生向标准而不是向规则的转变。既然，在跨国公司涉足的金融、证券到环境、卫生等广泛领域，全球管制治理机制能发挥作用，那么对于跨国公司监管问题的解决也应该是依赖于这样注重程序和标准的全球管制治理机制。

一、全球管制治理的界定

奥兰·扬曾在《国际治理》一书中写道："一个治理体系是一个不同集团的成员就共同关心的问题制定集体选择的特别机制"。它由两个主要部分组成：一是治理的基本机制；二是组织的治理即"为管理治理体系而创建的物质单位"①。

全球管制治理机制是在全球化背景下，为了解决主权领土性与经济流转全球性的矛盾，以全球治理理论和法律多元论为基础超越了"秩序规则二元观"的简单逻辑，在国家——市场——市民社会"三元社会结构"内，国际法和国际关系领域发展出的反映全球管理崭新模式的概念工具。

全球管制治理机制是以国家碎片化和多中心的"内部形式"和网络管理的"外部形式"为特征的规则系统。全球管制治理机制没有简单的模式，而是一种不断演进的动态的复杂的互动决策过程，它是强调各种路径（市场调节、政府调节和社团调节）综合平衡和多向度的权力网络；没有单一的组织机构或称之为监管主体，而是在政府、政府间组织、非政府组织和跨国公司之间形成共同参与有关跨国公司投资事务调节的合作伙伴关系；其治理规则形式上既包括正式的国家法律或国际条约与习惯，也包括非官方的关系规则（国内范围的交易习惯和国际范围的国际软法）；治理规则内容上既包括国内法与国际法的联结，也包括国际经济法与国际社会法的联结；执行体系是非集中化执行与国家强制执行的结合；是各种非国家行为体通过畅通的信息流动机制营造共识，在程序化的范畴内对跨国公司投资事务实行调节性管理的过程；是对政府和政府间国际组织依靠强制力进行"统治"性监管的挑战，是突破了"一元化"法律秩序的多元化的法律秩序……，但政府在全球管制治理机制中的中心地位仍然没有改变。这一点使之区别于西方的"世界政府"和"没有政府的治理"等理论。

二、全球管制治理的结构

全球管制治理由两个层次的治理构成：国家中心治理与非国家中心治理（全球市民社会治理），分别体现了治理两种不同的方向，即垂直的治理与水平的治理。② 这两个领域在实践中没有显著的区分。③ 全球治理并不排斥国家中心治理，即正式政治实体的治理。虽然国家在处理和解决各种全球问题的过程中的主导作用衰退了，不再是唯一行为体，但仍然是维系全球治理的主要行

---

① Oran. Young, *International governance*: *Protecting the Environment in Stateless Society*, Ithaca: Cornell University Press, 1994, p. 26.

② 前者显著的构成了治理者与被治者之间的一种不平等的和非对称的关系，或一种两极对立的治理，可以视之为由国家维持的国家中心治理。后者意味着治理者与被治者构成一种平等和对称的关系，或合作的治理。迄今为止，国际体系中虽然盛行一时的还是垂直的治理，但它正在逐渐消退，代之而起的平行的治理随着全球化进程正在逐渐兴起。

③ ［日］星野昭吉：《全球政治学》，蔡江涛译，新华出版社 2000 年版，第 295 页。

为体，与之相应国家中心治理将成为全球治理的一部分。由跨越国界的多元行为主体推动的跨国发展过程要求有一种与之相适应的新制度即建构一个由社会各个层面的权威机构组成的，即在国家之内，又高于国家；即通过国家，又不寓于国家界限之内的新体系——全球市民社会治理。

三、全球管制治理的主体

2000 年 4 月，联合国秘书长安南在其发表的"千年报告"中，将国家、私人企业、公民社会（以非政府组织为代表）和地方部门共同参与的全球治理视为人类迎接全球化挑战的主要手段[①]。各主体之间不是以往的统治和被统治、监管与被监管的关系。而是为了更好地促进跨国资本流动而对其进行调节性管理的合作伙伴关系。

（一）国家在全球管制治理机制中的中心地位没有改变

国家在全球管制治理机制中的中心地位没有改变。首先，组成跨国公司的各实体必须依据一国法律设立、取得某一国家的国籍，虽然受经济全球化下投资自由化趋势的影响，各国普遍放松了对公司的管制，但国家与公司之间监管与被监管的关系没有改变，在公司行为可能破坏环境、限制市场竞争、违背本国的外交政策或不利于本国的国家安全时，国家对公司的强制将是毫不留情的。[②] 其次，全球管制治理机制不是"无源之水，无本之木"，它仍然深嵌在国家权力和利益分配格局之中。国家是实现全球管制治理的支撑与依托。体现在国家是"全球化"的助推器，是本国资本拓展国际市场的坚强后盾。最后，国家是多元治理主体的中介。它不但赋予其他治理主体以形态，且为它们提供合法性，并确保其责任性。通过国家中介控制多元群体和多元标准之间的积极冲突和消极冲突，实现不同治理机制的兼容性，以使各个层次的治理力量被缝合成一个相对完整的体系。[③]

现代国家对经济生活的领土管辖日益受到经济和社会生活全球化的限制，全球化作为我们这个时代的首要特征，意味着一种不分时空的相互依赖关系。这使得国家边界具有了可渗透性，国家作为唯一国际法主体的垄断程度更加削

① http：//www. un. org/chinese/aboutun/prinorgs/ga/millennium/sg/report/sg. htm，accessed 2003/3/18

② 车丕照："身份与契约"，载《法律与社会发展》2002 年第 5 期。

③ 徐崇利："全球化时代国际立法模式的转型"，载《中国的和平发展与国际法研讨会论文集》，第 76 页。

弱①。民族国家的权力开始向上、向下、横向地加速地分流给各种非国际行为体：向上分流给政府间国际组织，向下主要是向政府下属经济管理职能部门的分流（传统主权国家仍然是当今世界的主要行为者，但缩小了其有效范围，对其领土具有唯一管辖权的主权国家概念正在被国家内的一个个的主权岛所分割），横向扩散给跨国公司。国家不再是"统治的力量"而是相对独立的治理中心，一个在一定的范围内提出治理模式、实现其合法性并监督其实施的治理中心。各个主权国家是全球管制治理网络体系中的结点，受整个治理网络和非国家行为体的制约。②

（二）政府间国际组织是国际经济舞台上不可忽视的重要力量

政府间国际组织是国际经济舞台上不可忽视的重要力量。"二战"后，国际社会组织化趋势显著，几乎每个国家都有某一国际组织成员的身份。尤其是区域性或全球经济组织作为国际经济舞台上不可忽视的力量之一，发挥着越来越关键的作用，可以说在很大程度上，没有国际组织有效的跨界运动，就没有经济全球化今日的成就。一方面，它提供了一个国家间对话的机制和平台；另一方面，它也在追逐组织自身的利益要求，深刻影响着新的国际经济法律秩序的方向。克拉伯斯正确地指出，如今全球没有哪一个部分不涉及国际组织或其他组织的工作、或者人们的行为某种程度上几乎不能脱离国际组织的管理。③需要注意的是，在跨国公司成为国际经济关系主要的行为主体以后，各个民族国家和国际经济组织在国际投资领域的作用发生了一些变化：它们逐渐转为跨国公司直接投资的推动者、监督人和协调员。

（三）国内管制机构日益发挥重要作用

国内管制机构组成跨政府网络，日益发挥着重要作用。全球化的深化，国家碎片化体现为在国家内由自主的管制机构形成的多个权力中心的出现。它破坏了国家内部的统一与协调，是在国家内部拥有一定程度自治的条件下出现的管制机构和制度的国际化。国内的某些机构国际化（如中央银行），越来越多的跨政府（并非超国家制度）的管制机构网络建立，从金融、证券到环境、卫生、人权的广泛领域管制发挥着作用，组成跨政府网络。这种跨政府网络的出现，符合经济全球治理所要求的国家机构和制度国际化的要求，是全球管制

---

① ［英］诺塞琳·希金斯："变迁中的国际体制中之国际法"，叶兴平、田晓萍译，载《外国法译评》2000 年第 3 期。

② 周延召、谢晓娟："全球治理与国家主权"，载《马克思主义与现实》2003 年第 3 期。

③ Jan Klabbers. An Introduction to International Institutional law，Cambridge University Press. 2002. p. 23.

治理机制发展的关键环节。跨政府网络的出现也打破了国内与国际法律与政治的界限，使得国内与国际领域界限具有了更大的可渗透性。

（四）非政府组织正重塑着我们的世界

非政府组织已经成为介于民族国家、跨国公司和政府间国际组织的第四种跨国力量，正重塑着我们生活的世界。晚近，全球化引发的各种全球社会矛盾激化，自上而下的政府改革与自下而上的社团革命交织，促进了非政府组织的勃兴①。非政府组织最重要的作用在于监督和制约国家和跨国公司的活动，使之更好地体现民主和公民利益。非政府组织出于对各种国际规则、程序和体制可能被政治家们以国内福利为代价而滥用来追求特殊利益的考虑，越来越关注现存的以国家为中心的国际法律体制，体现了市民社会掣肘国际层面"政府间共谋风险"的目标。此外，管理跨国公司的行为规则如果不能得到消费者的大力支持，迫使跨国公司执行的话，是毫无用处的。而消费者的代表是非政府组织。正是基于市场机制和政府监管的不足，需要走"第三条道路"加强国际协作来共同分担"全球治理"的责任，"国家"和"人民"之间切入了一个由各国"同一界别"的民众组成的"跨国市民社会"。但 NGO 等市民社会在代表性、正当性及负责任性方面存在缺陷②，而且 NGO 在发达国家与发展中国家的发展显著不平衡，这种不平衡性不仅对于发展中国家，而且对于全球市民社会自身都是一种风险。③

（五）跨国公司已经拥有了自己的"生命"

跨国公司是跨国经济交往的完全行为体。战后，尤其是 20 世纪 80、90 年代以来，跨国公司迅速崛起，其全球经济活动已不象国内公司那样完全从属国家，拥有了自己的"生命"和"主张"。作为跨国经济交往的完全行为能力主体，跨国公司对国家主权的影响不仅体现在经济领域，也表现在政治方面。例如在 BIT 起草过程中，跨国公司通过院外活动将自己的利益诉求反映给母国，进而影响 BIT 范本的内容和谈判的最终结果。

总之，在全球投资活动中，非国家行为体呈现出日益清晰的角色分工和越来越紧密的依赖关系。经济全球化的背景下，全球管制治理的行为主体多元化。除了传统的民族国家之外，跨国公司、区域经济组织、国际经济组织、非

---

① 以志愿求公益为基本机制的"第三部门"是人类一种古老的组织形式，在 20 世纪后期"全球市民社会运动"仅仅是再次凸显了其价值而已。

② 李惠斌：《全球化与公民社会》，广西师范大学出版社 2003 年版，第 139 页。

③ 蔡从燕："市民社会、协商民主与国际法的范式转换"，载《厦门大学法律评论》第九辑。

政府组织等非国家行为体①也扮演着不同的角色，发挥着各自的作用。

四、全球管制治理的规则

（一）形式上多元化国家法仍居中心地位

按照制定者的不同，全球管制治理规则可以分为：官方和非官方规则。按照规则的效力不同，可以分为：硬法和软法。官方规则（包括法律和政策）属于硬法，是由专门的机构制定和颁布，第三方的政府、法院或专门的执行机构执行的，有国家强制力保证实施的。它们的作用自不待言。在法律多元主义的视角下，当法律和政府均不完备时，有可能会在人际关系的互动网络中生成非官方法律秩序。非官方法律秩序属于软法性质。它是一种"自发衍生的秩序"，自下而上形成的，依赖多方执行。②

晚近，各非国家行为体充当的已不仅仅是受跨国经济法律规范调整的角色，而且还广泛地自主开展国际经济立法活动：③ 政府间国际组织制定跨国经济软法（例如《外国直接投资待遇指南》），跨国的政府网络制定跨国经济软法规范（例如《巴塞尔协议》）以及跨国公司代表者国际商事机构编撰的国际商业惯例（例如《国际贸易术语解释通则》）。当不同国家、不同地区、不同民族之间在发展水平与市场成熟度上还存在相当大差距的情况下，指望法律走向全面的一致或统一，既不客观，也不公平。因此最适当的方式是采取"建议"等软法的形式向成员国和非成员国推荐。通过这一途径，会有越来越多的行为体主动接受这些标准，从而对未遵循的行为体产生压力。而且，"国际软法"虽然没有国家强制力保证实施，但不意味着没有制裁。跨国公司对国际软法的违反，会在全球范围内遭到国家、政府间组织、非政府组织等"群起的侮辱"，这种声誉上的损害，会殃及其商业利益，制裁效果甚至超过对其作出的司法判决或仲裁裁决。

但无论如何，现行的世界体系仍然是"以民族国家为中心的"体系。国际"立法"活动虽然已有政府间组织、非政府组织和跨国公司的参与，但最终形成仍须经各国政府的明示或默示统一，从各国自愿加入和接受这些国际立

---

① 所谓"非国家行为体"指除了国家以外的能够独立参与国际事务的政治、经济、文化实体，包括政府间组织、非政府组织和跨国公司。

② 张维迎："法律与社会规范"，载《比较11辑》，第164页。多方执行机制：当社会规范内化为个人道德失，第一方执行；社会规范通过当事人声誉维持时，第二方执行；通过非当事人的认可、驱逐等手段执行是第三方执行。

③ 徐崇利："走出误区的'第三条道路'：跨国经济法范式"，载《政法论坛》2005年第4期。

法的原生意义看，这又是一国积极行使主权行为的表现。① 可见国家仍然是国际社会立法的主导者和最终制定者。

（二）内容上一体化

晚近跨国经济交往日益频繁，大量纯属国内法的社会关系不断进入国际法的视野。② 国际法问题也向国际法律问题的过渡。受经济全球化的深刻影响，国际经济法呈现一体化的趋势。作为其组成部分的全球管制治理规则也走向一体化。

第二节　全球管制治理机制的动态运行

一、全球管制治理机制的运行方式

全球管制治理必然是不同权力形式（国家、公民社会、市场力量），不同调节方式（习惯、社会规范、法律）之间多层次相互作用的正式与非正式过程的结果，是处理跨国公司行为的规则、规范和机构，是未来人类社会治理的主要形式。

（一）各路径综合

各种调节方式的结合，尤其是非政府组织推动的社团调节的独立是多中心、民主和合作的治理不同于以往政府为中心、等级制和命令式统治的最大特征。从 20 世纪 60 年代以来，欧美等发达国家和一些发展中国家发生了一场范围广泛的"全球市民社会"运动。这场运动打破了传统的"市场——国家"的二元结构，在市场调节、政府调节之外，出现了另一种独立的经济调节机制——社团调节。经济学家认为，政府调节是解决市场失灵的强制解，而社团调节是解决市场失灵的合作解。由社团独自行使或它们与政府一道行使的社会管理过程不再是"统治"，而是"治理"。

（二）多向度的网络管理

多向度的网络管理，主要体现在跨政府网络的建立上。跨政府网络的建立

---

① F. Weies, E. Denters & P. D. Waart（ed），*International Economic Law with a Human Face*，Chapter 3 "Globalization and the Future Role of Sovereign states"，Kluwer Law International，1998，p. 64～65. 转引自徐崇利："经济全球化与国际法中社会立法的勃兴"，载《中国法学》2004 年第 1 期。

② 徐崇利："全球化趋势与跨国法学的兴起"，载《法商研究》2003 年第 4 期。

即国内管制机构的国际合作机制，其性质和形式不同于国际组织与法律的标准和传统模式，是"网络治理"的一种形式。全球经济的运作要求国家在传统领域内的高度合作，以促进全球管制协调，而这一管制协调机制必然要求国家内部具有强大管制能力的主权岛的建立（管制机构的独立）和国际法的国家化。该机制不依赖于正式的国际条约而是建立在半秘密的"君子协议"基础上的；不依赖于正式的规则而是依赖非正式的标准；不依赖于国际组织的执行而是依赖于国家适用国际上提出的标准这一非集中化的执行体系。其中最为关键的问题是该机制是在它的目的范围内通过达成共识的监控标准和实践运作，依赖于独立的（有效的）内部自我管制机构发挥作用。

管制网络体系的例证主要有：巴塞尔协议为基础的银行监管框架、国际证券委员会管制框架、环境领域的京都议定书。金融服务日益国际化的同时全球金融市场存在一个需要填补的监管真空，在此基础上，通过网络管理机制构筑了关于资本充足标准的巴塞尔协议。协议要求国家管制机构（中央银行）建立密切联系和相互合作关系，并执行为国家同意的一般共识的标准——资本充足性标准。而且巴塞尔协议的标准已经为许多原来不是参加国的其他国家采纳。巴塞尔委员会的任务是制定监控标准，而执行留给个别成员国的管理机构。这种全球管制的一个主要结果是在全球管制中程序日益增加其重要性，形成了一种在国内管制机构层面上运作的非集中化执行的间接管制机制[1]。

作为一种不适于用传统的主权或国际法的观念理解的网络管制机制具有以下特点：（1）网络是相互依赖的组织，由具有自己特殊利益的国家机构组成，受到国家机构网络的调控；（2）网络管制机制通过广泛达成的共识制定程序和决定，这种程序在全球管制中重要性日益增加；（3）网络强调相互性，如发展一种规范性的义务标准而不是依靠严格的规则行事；（4）有一套非集中化的执行体系，国际管制机构的任务在于通过审计和其他机制而不是通过直接执行标准监督成员的执行，以保证适合国际协议所达成的标准[2]。

（三）规则"创制"方式的变迁

劳氏的"自由主义国际法说"和科氏"跨国法律过程说"分别从国际经济法的创制和法律实施层面反映出从国内到国际的方式重构国际经济法律秩序的主张。全球管制治理规则的创制也遵循这一规律，体现了与传统的国际监管规则的创制方式的不同。

立法层面：新自由主义国际法学派认为的应当从"国内"到"国际"这

---

① 朱景文主编：《法律与全球化——实践背后的理论》，法律出版社 2004 年版，第 258 页。
② 朱景文主编：《法律与全球化——实践背后的理论》，法律出版社 2004 年版，第 257 页。

一"自下而上"的方式重构国际经济法律秩序。以美国国际法学会前任会长斯劳特教授提出的"自由主义国际法说"为代表。该理论以自由主义国际关系理论为基础,就国际法的创制,采用了自下而上的分析进路:国家在国际关系中的利益不是天生的或给定的,国家扮演的只是国内社会和跨国社会中个人、团体利益之代理人的角色;在国内法规范的调整下,国内社会和跨国社会中个人、团体联动的结果,促进了国家各种外交利益模式或偏好的形成,从而最终构建和塑造国家在国际关系中的行为,包括所从事的国际立法活动①。

实施层面:科氏的"跨国法律过程说"反映了法律实施层面上自下而上的进路。该理论以建构主义国际关系理论为基础,就国际法的实施,采用了自下而上的进路:强调"观念"在国际法与国内法关系中的能动作用。国家及个人、团体等非国家行为体在不断地互动过程中将会对行为模式形成共识,进而自下而上地产生国际法律规范。这些国际法律规范,在复杂的互动过程不断被反复使用,相关的国际法律规范被"内化"为国内法律体制中的观念,从而使国际法得到国家的普遍遵守。②

二、全球管制治理运行的关键环节

全球管制治理机制得以确立的关键环节在于通过严格的程序和建立有效的信息畅通机制来营造共识。全球管制治理机制不同于以往政府统治。它没有国家的强制力保证实施,而是依靠各个治理主体之间营造共识达成一致的博弈合作实现治理目标。缺乏群体共识的共同体不过是个人的组合,是没有意义的,规则、共识、共同的价值观念和需要维护的秩序构成了共同体的核心。③ 而这种共识的营造必须依靠严格的程序和有效的信息流通机制来保障。

Samuel Johnson 曾经说过:"秘密或者神秘开始的地方,堕落或者欺诈已经离我们不远了。"在信息无法获取的地方,秘密助长了不信任④。例如在证券监管中,根据信息披露原则,监管者会要求发行人披露一系列标准化信息,然后利用这些信息进行"气味测试",以决定是否让发行人发行股票等行为。如果所提供的信息是很庞杂或是经过巧妙处理,导致信息不可靠,那么监管者必然缺少必要元素去实现有效的主动执法,结果是监管失灵。但是,现实生活中无论是监管者还是市场参与者都是在不完全信息基础上进行决策的。不完全

---

① 徐崇利:"走出误区的第三条道路",载《政法论坛》2005 年第 4 期。

② 徐崇利:"全球化趋势与跨国法学的兴起",载《法商研究》2003 年第 4 期。

③ Tony Honore, *Making law bind*: *Essays legal and philosophical*, Clarendon Press Oxford, 1987, p. 33 ~ 38.

④ 齐斌:《证券市场信息披露法律监管》,法律出版社 2000 年版,第 1 页。

信息在监管过程中的各个阶段都扮演着重要的角色。政府干预的效果，在很大程度上取决于管制政策是减轻还是加重了市场信息的不完全。① 因此，信息是有效管制之本，信息的可靠性决定了管制的有效性。

跨国公司的迅速崛起和网络的普及不仅给跨国公司的管理层，也给跨国公司各实体的监管者带来了巨大的挑战。它要求监管者能够理清公司内部各法人实体的相互关系，洞察某一实体的不利发展对整个跨国公司和其他利益相关者的潜在影响，要求监管者开发信息交流机构，建立有效的信息畅通流动机制。

三、全球管制治理的法律秩序

作为一种超越了传统国际法和国际政治的模式，跨国公司全球管制治理机制的特点之一在于它是对统一的"一元化"的法律秩序的突破，国家中心的一元化法律秩序体系逐渐被广泛分散的"体系导向"的规范性体系——多中心的法律秩序所代替。它强调"法不是某种特殊的或唯一的权力体系，而是一种规范体系，并且不起源于一个单一的权力渊源"。②

与民族经济的出现与发展相适应的"一元化"的法律秩序，根植于由威斯特伐利亚条约确立的"国家是唯一的权威中心"而形成的内部主权原则基础之上，是与领土观念相联系的主权模式。而新的全球经济的核心是主权的领土性和经济流转日益增加的全球性之间的矛盾③。随着非国家角色在全球经济体系中的权力明显增加，以及国内管制机构高度自治和国际化，主权不再在一个一元化的法律和决策结构中发挥作用，它被分配和扩散到一系列的政府和非政府权威中，是主权以多中心的形式的重建，是与全球经济相适应的主权模式——"国家碎片化"，最终导致了多中心的法律秩序的出现。④

总之，多元的全球管制治理逐渐成为全球管理的重要特征。在环境、卫生、武器甚至人权标准的管制的国际努力都证明了国际治理的趋势。但最明显的是在国际金融领域，特别是对最近出现的亚洲金融危机的反应。⑤ 这些治理制度在根本上揭示了威斯特伐利亚国际关系与国际法思想的局限性，由相对自

---

① ［美］丹尼尔·F. 史普博：《管制与市场》，余晖等译，上海三联书店、上海人民出版社1999年版，第11页。

② kansishka Jayasuriya："全球化、法律与主权的转变：全球管制治理的出现"，载朱景文主编：《法律与全球化——实践背后的理论》，法律出版社2004年版，第243页。

③ 同上书，第246页。

④ 同上书，第249页。

⑤ 同上书，第246页。

主的管制机构以及私人或非政府角色所构成的管制主体，打破了传统国家对管制秩序的垄断。国内秩序的碎片化是管制性治理的国际形式发展的关键，国家内部多个分散的权力中心（即国内某些经济管理机构，如中央银行）的出现和国际化所形成的越来越多的跨政府网络，是主权在日益全球化的经济中采取的形式。

第十四章　全球管制治理机制的实现途径

　　跨国公司监管问题是一项涉及经济、法律、政治、国际关系、社会伦理等多学科领域的牵一发而动全身的课题，因此也是一项难以真正寻求到最完美答案的课题。跨国公司问题，单纯依靠政府监管的无效自不待言，而二元结构下国际监管机制尚未发挥作用。全球市民社会运动推动下，国际社会结构向三元结构转化，促进了跨国公司监管向全球管制治理的发展。本部分尝试在借鉴国际关系学的"全球治理"理论的基础上，探求跨国公司全球管制治理机制的实现途径，以期在监管——创新——再监管的过程中，寻求到最佳的"天平与宝剑"的平衡点。

第一节　重构政府监管

　　在一个更广泛的竞争战略背景下对跨国公司进行有效监管是一项紧迫的任务。由于市场和现有制度的缺陷，消极的自由放任政策不可能胜任这项任务。在全球管制治理机制中，政府作为治理者的作用不能忽视，反而应该重构。

　　经过了100多年的实践，在国内政府已建立起有效的市场调控制度，并积累了相当的经验。而在国际社会尚缺乏对市场经济进行有效调节的机构和机制时，如果放弃必要的政府控制，经济全球化将意味着更大的社会风险①。东南亚金融危机的爆发，就是很好的反面例证。政府监管通过弥补市场失灵的缺陷，可以有益于社会和投资环境的改善，监管几乎对企业经营和投资的任何方面都产生一定程度的影响。

另一方面，由于政府的信息和能力问题、寻租和僵化会导致"政府失灵"。政府监管作为一种行政权力，也需要进行限制。这是由行政权力本身的特征决定的。首先，权力运行的规律需要对其控制。"一切有权力的人都容易滥用权力"要求"法治"对其控制。其次，权力的实现规律需要对其限制。行政权力的强度远远超出公民权利，必须辅以必要的控制。最后，现代行政权力的扩张更需要加强控制②。控制一方面来源于行政法和经济法，另一方面更是宪法的基本要求。"宪法控制政府权力的发展，界定政府机构及职权，它并非关于私行为的法律，而是衡量和适用法律的法律，概言之，就是元法律③"。

跨国公司全球管制治理机制中政府职能应实现从直接的规定到管制的转变，通过扩大跨国公司、非政府组织等私人因素，改变公共因素与私人因素之间的界限，实现"国家权力"和"工业权力"之间的平衡。此外，注意监管策略的选择必须符合当地的情况。如果设立的监管标准脱离当地情况则会引起执行问题、非正规经济以及不必要的成本。任何政策的业绩都取决于政府"实施"政策的能力。如果政府不具备所需的技能、信息、谈判与执行能力，那么更好的做法也许是减少 FDI 进入的障碍，由市场进行资源配置。最近的研究表明，相比发达国家而言，发展中国家倾向于在更多的领域（包括在签约程序、准入手续和破产过程中法院的权力三方面都有体现）使用监管的手段。因此，如何培养发展中国家政府实施政策的能力是政府监管改革的关键。

20 世纪 80 年代开始，各国政府对跨国公司的规制策略作了调整，更多地采用"驱动型"的政策。这些策略和政策上的变化，表明各国政府和冲突正在由于双方的相互需要而趋于缓和。顺应这一趋势的全球管制治理框架内政府监管的改革具体体现在以下几个方面：

一、透明的监管原则

政府应该看到跨国公司全球经营活动本身固有的私法属性，一定程度上放

---

① 车丕照："经济全球化趋势下的国际经济法"，载《清华大学学报（哲社版）》2001 年第 1 期。

② 孙笑侠：《法律对行政的控制》，山东人民出版社 1999 年版，第 4 页。

③ Laurence H. Tribe, *Constitutional Choices*, Harvard University Press, 1985. p. 246.

开管理力度，采取"欲取反予"的态度，调整经济主权在国际经济交往中发挥作用的方式。此外应该及时公布涉及到跨国公司问题的政策法规，以贯彻透明度原则。

二、弹性的监管方式

WTO 规则像一张巨大的网，将其成员方——那些几百年来被认可为具有至高无上权力的国家罩在了这张网下。成员方承担了促进贸易自由化的义务。国家在贸易与投资中的管理权被削弱了，使得民族国家的行为方式不得不做出改变。这一转变的明显特点是刚性规则的减少，弹性规则的增多。WTO 成员方在不断扩大市场准入的同时，主要采用为 WTO 所认可的具有"判断性"特点的规则管理跨国公司的行为。[①] 这种弹性规则正是政府监管改革的方向。

三、统一的监管机构

事实证明，集中统一的投资监管机构的效率大大高于分散各自为政的监管机构。新加坡的经验表明，有效的 FDI 战略需要这样的一个中枢机构。新加坡的经济发展委员会有权对有关 FDI 的所有方面（包括鼓励和批准）进行磋商并予以实施，它能够把关键的决策制定者和关键的工商业代表（其他利益相关者除外）集中在一起，在其的协调下，新加坡成为亚洲四小龙之一。

四、监管技术的革新

政府监管改革应该特别注意控制监管的成本、降低监管的不确定性、消除不公正的竞争壁垒和加强对公司信息披露的监管。

1. 监管成本的控制

任何监管都会给企业带来成本。由于寻租、无效率的行政管理、不合理制度设计等问题的存在，或者是这些因素相互结合，监管过程中经常存在不必要的成本。一个好的投资环境并不要求消除这些成本，相反它努力确保这些成本不会高于满足社会利益所必需的程度。

2. 降低监管的不确定性

如果法规频繁变化、规定模糊，可以随意解释或者前后执行不一致，企业面临的风险就会增多，结果导致不确定性增加。而提高监管的可预见性能够使一项新的投资的可能性增加30%[②]。有效的监管需要定期地复审和调整，关键

---

① 张瑞萍："WTO 规则下跨国公司行为规制方式分析"，载《现代法学》2005 年第 3 期。
② 世界银行：《2005 年世界发展报告》，清华大学出版社 2005 年版，第 102 页。

是要把不确定性给企业造成的影响降到最低程度，最好的方法是新的监管措施实施之前的充分协商和法律起草时做到透明。任何新的法律或监管措施都有某种程度与生俱来的不确定性，但是政府可以通过快速公开来减少不确定性，并有助于形成先例，以此抑制行政权限，建立可预见性和连贯的政策。通过设立意见咨询或事前公开程序以及在监管解释问题上引入特定的契约性义务，也是降低监管不确定性的可行选择。

3. 消除竞争壁垒

监管直接影响竞争，包括设立市场进入或退出的壁垒，以及对企业反竞争行为的处理。退出壁垒最普遍的是破产监管。当破产程序耗时很久且成本很高时，企业及其债权人就不愿意启动该程序，这样市场就被这些濒临破产的企业弄得混乱不堪，同时也妨碍新企业进入新的市场。根据世界银行"企业经营报告"，在最快的国家（爱尔兰）破产花费五个月即可，而在巴西、印度、乍得需要十年。① 破产成本：哥伦比亚、荷兰、挪威和新加坡，花费企业资产价值的 1% 而乍得和老挝高达 76%。尽管发展中国家的竞争法并不比发达国家的弱，但执行起来有效性小的多，原因在于有限的资源以及缓慢而效率低下的法院，更重要的是因为其他削弱竞争的政策以及检举与政府关系密切的企业的政治环境不畅造成的。

4. 加强公司的信息披露监管，建立"信息型"监管体系

信息是公司自治与政府监管之间的桥梁。监管本质上说就是信息的监管，有效信息的获得是构筑监管框架的核心所在。政府在监管市场和公司时，保障市场信息是准确、无误、及时和可靠的，而不是直接对公司指手画脚，则自治的公司就能做出合法并且得当的行为选择。政府对公司的监管并不等于对公司的强制性管制，而应以为公司提供必要而且足够的信息服务为主②。政府监管改革的关键在于通过法律的规定（包括国内法和国际法）及严格的执法实践来保证信息环节的畅通、信息传播速度及确立信息的认证程序。

所谓"信息"是指有目的地标记在通讯系统的信号，表示传达的过程与内容。哲学意义上的信息，是对物质的运动及物质间运动的一种描述③。不仅私权主体的信息失灵需要法律来克服，公权机关在制定和实施法律之时所面临的信息失灵问题也需要良好的法律加以克服。法律本身就是一个信息系统。法

---

① 世界银行：《2005 年世界发展报告》，清华大学出版社 2005 年版，第 105 页。

② 王保树主编：《全球竞争体制下的公司法改革》，社会科学文献出版社 2003 年版，第 393 页。

③ 黎四奇：《金融企业集团法律监管研究》，武汉大学出版社 2005 年版，第 279 页。

律的形成过程就是一个信息的收集、分析、归类与处理过程。其中输入的信息的质量必然影响法律的质量。信息在监管者和被监管者之间具有不对称性的特征会导致监管失灵。所以政府监管以及监管法的真正使命在于消除上述主体之间的信息不对称现象。

信息披露制度是促进竞争同时保障交易公正性的最好工具，因为它使监管者摆脱日常琐碎的管理事务而保持一种"眼观手不动"的状态①。建立"信息型"的跨国公司政府监管模式的关键在于第一，消除信息交流上的认识障碍和法律障碍，实现信息分享。这方面比较成功的实践是欧盟 2001 年《对金融企业集团监管的指令建议案》②。第二，实现母国监管者和东道国监管者之间的信息合作。《巴塞尔补充协定》就是信息分享合作方面达成的国际协调机制。第三，发挥跨国公司管理层的作用。对跨国公司的管理层课以信息认证的义务。总之，确立一种"双向式"的信息畅通流动机制，是"信息型"政府监管模式有效运行的核心。

五、动静统一的监管政策

要保持监管政策的灵活性、连贯性和动态性。政府实施的干预要与其能力匹配，并保持政策的灵活性，不断加以监控。不仅如此，还要求政策具有连贯性和一致性，不同部门之间以及政府与跨国公司之间应该协调一致。政府的管理能力必须与时俱进，注意发展制定竞争政策和环境政策所需的专业化的技能和专门知识。政府对 FDI 有效审核"需要联系到不断变化的国际和部门优势，需要联系到企业发展战略及竞争战略的变化，需要考虑到来自其他国家的压力，需要在管制跨国公司和允许竞争之间寻找恰当的平衡。"

20 世纪 80 年代开始，各国政府更多地采用"驱动型"的政策。基于跨国公司内部化市场结构的正面估计，驱动政策的实质是建立在承认跨国公司拥有强大的资源优势的基础上，采取了更好的利用跨国公司对经济发展的积极作用，尽可能降低其负面影响的政策措施。各国政府对跨国公司策略上的转变，集中体现在对跨国公司的直接投资采取的日益自由化的政策上。（1）更为广泛地开放保护性或垄断性的投资行业和业务领域。跨国公司与母国和东道国之间签订的投资协定不断增加，涉及范围不断扩大。（2）采取更为地区化的政策协调。如区域性经济组织内各成员国共同遵守的政策框架。（3）投资保障和投资促进的形式多样化。

---

① 齐斌：《证券市场信息披露法律监管》，法律出版社 2000 年版，第 22 页。
② 黎四奇：《金融企业集团法律监管研究》，武汉大学出版社 2005 年版，第 287 页。

东道国利用竞争或环境政策管制企业的能力正成为最活跃的政策制定领域。随着自由化和全球化，可用于保证外国企业与当地企业竞争行为的工具已经减少了。因此有效的竞争政策是绝对必要的。

对于利用转移定价以逃避税收或利润汇回限制的管制也应引起足够的重视。由于许多发展中国家已降低税率并使利润汇回自由化，滥用转移定价的行为可能减少，此外双边税收协定也降低了滥用的危险。但跨国公司内部贸易的存在，使得国际税收监管仍有必要。

第二节　充分发挥国际组织的职能

一、国际组织的协调功能

国际治理领域一个最重要和亟需解决的问题是，国际法的不同分支和规则，在发生冲突的时候怎么处理。在没有单独的"国际立法机关"及众多国家、国际组织与法庭制定和执行法律的情况下，国际法律体系处于分散状态。这种状态导致了国际法规则，从国际习惯法与一般法律原则到有关贸易、环境、人权、海洋法等领域的双边与多边条约间的极大差异。有关跨国公司的区域或多边投资协定更是如此。

国际法规则的冲突原因在于国际法本身固有的四项理由：其一，国际立法机构的多元化。国际社会没有中央立法机关及中央执行机构，有多少个国家就有多少个"立法者"。迅速增长的为数众多的国际组织，也增加了规则冲突的风险；其二，时间因素大大增加了规则冲突的可能性。随着时间的变化，国家同意和法律自身也在改变；其三，国内立法机构的多元性。国家在国际立法程序上代表着国内多元化的参与者，参与者利益的不同增加了规则不一致的风险；其四，国际法缺少具有一般和强制管辖权的中央控制的法院系统。规则实际冲突时，法官无法裁决。

现行的世界体系处于一种"无政府状态"，因此，应立足于现行国际组织架构的实际，促成各主要国际经济组织的平等协商，制定有关的冲突规则或建立相关的协调机制，即通过协调各区域或国际组织之间立法；协调区域组织立法与成员国立法；协调政府监管的管辖权冲突；为解决全球问题提供固定的论坛等方法，有效地解决国际经济法律规则之间的冲突。

二、国际组织的信息提供功能

国际组织针对某些全球问题，可以起到收集并提供信息的功能。例如联合国计划发展署每年就提供了大量的有关各国经济、人口、社会等问题的数据。在信息提供方面，国际组织有着得天独厚的优势。

三、国际组织的控制功能

国际体系中，合作与规制发展的一种表现形式是国际组织对其成员国作出各种各样的常规性管制。从政府控制角度来看，区域性国际经济组织的主要作用在于消除成员国之间的贸易和非贸易壁垒，便利成员国之间的各种经济交往。这就意味着各成员国对区域内的国际经济交往的政府控制的削弱，由个别国家的政府控制转向区域性经济组织的集体控制。欧盟就是这方面的典型例证。

除了上述国际组织对全球治理的推进作用以外，国际组织也给全球治理带来负面效应。由于国际组织是通过一系列的制度来运行的，但制度作为深入一种特定秩序并稳定该种秩序的途径，反映了制度建立之时的主要权力关系。全球性的国际组织基本上由西方国家主导，其运行的游戏规则和制度必然倾向于维护西方国家的利益。而且传统的国际经济法秩序可以说是完全以民族国家和国际组织主宰，它们在表达人民意愿等方面缺乏民主性和透明度。全球管制治理需要国际组织努力克服"世界民主赤字"，克服维护发达国家的利益倾向，增加与其他行为体的合作与交流，才能对跨国公司进行有效的治理。

第三节　实现国内管制机构的跨国合作

一、国内管制机构跨国合作的基础

国内管制机构跨国合作的基础是民族国家权力的适当分流。面对纷繁复杂的跨国经济和社会问题，各国不能再单纯依靠国内法"自扫门前雪"了，国内政策的制定越来越"国际化"了。跨国社会问题的解决仅仅依赖于各国政府"大包大揽"已无济于事，需要国际关系中的各个层面的行为体共同参与，国家权力的适当分流。民族国家的权力向下分流给政府下属经济管理职能部门（国内管制机构），由其"多头对外"，与外国相对应的职能部门开展合作，以灵活、有效地处理跨国公司法律问题，并制定有关跨国公司社会责任的跨国经济软法，从而形成所谓"跨政府网络"。① 以跨国银行监管领域为例，巴塞尔协议的有效运作就是"跨政府网络"的成功范例。

二、国内管制机构的跨国合作

主权的法律范畴要不断调整以适应变动的社会形式。随着全球经济中主权领土性与经济流转全球性矛盾日益突出，主权模式从简单的内部一元中心的领土模式转向复杂的内部碎片化模式。相应地，19世纪威斯特伐利亚公约确立的统一的国家作为唯一权威的决策中心的"一元化"法律秩序正在为国内秩序的碎片化所破坏。随着国内管制机构国际合作的加强和自治水平的提高，国内管制机构日益"国际化"。国内管制机构独立于其政府行为，从金融证券到环境卫生诸多领域发挥着重要作用，尤其是国际金融领域的央行的独立和全球合作。这一合作不仅反映了政策工具由财政政策向货币政策的转变，而且反映了国际政治经济的全面结构性变化。央行独立成为国家对内重建的中心领域，基于独立的央行之间的合作不同于国际组织合作的传统模式，是以保证国际协议达成的标准为目的。此外，欧盟新形式的主权的出现也是多中心法律秩序的例证。新的欧洲政体强调国家机构、非国家角色、欧洲制度参与的多层次的"治理"而非"统治"。主权被分配和扩散到一系列的政府和非政府权威中。

第四节　健全跨国公司自治体系

一、跨国公司治理机制的特殊性

跨国公司内部治理机制的特殊性在于治理机制的超国家性。与国内公司相比，跨国公司的组织边界扩大了范围②：纵向边界涉及公司一体化程度，横向边界涉及公司的产品多样化和市场多样化程度。这一变化导致了跨国公司独特的组织结构和治理机制，加之跨国公司母公司控制了具有创造能力的核心资源，从而使跨国公司的内部治理不同于一般国内公司的治理。

（1）跨国公司的委托—代理关系是在不同国家独立法人主体之间形成的委托—代理关系。跨国公司在法律意义上不是一个独立的企业，其母公司和了公司是分别依据所在国有关法律设立的企业法人，但由于跨国公司母公司掌握

① 徐崇利："走出误区的第三条道路"，载《政法论坛》2005年第4期。
② 参见吴先明：《跨国公司治理》，商务印书馆2005年版，第27~44页。

了具有创造性的核心资源，它将各子公司纳入到了统一的治理模式之内。（2）跨国公司委托—代理层级的增多，使得高级经理人员而非股东在治理机制中起了主导作用。（3）利益相关者范围扩大。作为国际生产的组织者和协调者，跨国公司的主要利益相关者包括了母公司和子公司、母国和东道国、合资企业和战略联盟、外派经理和国际劳工等。国内企业的公司治理都是建立在特定法律框架基础之上由各国的公司法规定，其中股东居于中心地位，同时外部市场机制会对公司行为产生制约作用。而跨国公司治理体制由于利益相关者众多，加之国际市场的不完全性，使得政府监管难以形成对跨国公司的有效外部约束。跨国公司内部治理机制的超国家性要求实现一定程度的"公司自治"。

二、跨国公司公司自治的合理性

法治社会的形成和发展，不仅依赖于市场之"看不见的手"引导下形成的自然秩序之社会经济基础，而且依赖于各项法律制度日趋完善，依赖于政府之"看得见的手"辅佐市场时的依法行政，依赖于各个国内管制机构在维护私主体基本利益的同时，担负起自我监管的重任；更依赖于公司这一典型的私主体不断完善公司治理结构，在公司内部良性循环的自秩序中生存和发展。从公共物品供给的角度讲，政府行为本身受到"人类组织"——政府"人为的"规则和制度结构的影响，因此不可避免地存在政府失灵问题。所以，在引入政府调节经济的具体行为中，政府监管永远是次优选择。公司治理权威学者孟克斯认为，"只有在公司治理体系已不能保证为社会的整体利益带来好处之时"，政府对公司治理的干预才成为必要。①

解决市场失灵的问题，要重视"政府规制"，更要把握"公司自治"这一关键环节。公司不能自治，就丧失了市场经济"私主体"的地位，不能称之为"公司"，更加不会跨国经营。确立跨国公司全球管制治理机制时，一定要重视公司内部的治理，恢复其自我约束、自我规范、自我管制的"自治力"，才是根本出路。政府监管、管制机构协调等只是手段，必须使公司能够自治而且必须自治。

现代公司在界限上的起步阶段就带有跨国色彩。就公司经营的"一体化"形式而言，"跨国性"即基于"国家界限"的路径依赖，而形成的"国际界限"并非跨国公司的实质"界限"，而应体现为"企业界限"。企业界限的扩张是对拥有主权的一切独立国家界限束缚的应对。两种界限经济的"搭界"，

---

① 陈东：《跨国公司治理中的责任承担机制》，厦门大学出版社 2003 年版，第 26 页。

意味着出现了全球化的一种"新的经济结构"①。与之相适应，跨国公司的行为一方面发生在"企业界限"内，另一方面发生在企业界限与国家界限之间。在跨国公司和国家这样两种不同性质的实体之间出现了平等对话的平台，其中"权力让渡"的流向呈现从国家向跨国公司流动的单向性特征。

正是实践中的跨国公司业已形成的可以抗衡"国家权力"的"工业权力"，以及公司内部一体化和外部一体化的战略联盟使得"公司自治"成为可能。

三、跨国公司自治体系的实践和完善

肇始于中世纪的"商人法"，经历了全球扩张和被民族国家国内法吸收的由盛到衰的过程。20 世纪 80 年代跨国公司的蓬勃发展，使其摆脱了国家地理位置束缚形成了一种"企际经济"。他们在交往的过程中逐渐制定自己的行为规则，自发形成一种全球商业社会内部的"自主纪律"，体现了现代"商人法"的复兴。全球化使得强权统治衰落之后留下的管理空白，将由法律来填补。法律的象征性产物在构筑跨国商业正义中发挥着积极作用。这种公正在海外公司、跨国合约、商业仲裁和规范商业规则中构筑起来，致使一部超国家的并可能凌驾于国家之上的新商法的形成。② 其中跨国公司制定的生产守则就是自治的重要范例。对于一些因跨国公司的产品责任、质量标准、环境问题等引发的全球问题，跨国公司完全可以充任正面建设性的角色，它可以充分利用其全球网络的机制来促成问题的解决，协调国家与国家之间的矛盾，提供许多技术和资本来解决这些问题。

第五节　构建非政府组织的社团调节机制

跨国公司全球治理体制必须吸纳新的角色，不仅应有一国的、跨国的和全球的组织机构参与，而且还应该有非国家、非政府的各种行为体的参与。正如"全球治理委员会"所说的那样："在全球层次上，治理基本上是指政府间关系，但现在我们必须理解，它也包括非政府组织、公民运动、多边合作和全球资本市场。"实际上，在新的国际行为体中，最引人注目的新角色就是各种各

---

① 杜文中：《界限经济与市场主体行为》，经济科学出版社 2004 年版，第 2 页。

② 参见［澳］克里斯托夫·阿勒普：《世界贸易组织的新协定》，上海人民出版社 2004 年版，第 32～33 页。

样的非政府组织。

基于全球化过程中人们跨国交流与合作加强、相互依赖程度的日益加深，人们的跨国活动已经创造出一个类似国内公民社会的"全球市民社会"。莱斯特．萨拉蒙认为："历史将证明，这场革命对 20 世纪后期的世界的重要性丝毫不亚于民族国家的兴起对 19 世纪后期世界的重要性"。① 尽管非政府组织"就像尼斯湖的怪兽——人们可以肯定地说它'不是什么'，但很难说它'是什么'"——但不妨碍它成为全球公民社会的最活跃的主体。②

非政府组织的社团调节在一定程度上可以弥补市场调节和政府调节的不足，由非政府组织独立行使或与政府共同行使的社会管理过程，称之为"治理"。非政府组织在全球管制治理中的作用体现在以下几个方面：

一、监督和实施国际义务方面的作用

非政府组织在监督国家和跨国公司遵守国际法方面起到重要作用。一方面，它监督国家实施其签署的条约、调查和揭露国家违反国际法的行为，经常能够迫使国家遵守其国际义务。另一方面，它通过揭露、抗议跨国公司违反国际义务的行为，迫使其遵守其国际义务。例如，管理多国公司的行为准则是毫无用处的，除非这些行为准则得到消费者的大力支持，迫使多国公司执行它们。而"非政府组织"享有公众信任和国际联系，能够坦率和令人信服地谈论全球公正问题③。

与政府及政府间国际组织相比，非政府组织在实施全球治理的项目过程中表现得更为灵活、负责和有效率。它接近当地的民众，所提供的各项服务更为细致周到。所以，近年来，各国政府及政府间国际组织一直鼓励非政府组织参与各项项目的实施，通过分保合同等方式，将操作性的责任转移到非政府组织身上。非政府组织则通过缔结协议和签订合同的方式提供特定产品和服务。

二、润滑剂作用

非政府组织在各国国内政府、公众、跨国公司以及政府间组织之间起到润滑剂的作用。非政府组织通过使公众知道真相和向国内立法机关施加压力，直接或间接地对国内政府产生影响；政府有时会利用非政府组织将其立场传达给

---

① 何增科主编：《公民社会与第三部门》，社会科学文献出版社 2000 年版，第 243 页。

② 周志忍、陈庆云：《自律与他律》，浙江人民出版社 1999 年版，第 2～3 页。

③ ［美］迈克尔·爱德华兹："公民社会与全球治理"，王玉强、陈家刚编译，载《马克思主义与现实》2002 年第 3 期。

公众，政府部门也可能在与其他政府部门的关系中，借用非政府组织增加发言权。非政府组织经常为政府间组织的工作提供各个领域的专家意见和信息来源，同时又依赖后者提供重要的信息和见解以影响国内政府，并且在政府间组织与政府之间充当不可或缺的沟通者。

非政府组织是国家与跨国公司相互协作的纽带。非政府组织的介入改变了国家和跨国公司相互交往的形式，由原来面对面的直接交往逐步转向间接的交往。它不仅没有成为国家的对立面，反而在一定程度上加强了国家在解决全球性问题上的力度。非政府组织参与全球机制的建立、和跨国公司直接或间接的交往、和国家进行合作等一系列行为客观上形成了制约跨国公司行为的环境。

三、造法功能

近几十年来，国际社会出现了一种"软法"现象，这与非政府组织的活动密切相关。它包括由国家缔结但仅规定"软义务"的国际条约、政府间国际组织的决议和守则以及由非政府组织力量制定的示范法、商业惯例和行业标准等，有可能成为国际法新的法律渊源。[①]据德国《经济周刊》报道，欧洲和美国的企业家同欧洲政治家们一起组成了欧洲网络协会，以便为因特网制定全球规则。因特网分配域名和地址公司对全球域名和电子信箱的编码管理问题做出规定，全世界网民都可以通过电子邮件参与上述因特网管理机构的理事会选举。这将是在没有国家参与的情况下由—个社团组织为全球因特网"立法的会"[②]。

社团自行制定的规则，和国家法律有本质区别，但同样起到了调节社会经济运行的作用。社团的自主立法，是社团调节独立于国家调节的重要标志。社团的自主立法包括非政府组织的"内部法"、"商事惯例和示范法"、与政府或政府间组织交往的国际习惯法规则以及国际经济专门领域的公法性规则。基于一种"私性权力"，非政府组织颁布调整其内部关系的组织法和行为法，对其成员是有约束力的。这种在其参与国际经济交往过程中，形成的自身内部活动以及与其他非政府组织之间交往的法制、程序和规则可称之为"自治法"，而其与政府间组织和民族国家之间关系的规则可以说是正在形成的"国际习惯法规则"；非政府组织凭借丰富的专业知识、社会声誉和关系网络，为国际商事交往的当事人尤其是跨国公司制定了大量的内部治理以及外部交往的规则，

---

① 黄志雄："非政府组织：国家法律秩序中的第三种力量"，载《法学研究》2003 年第 4 期。

② 《参考消息》2000 年 5 月 24 日，第 13 版。

这些商事惯例和示范法又称之为"现代商人法"；此外，非政府组织通过出席会议、参与文件的编撰、游说和抗议等活动参与制定或影响国际经济领域的公法性规则的发展。上述规则共同构成了一类独立的规则体系，即非政府组织法或称非政府国际经济组织法①。

四、信息协调的作用

非政府组织主要是通过收集和传播信息发挥作用的。非政府组织有不同于官方的信息渠道，在许多情况下它们所提供的信息是官方不喜欢和不愿意公布于众的。非政府组织可以通过信息渠道经常性地施加压力，监督政府及政府间国际组织的行动，唤起公众的意识。

非政府组织也能为政府及政府间国际组织提供各种咨询和处理信息。各国政府和政府间国际组织可以从非政府组织那里，得到有关特定专业领域的、技术的、法律的以及政治等方面的专门知识。非政府组织可以动员各方面的人才，如专家、学者和社会基层的工作人员提供咨询，处理信息。随着全球市民社会的发展趋势日益明显，非政府组织在全球治理中扮演着越重要的角色。

越是专业化的跨国性的非政府组织（如绿色和平组织）越有能力把来自官方的有用信息和它们自己整理汇编的信息结合起来，去影响国内国际问题的"政治议程"。相比之下，小规模的以共同体为基础的非政府组织，更多开展地方性活动，而不是改变政策。它们非常善于把带有技术难度的信息以简单化的方式传递给普通民众，改变普遍适用的应对措施使之适用于地方问题。

尽管非政府组织是全球治理不可缺少的重要因素，但与主权国家和政府间国际组织相比，它在全球治理中的地位仍是次要的、辅助性的。由于非政府组织自身的缺陷如结构性和代表性等问题，它不可能取代政府的作用。在可以预见的未来，政府仍将是全球管制治理机制的主要角色。

第六节 重构跨国公司相关冲突规范的设计

跨国公司的法律监管需要统一实体法与冲突法的综合运用。实体法上全球范围内达成一致实体制度无论在双边还是区域和多边层面都存在很多障碍，有鉴于此，更应该重视冲突法方法的运用，即通过相关冲突规范的制定和完善，

---

① 王彦志："非政府组织与国际经济法论纲"，载《国际经济法论丛》（第7卷），第283页。

来确定跨国公司相关问题的准据法。

一、完善公司法冲突规范

首先应当明确跨国公司各成员的法律地位。尤其是关于子公司的相关法律。子公司在东道国是独立法人，其相关法律应与母公司的法律区别开来，才能明确适用不同的准据法。

其次，更多采用双边冲突规范，平等适用内外国法。如果冲突法的设计偏重于内国法，不仅会引发别国的对抗，而且有时也不利于维护本国国民的利益。

最后，具体冲突规范的设计应注重保护跨国公司债权人和少数股东利益。跨国公司内部治理的核心问题在母公司控制权的约束。母公司控制权及其相关问题与总部设立地关系更为紧密，立法设计上应注重母国法的适用，这样便于相关外国裁决的承认与执行。另外由于子公司管理层实践中对子公司控股股东（母公司）的遵从，很多时候会忽视公司债权人和少数股东的利益，因此立法设计上应重视保护弱者利益，这也符合现代国际私法的大趋势。

二、完善竞争法冲突规范

首先，完善竞争法的国内法规。法律适用最终要落实到准据法的运用。如果相关竞争法的实体规则缺乏，即使有完备的冲突规范也是无本之末，冲突法的指定无法生效。因为外国法查明不存在的情况下，各国往往规定适用内国法。

其次，注重保护弱者利益。跨国公司往往处于强势地位，因此立法设计应该在侵害行为地和结果发生地法律之间选择对受害方更有利的法律适用，而不是一味选择内国法。

最后，明确将立法管辖权与司法管辖权相分离。有管辖权的法律在法律适用时应坚持有利于保护弱者和减少不正当竞争行为的角度出发选择准据法。

第五编

实践篇

跨国公司的全球管制治理机制并不是空中楼阁，需要建立在国家实践的基础上。本编将第四编有关跨国公司全球管制治理机制的设计运用于中国的实践，加以具体阐述。笔者认为改革开放以来，随着大量跨国公司涌入中国，我国已经初步形成了对跨国公司活动的政府监管体系。然而，这一监管体系也存在很多问题，已经成为制约我国经济发展和改革开放的绊脚石。笔者认为应该从原来的监管机制过渡到以政府监管为中心，非政府组织监督为辅助，国内管制机构国际合作为关键，允许一定程度跨国公司自治的多元管制治理机制。

第十五章 在华跨国公司监管机制之完善

国际法的研究不能仅停留在国际法本身的抽象理论分析和规范论证，而应通过一般分析为中国相应的立法完善提供理论指导。从国际法制的一般要求与国内相关法制具体背景出发，探讨法律完善的具体对策和途径是研究国际法制重要价值所在。[①] 这种法制研究的一般规律告诉我们，跨国公司监管理论研究的最终触角必然涉及中国的跨国公司监管法制。本章在阐述跨国公司在华投资现状和我国现行的外资监管机制基础上，构筑符合中国国情的跨国公司管制治理机制，以期在积极利用外资的同时，完善对在华跨国公司的监管。

第一节 跨国公司在华投资现状分析

一、跨国公司在华投资的发展历程

跨国公司在中国投资的发展过程与中国改革开放的发展过程基本相对应，大致也经过了四个阶段：第一个阶段1983 年以前的"试探阶段"。跨国公司开始了解、考察中国的投资和市场环境，但只有很少的跨国公司在中国投资；

---

① 肖北庚：《政府采购之国际规制》，法律出版社 2005 年版，第 236页。

第二阶段80年代中期到90年代初的"准备阶段"。跨国公司在前期考察的基础上，逐渐扩大在中国的投资。但这一阶段投资的目标在于利用中国廉价的劳动力资源，仅仅把中国看作其获取价格竞争优势的重要区位；第三阶段1992年到中国入世之前的"融合阶段"。经过十几年的考察研究和投资试验，跨国公司对中国的政策、法律、市场、人文环境等已经有了较充分的了解，中国经济的持续增长也为跨国公司提供了广阔的市场，而且邓小平同志的南巡讲话和中共十四大的召开也进一步坚定了跨国公司对中国投资的信心。这一阶段跨国公司对中国的投资额迅速扩大，战略目标也更加明确，在华投资的跨国公司正把中国从加工组装基地向重要的制造基地转变；第四个阶段2001年至今的"发展阶段"。随着中国加入WTO之后对外开放程度的加深，中国已成为全球跨国公司关注的热点地区。中国入世带动了跨国公司对华投资的投资目标战略化、投资结构产业化、投资产品系列化、投资项目配套化的新趋势。具体体现为一是投资结构进一步优化，资金密集型项目和新技术项目比例增加；二是加重本地化经营，提高国内市场占有率；三是投资方式更加多样化。跨国公司的投资方式逐步突破了传统的"三资"模式，跨国并购方式、BOT、经营权转让、项目融资、境外上市等方式投资项目明显增多。据统计，2012年1-12月，全国新批设立外商投资企业24925家，同比下降10.06%；实际使用外资金额1 117.16亿美元，同比下降3.7%。截至2012年，我国实际利用外资累计达到13 355.85亿美元，累计项目数达到763 384个。中国已经连续20年成为了发展中国家中最重要的FDI接受国。

二、跨国公司在华投资的负面影响

跨国公司在华投资为经济发展带来积极效应（促进投资、提高产值、增加税收、提供就业、拉动出口和增强研发等方面）的同时，也造成了一些经济扭曲[①]。

（一）税收问题

跨国公司普遍存在着避税严重，税负不公的问题。与内资22%的税率（国有企业33%）相比，外商投资企业的所得税仅为11%，反映了内外资严重的税负不均。2003年的数据显示，外商投资企业的平均亏损面达到51%到55%，而与此同时，其投资额却在不断攀升。另外，根据财政部的统计：1998年三资企业中有5.2万户出现亏损，亏损达到61.1%，亏损总额为1 055亿人民币，同期三资企业的销售利润率、总资产报酬率和资本收益率分别仅为

---

① 文东伟："2005年在华外商投资企业白皮书"，载《南方周末》2005年12月18日，第3版。

1.35%，2.08%和0.64%。以上数据显示出三资企业在华经营状况是整体亏损。但根据国家外汇管理局的统计，跨国公司的对华投资却已进入资本利得汇出的高峰期，1996－1999年间，我国对跨国公司支付的投资收益转移分别为39亿、81亿、121亿和180亿美元，这就意味着三资企业的整体利润是惊人的。两者相互矛盾，无法匹配。在跨国公司在华投资的"长亏不倒"和"越亏损越投资"的"迷局"背后，隐含的是巨大的税收漏洞。

（二）投资结构问题

跨国公司在华投资结构分布不均。外商投资企业尤其是跨国公司在华的投资大多集中在东南沿海，很少在西部地区投资。虽然我国出台了对西部投资的鼓励政策，但由于西部地区其他配套的投资环境达不到跨国公司的要求，跨国公司在西部投资额很小。

（三）国际收支问题

跨国公司的转移定价对我国的国际收支安全有一定的冲击，但由于我国现行外汇管理只是经常项目自由，资本项目下仍然是限制的，而且我国的外汇储备很大，因此问题还不大。

（四）市场垄断问题

跨国公司滥用市场优势地位，形成垄断。追求利润最大化是企业的目标，如果企业有垄断能力且市场监管力量薄弱，无论跨国公司还是国内企业，都有可能采取不正当甚至违法的手段形成垄断以获取超额利润。而跨国公司规模大，具有独特竞争优势，尤其在我国尚未有反垄断法的情况下，形成垄断的意愿和能力更强。最近几年，跨国公司在中国的并购战略更是体现为"三个必须"："必须绝对控股、必须是行业龙头企业、预期收益必须超过15%"，进而出现了跨国公司在华"垄断性并购"的浪潮。以零售业为例：截止到2003年底，全球50家最大的零售企业，已有40多家在我国"抢滩登陆"。其中大型超市，外资控制面高达80%以上，拥有绝对优势。[①]

对于"垄断性并购"的影响，国家统计局局长李德水认为："如果听任跨国公司的恶意收购自由发展，中国民族工业的自主品牌和创新能力将逐步消失，国内龙头企业的核心部分、关键技术和高附加值就可能完全被跨国公司所控制，甚至作为建设创新型国家的主体——我国企业特别是大批骨干企业也将不复存在。在国际产业分工的总体格局中，我们就只能充当打工者的角色。"[②]

---

① "零售业外资大兵压境"，载《第一财经日报》2006年3月14日，A6版。

② "谨防垄断性跨国并购——李德水谈'外资并购潮'"，载《第一财经日报》2006年3月15日，C5版。

垄断性并购的危害在于损害同类竞争者的利益、破坏公平竞争的市场秩序、损害消费者的利益甚至危及国家经济安全。因此，我们必须对跨国公司的垄断性收购说"不"，建立起有效的保护本国产业的壁垒。

除上述问题外，跨国公司在华投资还存在其他一些问题。比如，由于地方政府的引资竞争抬高了引资成本，造成了土地等资源的巨大浪费；部分行业跨国公司在华工厂产生的环境污染，以及一些地区跨国公司在华子公司的职工权益未能得到充分保障等。这些问题也应引起我们足够的关注。

第二节 在华跨国公司监管机制之评析

一、中国引进外资的政策演变

跨国公司对中国的投资直接受制于中国政府的政策，其投资规模、投资结构的变化都与中国引进外资的政策息息相关。中国引进跨国公司的政策在与跨国公司进行博弈的过程中不断成熟和完善，这些博弈主要集中于股权比重、产业导向和区域分布。具体说来，中国引进跨国公司投资的政策大致经历了四个阶段。

第一个阶段从 1979 年到 1983 年，这一阶段我国引进跨国公司投资尚处试验阶段，政策方面主要是取消了对跨国公司的进入限制，制定了《中外合资经营企业法》（1979 年 7 月），并建立了深圳、珠海、厦门、汕头 4 个经济特区，作为重点引进外商投资的区域，中央给予这些区域更为优惠的政策。

第二阶段从 1984 年到 1991 年，是加速发展阶段。在此期间，我国新开放了 14 个沿海城市和长江、珠江、闽南 3 个三角洲，并于 1990 年决定开发和开放上海浦东新区，形成了向外商直接投资开放整个沿海地区的新格局；引进跨国公司的法律框架初步形成，如《涉外经济合同法》《专利法》的颁布；新的《外商投资管理条例》颁布施行，对跨国公司投资开始有规模、出口比例、科技水平的限制，鼓励出口、进口替代和高科技的跨国公司投资；政府更加注重通过基础设施的建设和制度改革（包括财政、金融、企业等制度）来吸引跨国公司。这一阶段跨国公司进入的成本大大减小，政府的监管也更加制度化。

第三阶段从 1992 年至"入世"之前，不仅沿海地区，而且沿江、沿边及内地市场也进一步向外商开放，一些行业开始允许外商控股经营；颁布实施《指导外商投资方向暂行规定》和《外商投资产业指导目录》，把外商投资项目划分为鼓励、允许、限制、禁止四类，进一步明确了产业导向；制定了

《反不正当竞争法》等，更加追求、维护竞争的公平性，依靠国内市场而不是政策优惠来吸引跨国公司，对跨国公司的定价转移等行为的微观调控进一步市场化。

第四阶段：入世至今，我国进入了全面建立市场经济制度的历史阶段。中国政府积极履行入世承诺，进一步清理了不符合 WTO 要求的法律法规，出台了《反倾销条例》《反补贴条例》等法律法规，取消了很多对外资开放的行业限制，积极引导外资流向到西部开发地区。市场准入方面：中国允许外国投资者进入绝大多数制造业和某些第一产业（例如石油、林业和渔业）。大约有七成的外国直接投资投入了制造业。在服务业方面，中国自 90 年代中期以来逐步放开了建筑、批发、房地产和商业服务。随着 2001 年加入 WTO 中国开始分阶段取消金融、电信、农业和零售业的进入壁垒。2002 年是中国加入 WTO 后的第一年 8059 家外国公司开始在中国经营服务业方面的业务，比 2001 年增长了 26%，约占当年全部新设外商投资企业的 1/4。中国也向外国提供了许多有吸引力的激励措施。实际上中国至今仍然保留了许多行业的进入限制，还规定了重要的经营要求。[①] 另外，国内不同地区之间的激烈竞争导致了国内公司和外国公司之间巨大的待遇差异，尤其是在税收和关税减让、土地使用和外贸自由度方面更是如此。

二、在华跨国公司监管机制之评析

迄今为止，我国既没有一部较为完整的跨国公司投资法规，也没有相对集中的调整规范。对于跨国公司的法律管制主要通过各种有关的单行法律法规进行。这些单行法律法规包括关于外商投资的法律以及税法、反不正当竞争法、合同法等其他一些经济法规。这些法律法规的内容涉及跨国公司的外资准入、外商投资企业组织制度、外商投资企业登记管理、鼓励外商投资及外商投资企业管理方面、外商投资企业税收、金融、保险、证券、基金、外汇管理、财政、审计、价格管理、劳动和社会保障、外资并购方面的立法。[②] 其中，有关跨国公司的一些敏感问题，如关于外资股权、征收和国有化、限制性商业惯例、出口实绩、当地含量要求等也都有相应的明确规定。

除了国内的外资法体系初具规模外，中国还签署了不少双边或区域协议以促进外国直接投资的引进，对国内外资立法也有一定的补充和保证作用。据统计，截至 2010 年 11 月 1 日，我国已经与 130 个国家签订了双边投资保护协

---

① 张永："中国利用外国直接投资的对外影响问题"，载《财经问题研究》2004 年第 1 期。
② 丁伟主编：《经济全球化与中国外资立法完善》，法律出版社 2004 年版，第 226 ~ 228 页。

定，与东盟、智利等 7 个国家和地区签署了自贸协定，与香港、澳门签署了《更紧密经贸关系安排》，与台湾签署了《海峡两岸经济合作框架协议》，位居发展中国家首位，仅次于德国。[①] 此外，截至 2011 年 5 月底，我国已对外正式签署 96 个避免双重征税协定，其中 93 个协定已生效，和香港、澳门两个特别行政区签署了税收安排。[②] 从区域层面来看，中国积极参与 APFC 有关贸易和投资的动议。它和东盟（ASEAN）携手共进，在扩大亚洲自由贸易区（AFTA），东盟投资区和东盟有关服务业的框架协议和基础设施一体化方面加强合作。东盟和中国之间的安排包括了有关促进投资自由化、透明度和便利化的条款。

多边层面上，我国于 1998 年 4 月签署了《汉城公约》，1990 年 2 月签署了《华盛顿公约》，2001 年 11 月 12 日加入了世界贸易组织，而后在多哈回合谈判过程中积极参与，发挥了发展中大国应有的作用。这些法律、法规的制定和双边、区域、多边条约的签署，共同构成了我国投资的法律环境，也是我国跨国公司监管法律体系的重要组成部分。

第三节　建立在华跨国公司管制治理机制之必要性

一、克服经济无政府主义的需要

我国正处于全面建立市场经济制度的转型阶段，面临的问题还很多。尤其是随着市场的扩展、商业交易的规模和范围的增加，缺乏市场规则和缺乏执行规则导致了严重的"经济无政府主义"。从假冒伪劣、地方市场割据、行业垄断到虚假广告和赤裸裸的金融欺诈，以及普遍的逃税行为，严重制约了经济的发展，[③] 而且政府角色（从直接干预企业到维护市场秩序）转变的迟延性和不同利益主体与行政权力的结合所滋生的"政府俘获"，更加重了"经济无政府主义"。

---

① http://news.xinhuanet.com/fortune/2010-11/01/c_12724364.htm，2013 年 1 月 2 日访问。

② "我国对外签订避免双重征税协定一览表"，国家税务总局网站 http://www.chinatax.gov.cn/n8136506/n8136593/n8137537/n8687294/8688432.html，2013 年 1 月 2 日访问。

③ 高世楫："更自由的市场、更复杂的交易、更严格的规则"，载《比较》第 1 辑，第 106 页。

入世后我们面临着跨国公司的严峻挑战，在开放市场准入的同时，更需要法治来界定企业与企业、企业与政府的关系，克服"经济无政府主义"。以适当的法律体系规范市场中不同主体（包括跨国公司）的行为，同时建立专业化的监管机构对市场主体行为进行监督和管理，发挥非政府组织的优势，在信息共享的基础上构筑一个符合中国国情的良性发展的竞争合作的跨国公司管制治理模式。

二、克服跨国公司不利影响的必然选择

中国是一个发展中大国，又是社会主义国家。我国经济体制改革的目标是建立社会主义市场经济体制。我国同外国跨国公司能够在互惠互利的基础上达到一定程度的一致。但是，我国的经济、政治、社会等方面的目标以及民族国家利益同外国跨国公司的全球战略目标、公司整体利益以及其母国的民族国家利益，总是存在着不一致之处，有时甚至是对立的。尤其是现阶段跨国公司对我国的经济安全已构成了巨大威胁。为此，我国政府有必要通过制定相关政策和法律来加强对跨国公司投资的监管，克服其不利影响，趋利避害，走向双赢。

三、弥补现有跨国公司监管机制漏洞的客观要求

1979 年全国人大通过了我国第一部外商投资法规《中外合资经营企业法》，20 多年来，我国已陆续颁布了 200 余部有关外商投资的法律、法规，还有 1000 多部部门规章和政府规章，形成了一个数量庞大、体系复杂、双轨制的法律体系。

应当说，在短短二十年左右的时间里，我国走完了其他不少国家走了几十年的路，建立起了一个体系庞杂、门类较为齐全的调整外国投资关系的法律制度，对于吸引外国资金，促进我国国民经济的发展起到了巨大的促进作用。但是，改革开放以来，由于对包括跨国公司在内的外资企业监管不力，我们也付出了许多不必要的代价。例如，在建立合资企业时跨国公司大大压低估价我国企业资产，造成国有资产流失；假合资企业的出现；外资企业虚假的账面亏损；外资企业滥用划拨价格，"高进低出"，转移利润；外资企业偷漏税，逃避国家外汇管理等等。概括地说，现有跨国公司监管机制的法律漏洞主要在以下两方面：

（一）现行外资立法漏洞

从现行外资立法来看，存在着数量庞大，名目繁多；内容矛盾，缺乏统

一；结构松散，协调性差的不足等漏洞①。究其原因，主要在于随意性和盲目性的立法模式的影响。这对我国适应入世需要、完善跨国公司监管会产生极大的障碍。

虽然自 2001 年以来对以前的相关立法作了大规模修改和补充，但这些修改与补充主要体现在履行入世承诺、加大市场准入程度、吸引外商投资方面，如对三资企业法及其实施细则（或实施条例）的修订，颁布了新的《外商投资产业指导目录》等。与跨国公司监管至关重要的跨国并购和反垄断的法律还不完善，虽然 2007 年颁布《反垄断法》，2009 颁布了《关于外国投资者并购境内企业的规定》，在一定程度上缓解了燃眉之急，但相关实施细则的缺失，使得实践中执法存在相当的难度。长期以来，"行业战略管理者"身份②处于缺失状态，致使某些行业面临跨国公司垄断的威胁。

（二）市场秩序立法的法律漏洞

从有关市场秩序领域的立法来看，市场经济的各个主要方面已经基本实现了有法可依。包括有关市场主体的 9 部法律、市场规制的 8 部法律和市场监管的 4 部法律③，其中涉及跨国公司的 16 部。市场秩序立法主要存在两大漏洞：

1. 立法的数量、时间和覆盖面失衡。在"重主体轻行为"的指导思想下，市场主体立法最多（其中涉及外商投资的有三部法律），起步最早，覆盖面也最宽；8 部市场规制立法尤其是市场交易和市场竞争方面的立法在党的十四大以后制定，除了反垄断缺乏基本法外，其余领域基本有法可依；最后是 90 年代中后期的市场监管立法（监管执法程序方面的），覆盖面最窄。

2. 立法质量低，漏洞丛生。法的位阶不清；法出多门，内容交叉、重复、冲突；本位主义严重；法的名称混乱；规范粗糙等等④。这导致一方面立法如林，另一方面法律被虚置，执法困惑，市场失序。其中市场监管失灵体现为多头监管与无人监管并存。原因在于监管权配置错位、行政执法程序缺位、执法责任缺位以及强制执行手段欠缺等。值得注意的是这些漏洞之间及其与其他法律制度之间通过交互作用和非线性关系，往往形成令人意想不到的连锁反应。⑤

随着世界经济一体化进程的加速推进，特别是乌拉圭回合谈判的结束和世

① 丁伟主编：《经济全球化与中国外资立法完善》，法律出版社 2004 年版，第 229 ~ 230 页。

② 政府从宏观层面加以管理，并对整个行业的健康发展进行强有力的战略干预作用

③ 朱羿锟、刘文静："市场失序的法律漏洞：困境与出路"，载《经济法论丛》第 7 卷，第 89 页。

④ 同上注，第 91 ~ 92 页。

⑤ 同上注，第 104 页。

界贸易组织的成立，对各国管理外资的立法提出了许多新的要求。我国于2001年12月加入了世贸组织，国际投资领域市场准入将进一步开放，这就要求尽快克服现有我国跨国公司监管法律法规的缺陷和不足，进一步完善我国跨国公司监管法律体系，走向多元合作的跨国公司管制治理机制。

第四节 在华跨国公司管制治理机制的具体制度设计

我国跨国公司管制治理机制的构建受多种因素影响。首先，知识，尤其是技术知识变化的性质和速度。知识不仅包括技术知识，而且还包括组织、管理以及企业间关系和国际关系方面的知识。其次，经济空间的缩小和竞争环境的变化。最后，态度和政策体制变化。信息的流动使各国政府对其他国家的政策和表现有更多更快地了解。各地区的政策标准已经变得更加普遍，从而又对各国施加了更大的压力以便在政策竞争领域进行创新。

我们应该顺应国际上政府改革的潮流，加速我国监管型政府的建设，进而形成以政府监管为中心，非政府组织监督为辅助，国内管制机构国际合作为关键，允许一定程度的跨国公司自治的多元管制治理机制。其中跨国公司管制治理机制的基本原则是积极引进、加强引导、合理限制、严密监督的原则①，具体的监管制度要在这一原则指导下统筹安排。

一、政府职能的定位

政府与跨国公司的关系总是处于两难的境地，或者是政府监管跨国公司过多，或是跨国公司不受约束。解决这一困境，实现政府职能转变的关键是在法治框架下建立一个有限、有效的信息型监管政府，发挥支持市场的作用。

（一）有限政府的定位

市场经济的两大问题：市场失灵和政府失灵的并存。为了维持市场秩序，引入政府是必然，但如果政府不受约束，就会滥用权力，尤其在中国计划经济的烙印下，政府任意权力过大。解决这一两难的问题，目前最好的制度是"法治"。"法治"与"依法治国"的区别在于：依法治国是政府以法律为工具来管理经济，政府是"无限政府"；"法治"是政府在法律之下，是"有限政府"。②

---

① 赵黎青："试论对待外国跨国公司的政策原则"，载《世界经济》1994年第4期。
② 钱颖一："政府与法治"，载《比较》第5辑，第6页。

约束政府的方式有三种，公民社会、民主和法治。公民社会通过非政府组织以舆论监督的方式约束政府。民主是以投票的方式，确定政府人员，从而约束政府。法治就是法律通过政府保护产权、实施合同，维持市场秩序，但同时法律也约束政府。

建立"有限政府"的途径之一是防止政府颁布太多干预跨国公司活动的法律。通常过多的市场准入限制会造成企业创业的困难，制约引进外资的规模。其二是增加对限制政府任意权力的法律供给。政府权力的任意性，降低了政府决策的透明度和跨国公司对经济环境的可预期性，影响了跨国公司进入中国市场的积极性。目前我国限制政府任意权力的法律欠缺，至今未出台《行政程序法》，调查、听证和决策程序都无法可依，必须加强这方面法律的供给。此外，只有从根本上改变法律的"政府工具论"的观念，才能使政府成为真正的"有限政府"。

（二）有效政府的定位

有效政府是中国加入 WTO 的客观要求。WTO 规则是法治规则，是约束政府行为的规则，为了更好地履行入世承诺，必然要建立有效政府。

有效政府是建立在有限政府的基础之上，通过区分不同的市场进行适当的监管。原则之一是监管成本小于监管收益时，才进行监管；原则之二是区分不同的市场实行不同的监管政策。产品市场上政府实施有效的"竞争政策"，维持市场秩序；金融市场上政府实施"强制信息披露"，促进金融市场健康发展；环境领域、安全领域也是如此。

（三）信息型政府的定位

监管本质上就是信息的监管，有效信息的占有与获取是有效监管的核心。我国政府监管的漏洞之一就是信息的部门垄断，现行市场监管立法只重视事前审查，轻视事后监督和信息共享。政府应确立信息公开化原则，建立信息共享机制，提高监管效率。笔者建议拟定《政府政务信息化法》，实现信息型的政府监管。

此外，我国监管机构应建立起覆盖我国并且伸展到各国、各地区的全球性信息网络，及时、迅速地搜集、整理、分析和传播各种跨国公司的背景材料和运作实绩的信息；包括外商投资项目的实施阶段、外资企业生产经营过程、外资企业的财务状况、外资企业的各种联系与影响等信息的反馈[①]。政府监管机构要能够对外资企业的生产经营实绩及其影响作出切合实标的评价，应具备审

---

① 应当注意在此过程中的信息保密。

核外资企业实际成本与收益的能力，应能及时发现外资企业的各种违法行为。同时，我国应尽快建立起独立的、与市场经济相适应的、并且符合国际通行标准的统计、审计、会计与商检等制度，积极发展与各国和各国际组织相应机构的联系，实现监管信息畅通交流，促进跨国公司监管的国际合作。

二、管制机构的设计

（一）建立基于公平原则、相互协调的专业管制机构

我国政府监管机构的运作传统上一直是命令式的、政府部委型的方式。为了建立一套促进市场发挥作用，跨国公司与国内企业公平竞争、消费者和劳工利益受到充分保护的制度体系，要求新的管制机构应该在"公平、透明、专业、独立、诚信和可问责"原则下运作。

（二）加强对管制机构执法的程序性约束

长期以来，我国监管机构的执法是运动式，没有法律约束，人为地增加了市场的无序。因此必须加强对新的管制机构的程序性约束，使其符合"法治"的根本要求。

（三）构建管制机构之间适当的组织关系

以往，一个投资项目的审批，需要服从不同政府机构的要求，这些政府机构彼此独立，并不共享信息，繁琐的审批手续常常导致延误。新型管制治理机制中必须保持经济监管、环境监管、安全和卫生监管的齐头并进，协调发展。

（四）理顺中央政府与地方政府之间关系

目前，我国正处在经济转轨的过程中，各种利益格局尚未完全固化，不同地方政府之间竞相降低监管标准，体现了各地对稀缺资源的争夺，不利于跨国公司在华投资的合理布局。对此，在新的跨国公司管制治理机制中，中央政府应从长远和宏观利益角度平衡各地监管措施。

三、竞争性市场体系的完善

随着世界经济自由化趋势的出现，各国将放松对涉外经济关系的法律管制，但是这方面的立法在可以预见的未来不可能完全消亡[1]。而且，对于许多以开拓市场为目的外国投资者来说，优惠待遇并不是投资的决定性因素。跨国公司已经逐渐将注意力转向了市场准入和市场支持型的法律和政策环境，而不是由当地政府提供的外部激励。

---

① 陈安主编：《国际经济法专论》（上），高等教育出版社 2002 年版，第 177 页。

随着中国致力于建设基于法治和入世承诺的开放的竞争性市场体系，一个政策透明，保护知识产权、坚持公平竞争的市场经济必然要求跨国公司监管法律体系的进一步完善。为此立法机关应该尽快合并我国的三资企业法，制定《外商投资法》，对外资的特殊性问题如跨国公司审批程序和机构、外资投资领域、股权比例等方面问题作出统一规定。对有关外汇管制、雇佣政策、税收政策、劳动关系等问题，分别归入相应的部门法调整。对外资并购问题制定《企业并购法》、《反垄断法》，修订《证券法》，形成对跨国公司并购有效的法律规制。①

四、非政府组织的辅助作用

NGO 在全球范围内的兴起，恰是对全球化进程中国家权力扩张和市场力量侵蚀的必然反映。② 非政府组织是市场和政府之间的中介。

改革开放以来，我国民间组织稳步发展，整体质量明显提高。民间组织已经遍布全国城乡，涉及社会生活各个领域，初步形成了门类齐全、层次不同、覆盖广泛的民间组织体系。截至 2010 年底，全国登记注册的社会组织 43.9 万个，其中社会团体 24.3 万个，比上年增长 3.4%，民办非企业单位 19.5 万个，比上年增长 3.7%，基金会 2168 个，比上年增加 388 个。③

中国非政府组织除了具有一般非政府组织的共同特点之外，还有着不同于西方非政府组织的特殊性，体现在以下几方面：

（1）内涵的差异。我国法律上认定的非营利组织与发达国家的非政府组织不同。它是由民间组织、国有事业单位、人民团体、转登记团体和未登记团体构成的，内涵明显广于非政府组织。④

（2）"市民社会——政治国家"发展轨迹不同。西方经历了从自由放任的市场调节到市场与国家调节并用的发展阶段。国家调节是建立在市场相对完善和健全基础之上。之后的社团调节是确立在较为成熟的市场调节和国家调节之外的第三种调节机制。我国改革之前，国家计划是唯一的经济调节机制，排斥市场调节。改革开放之后的社会主义市场经济体制，是在市场调节尚不健全甚至市场调节缺位的情况之下实行市场和国家的并用，其中国家调节的惯性还很大，市场机制不成熟。非政府组织的治理在中国是为了弥补"双重失灵"的

---

① 跨国公司在华并购问题已经成为我国政府和企业界共同关注的问题，本书篇幅所限，不做进一步展开。

② 马长山："NGO 的民间治理与转型期的法治秩序"，载《法学研究》2005 年第 4 期。

③ 参见"2010 年民政事业发展统计公报"，http://www.mca.gov.cn.

④ 李恒光：《市场与政府之中介》，江西人民出版社 2003 年版，第 17 页。

选择。

（3）基础不同。西方国家 NGO 的兴起，建立在国家与社会分离的基础上。中国改革开放之前，国家权力渗透到社会的每个角落形成了国家——社会一体化的局面。在此基础上改革带来的社会转型和 NGO 的兴起，正是突破国家——社会一体化的生力军，促进了国家和社会的结构分化。

（4）形成机制的不同。西方 NGO 的形成是自下而上的方式，中国的 NGO 多是在政府扶持下自上而下建立起来的。当代中国正处于社会转型期，这种社会转型是传统社会向现代社会的转型，是全方位的结构性变动，其内容涉及到经济、社会、政治领域的各个方面，其中一个核心的内容是国家权力的转移，即国家权力有步骤有计划的退出，还权于企业，还权于社会。与政府下放权力相伴的是政府职能的转变。1988 年国务院机构首次明确提出上"转变政府职能"，尤其是中央一级及其部门的职能框架之内的局部调整。1992 年以来，政府转变职能立足于突破计划经济的樊篱，中心内容是"政企分开"，即政府管理职能与企业经营职能分开，政府管理从微观转向宏观；由直接管理向间接管理；由部门管理向行业管理；由对社会的管制为主转向引导、监督、服务为主；由政府机关办社会转向机关后勤服务社会化。1998 年，九届人大一次会议通过的《关于国务院机构改革方案》中，明确把政府职能的科学定位为宏观调控、社会管理和公共服务三项。政府退出来的权力真空，除一部分属于市场的权力归于市场外，很大一部分权力归还于非政府组织来承担。

这一过程中，必须通过法律体系和制度设计明晰政府与非政府组织在治理领域的权利、责任与义务。政府除了作为"元治理"①，发挥中心作用之外，还应继续担负起仲裁职责，从宏观层面规约逐渐形成的多元治理格局，使政府、跨国公司和非政府组织能够在法律与制度框架内本着互利合作、诚实守信的态度展开竞争与合作。

五、国际协调机制的构建

当今世界没有任何一个国家对外资是完全开放的，各国普遍制定了涉外经济管理法，其中很多内容涉及跨国公司监管问题。而且，这类法律的适用具有域外效力，实践中常常导致管辖权冲突。国际组织在解决跨国公司监管法律域外适用冲突上可以发挥积极的协调作用。例如，经合组织在这方面就提出了一系列旨在解决各国涉外经济管理法域外冲突的有关规则。我国应予充分借鉴。此外，我国应当充分地利用加入 WTO 的契机，加快法规清理的步伐，在 WTO

---

① 政府在社会管理网络中被视为"同辈中的长者"。

框架内进行有效的政府监管。

六、本土跨国公司的发展

当今世界，一个国家拥有跨国公司的数量和规模，已经成为衡量这个国家经济实力和国际竞争力的重要标志。我国加入世贸组织，意味着将进一步开放市场，我国企业将在自己的家门口迎接激烈的国际竞争，培养具有国际竞争力的跨国公司，既是我国企业生存的迫切需要，也是迎接跨国公司挑战的方法之一[①]。虽然外商投资企业和国内企业一样创造收入、税收和工作岗位，但一国长期的竞争力取决于本国企业的创新精神及其在世界市场上竞争的能力。发展中国家面对巨型跨国公司，欲对其全球活动全方位政府监管是比较困难的，发展中国家不能不对本国企业的跨国经营减少管制甚至予以扶持以应对跨国公司的竞争。

中国必须逐渐减少给予外国企业的优惠待遇。一个有远见的"外资退出战略"，即逐步消除外资的扭曲效应，减少中国经济增长对外资本的依赖是必要的。与此相配套的是积极的"内资推进战略"，即有效地扩大国内非国有企业市场准入，改善其经营环境以鼓励国内企业家迅速成长。

第五节　在华跨国公司地区总部监管机制之完善

跨国公司地区总部是跨国公司不断适应经济全球化和经营战略地区化的一种组织安排。80 年代以来，众多跨国公司推行全球产业链战略，逐步将其控制体系和生产体系相分离，有了在不同的区域设立不同性质的生产、经营、研发以及营销机构的必要性，地区总部这一新型的经济单元应运而生。自 1957 年，IBM 公司建立了全球第一个地区总部以来，越来越多的跨国公司通过这种做法来适应由于业务扩展对区域间的协调与合作的需求，提高跨国公司的总体竞争力。

作为世界上第三大引资国和 21 世纪最有活力的新兴市场，中国吸引了大批跨国公司来华投资。随着跨国公司在华投资项目的增多，客观上需要进行整合和协调，跨国公司在华设立的地区总部如雨后春笋般，蓬勃发展起来。以上

---

① 法国经济学家塞力·雷斯贝尔称，发展中国家应对跨国公司挑战的唯一方法就是创立自己的跨国公司，参见钟伟："跨国公司发展对国家监管的挑战"载《科学决策》2001 年第 3 期。本书不赞同发展本国跨国公司是唯一方法的观点，认为那只是方法之一。

海为例，截止到 2010 年 7 月 14 日，上海累计认定跨国公司地区总部已达 281 家，批准外资投资性公司 203 家，设立外资研发中心 311 家。① 其中"跨国公司国家级地区总部"计 22 家。② 然而跨国公司地区总部在中国的发展也并非一帆风顺，法律制度的不完善成为地区总部在中国进一步发展的障碍。尤其是 2008 年金融危机以来，中国的总部经济面临严峻的形势，需要从制度层面完善现行体制并与中国跨国公司法制完善相协调。本节通过对跨国公司地区总部在我国发展存在的主要制度性问题的分析，探讨完善跨国公司地区总部发展法制环境的途径，以期对跨国公司地区总部在中国的良好运行有所裨益。

一、跨国公司地区总部的法律性质

对于何谓跨国公司地区总部，学界和实践尚未形成统一的认识。2008 年《上海市鼓励跨国公司设立跨国公司地区总部的规定》第 2 条将跨国公司跨国公司地区总部界定为："在境外注册的母公司在本市设立的以投资或者授权形式，对在一个国家以上的区域内的企业履行管理和服务职能的唯一总机构"③。《商务部关于外商投资举办投资性公司的规定》中第 22 条对于符合条件的投资性公司经申请被认定为（国家级）跨国公司跨国公司地区总部的条件给与明确规定。可见，跨国公司地区总部是中国法人，组织形式是有限责任公司。按其合资和独资分别为中外合资企业法人和外商独资企业法人④。跨国公司地区总部是跨国公司整个链条中的地区级子公司，既是跨国公司核心层（总部）下的子公司，又是其松散层子公司的母公司。

二、跨国公司地区总部的法律特征

（一）与一般外商投资企业的区别

跨国公司地区总部的法律性质和地位决定了它具有不同于一般外商投资企业的显著特征。跨国公司地区总部既不是生产性企业也不是服务性企业，其实质是一种实现资产优化配置的资本管理公司。它与一般外商投资企业的最大区

---

① "24 跨国公司在上海设地区总部"载《文汇报》2010 年 7 月 15 日，第 8 版。

② "百胜成为跨国公司国家级地区总部中首家服务业企业"http：//www. scofcom. gov. cn/sfic/sc/list. jsp？viewType＝viewImage&id＝202945，2010－5－15 访问。上海规定的跨国公司地区总部与商务部规定的（国家级）跨国公司地区总部还有所不同。详见上海规定第 2 条，商务部规定第 22 条。

③ 此外，2009 年《关于鼓励跨国公司在京设立地区总部的若干规定》也有相同的规定。

④ 鉴于实践中地区总部很少合资的情形，上海规定第 2 条直接将其表述为"跨国公司可以以独资的投资性公司、管理性公司等具有独立法人资格的企业组织形式，设立地区总部"。

别在于业务性质不同。前者从事直接投资并可受委托管理协调其所投资的企业，但不能参与企业的经营管理；后者是直接从事经营活动或者服务活动的企业。具体差异体现为：

（1）"缺项"的企业职能：一般外资企业是一个"完整"的职能组合，而跨国公司地区总部只承担整个公司业务活动中"资本管理"职能。作为跨国公司的"首脑"和"心脏"，其运营活动更具知识性和战略性。（2）"内化"的服务对象。一般外资企业主要服务于外部客户，而跨国公司地区总部主要为跨国公司内部其他公司提供决策管理或资本运营、财务核算、技术支持等服务。（3）"广阔"的业务范围。一般外资企业的业务范围相对单一和专项。企业不可以超出其被许可的经营范围。而跨国公司地区总部可以销售所有的其所有投资企业的产品，用同一个面孔面对市场，利用同一个销售渠道，统一商标，发票等系统，辐射力和影响力更强。（4）"集约"的生产方式。一般外资企业维持正常经营必须有足够的机构、人员和场地等配置。而跨国公司地区总部的生产经营方式更具集约性，只要设立一个单一的共享服务中心，就可以服务若干所投资企业。人员少、办公资源消耗不多，但产出大。（5）"单一"的组织形式。一般外资企业既可采用有限公司也可采用股份有限公司的组织形式，而跨国公司地区总部只能是"投资性"或者"管理性"的有限责任公司。（6）"平衡"的税收策划。跨国公司地区总部因不属于生产性企业，不能享受定期减免税，须按33%的税率（含地方所得税）缴纳所得税，而其他形态的外商投资企业的税率可能要低得多[1]。但跨国公司地区总部在财务和税务策划的优势也可使跨国公司受益。在中国，不允许跨国公司在中国的多个投资企业合并纳税，因而跨国公司不能用其某一外商投资企业的亏损抵消其另一外商投资企业的利润。但一个跨国公司地区总部则可以汇集各控股企业利润进行综合平衡，全面考核其在华投资效益，如果直接用于再投资，还可以享受再投资退税优惠。[2]

（二）与外商投资性公司的区别

所谓"投资公司"，从广义上说，是一种企业组织形式，是一种伞形企业，在这个企业的最顶端通常是一个资合或人合公司，该公司的目的和任务是对其参股或持股的一家或数家具有独立法律地位的企业进行管理[3]。我国《商

---

[1]　狄书哲、王琳："跨国公司为何在中国设立控股公司"，载《涉外税务》2003年第6期。
[2]　狄书哲、王琳："跨国公司为何在中国设立控股公司"，载《涉外税务》2003年第6期。
[3]　区满荣、H. 豪依尔、张萱："试论中国有关外商投资举办投资性公司的法律制度"，载《南京大学法律评论》1997年秋季号。

务部关于外商投资举办投资性公司的规定》中第 2 条 "外国投资者在中国以独资或与中国投资者合资的形式设立的从事直接投资的公司。公司形式为有限责任公司"。1989 年国家工商总局《关于外商独资经营、中外合资经营的投资性公司（即伞型公司）及其投资举办的企业的核准登记问题的通知》中也将其称为 "伞形公司"。

　　跨国公司地区总部和外商投资性公司之间既有联系又有区别。联系体现为跨国公司地区总部大多以投资性公司的形式存在，两者都具有投资的功能。区别在于投资性公司的组织形式可以为独资或者合资的形式。而跨国公司地区总部是独资形式；跨国公司地区总部虽然以投资性公司的形式存在居多，但还有以管理性公司的形式存在的。外商投资性公司实际上主要是适应我国国情推出的一个特定概念，跨国公司地区总部在跨国公司管理体系中的地位更高，权力更大，是大型跨国公司开展全球业务的重要管理节点。此外与一般外商投资性公司相比，跨国公司地区总部具备更广泛的业务权利。（1）进口并在国内销售（不含零售）跨国公司及其控股的关联公司的产品；（2）进口为所投资企业、跨国公司的产品提供维修服务所需的原辅材料及零配件；（3）承接境内外企业的服务外包业务；（4）根据有关规定，从事物流配送服务；（5）经中国银行业监督管理委员会批准，设立财务公司，向投资性公司及其所投资企业提供相关财务服务；（6）经商务部批准，从事境外工程承包业务和境外投资，设立融资租赁公司并提供相关服务；（7）委托境内其他企业生产/加工其产品或其母公司产品并在国内外销售；（8）经商务部批准，允许被认定为跨国公司地区总部的投资性公司从事经营性租赁和融资租赁业务；（9）允许被认定为跨国公司地区总部的投资性公司委托境内其他企业生产/加工产品并在国内外销售，从事产品全部外销的委托加工贸易业务；（10）行使财务中心或者资金管理中心职能且被认定为跨国公司地区总部的投资性公司，经外汇管理机关批准，可以对境内关联公司的外汇资金进行集中管理，也可以在境内银行开立离岸账户集中管理境外关联公司外汇资金和境内关联公司经外汇管理机关批准用于境外放款的外汇资金。离岸账户与境内其他账户之间的资金往来，按照跨境资金往来管理；（11）经批准的其他业务。跨国公司地区总部实质上是更高级别的特殊的外商投资性公司。①

---

① 鉴于跨国公司地区总部与外商投资性公司的联系，本书中将对两者的规制政策一并纳入研究范畴。

（三）与一般控股公司的区别

对于何谓控股公司，学理上的界定众说纷纭[1]。英国公司法和卢森堡公司对控股公司做了规定。其中，卢森堡公司法仅对"纯粹的控股公司"[2] 做出明确的规定："纯粹的控股公司是指其唯一宗旨只是为了在本国公司或在外国公司中参股，因而这类控股公司除拥有管理局的办公楼外，不得拥有其他土地，不得从事任何工商活动，也不得直接与公众进行交易活动[3]。"跨国公司地区总部是跨国公司集团中的"次级"纯粹型控股公司。它具有一般的控股公司的特征——不从事直接的生产经营，但又有所不同。跨国公司地区总部不限于利用其他公司决定性的表决权的股份来实现对其的支配控制地位。它处理介于国家级子公司与跨国公司总部之间的业务，弥合了跨国公司总部控制权与子公司自主权之间的鸿沟，使得跨国公司的组织机构突破了国家的界限，实现内部一体化，更好地服务于全球战略和本地化战略。

跨国公司地区总部的这些特殊性决定了在法律上不能将其与一般外资企业"一视同仁"，需要对其进行专门的规制。

三、现有监管体系之评析

1993 年，日本伊藤忠商事有限公司突破了当时政策的限制，获准在华独资成立伞形公司，成为在中国的第一家外商投资性公司。1995 年，外经贸部才正式颁布了《关于外商投资举办投资性公司的暂行规定》，使外商投资性公司的设立和运营走上有章可循的道路。1999 年初，北京市政府颁布了国内第一个跨国公司地区总部的地方性规章《关于鼓励跨国公司在京设立地区总部的若干规定》，开启了外商投资性公司认定为地区总部之先河。2000 年初，阿尔卡特（A lcatel）公司成为第一个在中国建立地区总部的跨国公司[4]。2004 年，随着《关于外商投资举办投资性公司的规定》的颁布和修改，加之一系列相关法规的出台，我国初步形成了对外商投资性公司（地区总部）的法律规制体系。

除了受我国缔结或者参加的国际条约（例如 GATs，双边投资协定和避免双重征税协定）的约束外，我国跨国公司地区总部的国内规制体系由三个层

---

[1]　吴茂见："国有控股公司的概念和法律特征分析"，载《西南政法大学学报》2005 年第 6 期。

[2]　根据公司所从事活动内容可分为纯粹控股公司和混合控股公司。

[3]　朱慈蕴：《公司法人格否认法理研究》，法律出版社 1998 年版，第 248 页。

[4]　任永菊、张岩贵："跨国公司地区总部的特征、类型及其来华情况分析"，载《世界经济》2005 年第 1 期。

面法规构成：（1）宪法第 18 条第 2 款和 32 条第 1 款共同构成了我国保护外资的基本原则；（2）公司法的规制和有关外商投资企业的法规。地区总部采用的是有限责任公司的组织形式，必然要遵守《中华人民共和国公司法》（2005年修正）的相关规定。作为特殊的外商投资企业也要符合《中外合资经营企业法》和《外商独资企业法》的有关规定；（3）相关行政法规和部门规章的规制。商务部是地区总部的主管机关，其颁布的 2004 年《关于外商投资举办投资性公司的规定》（以下简称《规定》）以及 2006 年 5 月《商务部关于外商投资举办投资性公司的补充规定》是规制地区总部的主要规章。此外，其投资领域还要受《外商投资产业指导目录》（2007 年修订）的限定。《规定》赋予外商投资性公司的经营权利日益扩大，业务限制越来越少；（4）地方性规章。为了进一步发展城市总部经济和适应跨国公司在华投资日益系统化的需要，截至到 2004 年底，我国近 20 多个地方政府相继出台了一系列吸引地区总部的优惠政策[1]。以吸引地区总部最多的上海为例，现行有效的规章包括：（1）2008 年《上海市鼓励跨国公司设立地区总部的规定》；（2）2008 年关于《上海市鼓励跨国公司设立地区总部的规定》若干实施意见；（3）浦东新区关于《上海市鼓励外国跨国公司设立地区总部的暂行规定》的实施办法。

与蓬勃发展的跨国公司地区总部的相比，我国地区总部的法律监管体系相对滞后，阻碍了跨国公司地区总部的发展，亟需完善。缺陷具体体现在：

（一）立法体系缺乏系统性

从改革开放我国第一部有关外资的立法《中外合资企业法》伊始，我国外资立法长期以来习惯于"头疼医头，脚疼医脚"，缺乏整体规划和系统性，有关地区总部的体系也是如此。

纵向结构上看，立法主体的多层次导致各类法规之间内容重复甚至冲突。例如，法律适用上，我国外商投资企业法律与新修订的公司法的冲突[2]。虽然在《公司法》第 218 条规定了"外商投资的有限责任公司和股份有限公司适用本法；有关外商投资的法律另有规定的，适用其规定。"但实践中对于如何解释"有关外商投资的法律"的范围以及"另有规定，适用其规定"理解都有很大差异，给地区总部和行政机关、司法机关适用法律带来很大困惑。再比如在界定外资标准上外资企业法与《规定》的冲突。传统的外商投资企业法（三资企业法）是以投资者的国籍为标准界定是否属于外资的。按照这一标准，由于外商投资性公司的中国法人性质，其所投资的企业就不应该属于外商

---

① 雷平：《跨国公司地区总部区位决策研究》，上海财经大学出版社 2008 年版，第 41 页。

② 刘克毅："析我国外商投资法律的适用"，载《法律适用》2010 年第 1 期。

投资企业。而《规定》第 20 条"投资公司投资设立企业，投资公司或与其他外国投资者的外汇投资比例不低于其所投资设立企业的注册资本的 25% 的，其所投资的企业享受外商投资企业待遇"。作为部门规章的《规定》与外商投资企业法对于外资界定标准的矛盾，造成了外商的无所适从和管理的困难。《规定》作为部门规章，突破了上位法的规定，是否有效？如果无效，地区总部的法律性质得不到体现，这一矛盾如何解决？

横向结构上，立法权限的不一致造成法律的地区不平等，使外商投资难以把握我国的投资环境。中国各地的引资政策差异、各行业对外开放时间的先后，以及政策的不连贯性与不透明（灰色空间巨大），导致地区总部在税收、外汇、业务范围等方面无法获得中央与各地政府及各部门间统一、确定的政策管理信息，因而会严重影响地区总部的运行功能与效率①。实践中，跨国公司地区总部选址原则可能会更多考虑整体的经营环境和发展前景，而不完全在于地区给予的优惠政策②。这种地区差异的优惠政策既造成了税收的流失也使得外商难以把握。

（二）立法内容过于简单和抽象

鉴于投资性公司（地区级母公司）与所投资企业（子公司）的关系是地区总部法律规制的特殊性问题，下文仅就这一专题讨论现有法规的内容缺陷。

1.《关于外商投资举办投资性公司的规定》的缺陷

（1）内容过于简单和抽象，缺乏实际操作内容的规定。《规定》第 26 条简单地规定了"投资性公司与其所投资设立的企业是彼此独立的法人或实体，其业务往来应按独立企业之间业务往来关系处理。"而未对如何处理做出具体规定；（2）一些规定不符合公司集团的法律性质。例如，第 10 条第 2 款规定"受其所投资企业的书面委托（经董事会一致通过），向其所投资企业提供下列服务……。"只有当其所投资企业经董事会一致通过向投资公司提出书面委托时，投资公司才能向它提供上述服务。一旦少数股东否决，投资性公司的这种集团内部优势将受到严重的损害，投资性公司设立宗旨也将最终被掏空。

2.《公司法》的缺陷

一般而言，跨国公司地区总部对子公司的控制可以通过财务控制、文化控制、制度控制以及管理人员外派和资源配置来实现。2005 年公司法修正之前，

---

① 王建新："论中国吸引跨国公司总部存在的问题与对策"，载《经济评论》2003 年第 4 期。

② 编辑部："跨国公司地区总部的选址原则与经济影响"，载《世界经济研究》2005 年第 3 期。

对于母子公司的关系并没有法律规定，这就使二者间的关系在实践中由于缺乏法律指导而难以规范。修订后的公司法对其进行了规定但仍存在一定问题。

（1）概念不清。我国《公司法》未规定母公司的概念，只对"子公司"作了简要规定；也没有对"关联企业"、"企业集团"（在德国被称为"康采恩"）作出直接界定，仅是在第 217 条对控股股东、实际控制人、关联关系进行了界定。可以说我国公司立法中关联公司、关联交易相关法律问题的规制尚未成体系，关联公司的认定标准过于绝对，亟需在今后的公司法制完善过程中加以完善。

（2）规定了揭开公司面纱原则，但操作性不强。

1993 年的公司法第 13 条第 2 款"公司可以设立子公司，子公司可以具有企业法人资格，依法独立承担法律责任。"仅规定了何谓子公司，但并未对母公司与子公司之间关系并未做具体规定，这就使二者间的关系在实践中由于缺乏法律指导而难以规范。此外，规定子公司独立承担相应责任，而未对母公司利用子公司从事非法活动所应承担的责任做出规定，实践中已经被一些公司所利用。

修订后的《公司法》第 20 条第 3 款规定了"公司股东滥用公司法人独立地位和股东有限责任，逃避债务，严重损害公司债权人利益的，应当对公司债务承担连带责任"。这是世界上第一在成文法中明确规定"揭开公司面纱原则"的法律，是其成文化的有益探索，也为规制跨国公司母子公司债务承担做了有益的尝试。但由于"揭开公司面纱原则"具有的衡平法和裁判法的性质，使得这一规定在理论上和实践中具有难以克服的障碍①。例如对于"逃避债务"的界定，"严重损害公司债权人利益"的认定，都是很棘手的问题，实践中也较难把握。

（三）执法环境的不透明

根据相关的调研，跨国公司认为影响其选址中国的原因不仅因为中国相关法律残缺或不合理，缺乏国际法环境，更主要的是因为法律不公开、不连贯及实施不力。多家跨国公司认为政策与行政法规环境是我国吸引跨国公司总部所缺乏的第一要素②。例如我国的外汇、税收等外资管理政策是部门内部规定，缺乏透明度。执法过程中各地各部门对相关政策的执行尺度不同造成外资很大困惑。

---

① 宋尚华："揭开公司面纱规则的法律属性"，载《理论界》2009 年第 5 期。

② 王建新："论中国吸引跨国公司总部存在的问题与对策"，载《经济评论》2003 年第 4 期。

四、走向管制治理机制的在华跨国公司地区总部监管体系

所有的规制政策都应该是一个不断演进的过程。法国学者皮尔兹曼认为：规制政策实际上是规制者、企业利益集团和消费者利益集团之间竞争均衡的结果①。如何设计处一个良好的制度框架，并使之"可持续发展"，是政策制定者的基本使命。跨国公司地区总部作为相对独立的不同利益集团的联系与冲突的"漩涡中心"，制定地区总部的规制政策远比一般的跨国公司规制政策更为复杂。跨国公司所普遍具有的法律上的独立实体和经济上的联合体的矛盾，在其身上更突出的体现，构成了对建立在公司法基本原则基础上的规制政策的更有效挑战。经济上的联合体使得地区总部有能力为实现整体利益而牺牲个别成员的利益，甚至导致东道国吸引地区总部发展区域经济的政策目标落空，而法律上的独立实体又可以有效的逃脱应负担的公司责任。如何来解决这一矛盾成为规制跨国公司（包括地区总部）的世界性难题。

在华跨国公司地区总部监管机制的完善应该建立在整个外资法体系完善的基础上，构建跨国公司地区总部的功能性法律制度框架，同时提高政府系统的运作效率，完善社会服务系统，全而营造适宜跨国公司地区总部的经营环境。

（一）体系调整

我国应逐步消除以不同企业形式分别立法的外资立法体系，赋予外国投资者与国内投资者同等法律待遇，将外商投资企业纳入《公司法》或者《合伙法》调整范畴。

（二）内容充实

我国应当进一步充实有关税收和外汇管理等政策措施；尽快出台《反垄断法》的实施细则，规范地区总部垄断行为；借鉴德国股份法对联属企业的规定，完善《公司法》中有关揭开公司面纱的规定；完善《关于外商投资举办投资性公司的规定》的内容，增加有关知识产权保护和环保责任等方面的内容。

以完善地区总部的并购为例。2008 年 8 月出台的《反垄断法》，是地区总部反垄断规制的核心法律。截止到 2010 年 6 月底，中国商务部的反垄断局依据该法已经受理了 140 余件并购案的申报②。但是由于没有相应的实施条例，针对外资投资性公司的各种垄断行为，商务部的反垄断调查仍然举步维艰，应

① 雷平：《跨国公司地区总部区位决策研究》，上海财经大学出版社 2008 年版，第 176 页。
② 商务部官员："中国《反垄断法》仍需不断完善"，2010－08－12 国际在线专稿 http：//gb. cri. cn/27824/2010/08/12/5005s2953577_ 1. htm，2010 年 8 月 18 日访问。

尽快出台《反垄断法实施细则》等配套法规，增加法律的可操作性和透明度。完善《关于外商投资举办投资性公司规定》中有关垄断的规定：针对可能垄断国内某些行业的潜在威胁，审批时引入竞争机制，允许两家或多家跨国公司外商投资性公司进入，利用市场竞争机制来消除垄断的潜在威胁。对于高新技术产业或我国工业生产技术较低的行业，更应坚持这一原则。

（三）规范外资立法权限，提高法律的透明度

首先，应规范立法权限，取消地方与中央立法不符的政策法规；其次，应逐步清理取消外汇管理和税收等方面的内部文件，除涉及国家安全和公共利益的以外，其他政策都应以相应的法律法规对外公布，并在之前采取听证、咨询等方式征求意见；最后，应协调各地对跨国公司地区总部的优惠政策，并使之与国内其他政策的协调一致。

中国加入WTO以后，跨国公司在华投资，进入飞速发展时期。如何有效的监管跨国公司的行为，使之符合中国的经济发展目标，成为摆在我们面前亟需解决的重大问题。我们应该顺应国际上政府改革的潮流，加速我国监管型政府的建设，进而形成以政府监管为中心，健全相关的法律体系规范跨国公司的行为，同时建立专业化的监管机构对跨国公司行为进行监督和管理，发挥非政府组织的优势，在信息共享的基础上构筑一个符合中国国情的良性发展的竞争合作的跨国公司管制治理模式。其中的关键是在法治框架下建立一个有限、有效的信息型监管政府，发挥支持市场的作用。政府除了作为"元治理"发挥中心作用之外，还应继续担负起协调者的职责，从宏观层面把握逐渐形成的多元治理格局，使政府、跨国公司和非政府组织能够在法律与制度框架内本着互利合作、诚实守信的态度展开竞争与合作。

参考文献

一、译著类

1. ［日］植草益：《微观规制经济学》，朱绍文、胡欣欣等译，中国发展出版社 1992 年版。

2. ［美］保罗·萨缪尔森：《经济学》（12 版）下册，萧琛主译，中国发展出版社 1992 年版。

3. ［美］查尔斯·林德布洛姆：《政治与市场：世界的政治经济制度》，王逸舟译，上海人民出版社 1994 年版。

4. ［英］詹宁斯、瓦茨修订《奥本海国际法》（第 9 版）第 1 卷第 1 分册，王铁崖等译，中国大百科全书出版社 1995 年版。

5. ［英］约翰·洛克：《政府论》（下篇），叶启芳、瞿菊农译，商务印书馆 1996 年版。

6. ［德］罗伯特·霍恩等：《德国民商法导论》，楚建译，中国大百科全书出版社 1996 年版。

7. ［日］千叶正士：《法律多元：从日本法律文化迈向一般理论》，梁治平等译，中国政法大学出版社 1997 年版。

8. ［美］A. L. 科宾：《科宾论合同》，王卫国等译，中国大百科全书出版社 1997 年版。

9. ［韩］柳炳华：《国际法》（上册），朴国哲等译，中国政法大学出版社 1997 年版。

10. ［美］丹尼尔·F. 史普博：《管制与市场》，余晖等译，上海三联书店 上海人民出版社 1999 年版。

11. ［日］星野昭吉：《全球政治学》，刘小林等译，新华出版社 2000 年版。

12. ［美］爱德华·M. 格莱汉姆：《全球性公司与各国政府》，胡江云等译，北京出版社 2000 年版。

13. ［德］迪特尔·梅迪库斯：《德国民法总论》，邵建东译，法律出版社 2000 年版。

14. ［美］斯蒂芬·D. 克拉斯纳：《结构冲突：第三世界对杭全球自由主义》，李小华译，浙江人民出版社 2001 年版。

15. ［美］Ray August：《International Business Law》（third edition），高等教育出版社 2002 影印版。

16. ［澳］克里斯托夫·阿勒普：《世界贸易组织的新协定》，上海人民出版社 2004 年版

17. ［美］John O. Mcginnis，Mark L. Moveseian：《世界贸易宪法》，张保生、满云龙译，中国人民大学出版社 2004 年版。

18. ［美］R·爱德华·弗里曼，《战略管理——利益相关者方法》，王彦华、梁豪译，上海译文出版社，2006 年版。

19. ［荷］Richard Plender：《国际移民法》，翁里译，中国人民公安大学出版社 2006 年版。

20. ［英］Janet Dine：《公司集团的治理》，黄庭煜译，北京大学出版社 2008 年版。

20. ［美］戴维·K. 艾特曼等：《跨国金融与财务》，贺学会等译，北京大学出版社 2009 年版

21. ［美］何塞·E. 阿尔瓦雷斯：《作为造法者的国际组织》，蔡从燕等译，法律出版社 2011 年版。

二、著作类

1. 冯苏京：《企业 1000 年——企业形态的历史演变》，知识产权出版社 2010 年版。

2. 张庆元：《国际私法中的国籍问题研究》，法律出版社 2010 年版。

3. 余劲松：《跨国公司法律问题专论》，法律出版社 2008 年版。

4. 王贵国：《国际投资法》，法律出版社 2008 年版。

5. 孙南申：《国际投资法》，中国人民大学出版社 2008 年版。

6. 雷平：《跨国公司地区总部区位决策研究》，上海财经大学出版社 2008 年版。

7. 马忠法：《国际技术转让法律制度理论与实务研究》，法律出版社 2007

年版。

8. 漆丹：《跨国并购的法律规制》，武汉大学出版社 2006 年版。

9. 吴先明：《跨国公司治理》，商务印书馆 2005 年版。

10. 黄志雄：《WTO 体制内的发展问题与国际发展法研究》，武汉大学出版社 2005 年版。

11. 黎四奇：《金融企业集团法律监管研究》，武汉大学出版社 2005 年版。

12. 肖北庚：《政府采购之国际规制》，法律出版社 2005 年版。

13. 郑曙光、汪海军：《市场管理法新论》，中国检察出版社 2005 年版。

14. 崔健：《外国直接投资与发展中国家经济安全》，中国社会科学出版社 2004 年版。

15. 杜文中：《界限经济与市场主体行为》，经济科学出版社 2004 年版。

16. 车丕照：《国际经济法概要》，清华大学出版社 2004 年版。

17. 吴越：《企业集团法理研究》，法律出版社 2004 年版。

18. 徐泉：《国际贸易投资自由化法律规制研究》，中国检察出版社 2004 年版。

19. 盛斌：《WTO 与多边投资协议》，天津大学出版社 2003 年版。

20. 薛克鹏：《经济法的定义》，中国法制出版社 2003 年版。

21. 陈东：《跨国公司治理中的责任承担机制》，厦门大学出版社 2003 年版。

22. 刘颖、邓瑞平：《国际经济法》，中信出版社 2003 年版。

23. 李恒光：《市场与政府之中介》，江西人民出版社 2003 年版。

24. 刘笋：《国际投资保护的国际法制》，法律出版社 2002 年版。

25. 李万强：《ICSID 仲裁机制研究》，陕西人民出版社 2002 年版。

26. 徐卉：《涉外民商事诉讼管辖权冲突研究》，中国政法大学出版社 2001 年版。

27. 李金泽：《跨国公司与法律冲突》，武汉大学出版社 2001 年版。

28. 齐斌：《证券市场信息披露法律监管》，法律出版社 2000 年版。

29. 范剑虹：《国际投资法导读》，浙江大学出版社 2000 年版。

30. 张潇剑：《国际私法学》，北京大学出版社 2000 年版。

31. 孙笑侠：《法律对行政的控制》，山东人民出版社 1999 年版。

32. 唐勇：《跨国公司行为的政治维度》，立信会计出版社 1999 年版。

33. 原毅军：《跨国公司发展论》，大连理工大学出版社 1999 年版。

34. 石静霞：《跨国破产的法律问题研究》，武汉大学出版社 1999 年版。

35. 姚梅镇：《国际经济法概论》修订版，武汉大学出版社 1999 年版。

36. 杨宇光：《经济全球化中的跨国公司》，上海远东出版社 1999 年版。

37. 秦斌：《一体化国际经营——关于跨国公司行为的分析》，中国发展出版社 1999 年版。

38. 原毅军：《跨国公司发展论》，大连理工大学出版社 1999 年版。

39. 朱慈蕴：《公司法人格否认法理研究》，法律出版社 1998 年版。

40. 车丕照：《国际经济交往的政府控制》，长春出版社 1996 年版。

41. 李晓：《东亚奇迹与"强政府"》，经济科学出版社 1996 年版。

42. 周成新：《国际投资争议解决方法》，中国政法大学出版社 1989 年版。

三、编著类

1. 张文显主编：《法理学》，北京大学出版社 1999 年版。

2. 何增科主编：《公民社会与第三部门》，社会科学文献出版社 2000 年版。

3. 赵建文主编：《国际法新论》，法律出版社 2000 年版。

4. 范剑虹编著：《国际投资法导读》，浙江大学出版社 2000 年版。

5. 顾耕耘主编：《商法教程》，上海人民出版社 2001 年版。

6. 张乃根主编：《新编国际经济法导论》，复旦大学出版社 2002 年版。

7. 余劲松主编：《国际经济法问题专论》，武汉大学出版社 2003 年版。

8. 谢地主编：《政府规制经济学》，高等教育出版社 2003 年版。

9. 余劲松主编：《国际经济法问题专论》，武汉大学出版社 2003 年版。

10. 李惠斌主编：《全球化与公民社会》，广西师范大学出版社 2003 年版。

11. 陈安主编：《国际经济法学》，北京大学出版社 2004 年版。

12. 董世忠主编：《国际经济法》，复旦大学出版社 2004 年版。

13. 张纪康主编：《跨国公司与直接投资》，复旦大学出版社 2004 年版。

14. 徐文超、储敏：《国际私法要论》，知识产权出版社 2004 年版

15. 丁伟主编：《经济全球化与中国外资立法完善》，法律出版社 2004 年版。

16. 刘光溪主编：《坎昆会议与 WTO 首轮谈判》，上海人民出版社 2004 年版。

17. 章尚锦主编：《国际私法》，中国人民大学出版社 2005 年版。

18. 欧阳光、禹光编著：《技术转让法律实务》，法律出版社，2007 年版。

四、学术论文类

1. 徐崇利：《双边投资条约研究》，厦门大学 1996 年博士论文。

2. 廉晓梅：《APEC 区域合作模式与发展前景研究》，吉林大学 2004 年博士论文。

3. 谢艳霞：《以跨国公司为载体的服务业国际转移》，天津财经大学 2006

年硕士论文。

4. 宋丽丽：《跨国公司服务外包研究》，复旦大学 2008 年博士论文。

五、文集类

1. 徐崇利：《经济一体化与国际经济法律体制的构建》，载《国际经济法学刊》第 8 卷。

2. 孔庆江：《区域性投资法律文件比较研究》，载《经济法论丛》第 3 卷。

3. 漆彤：《国际经济法对象与范围的再思考》，载《经济法论丛》第 9 卷。

4. ［英］david milman 著，丁昌业译：《公司集团：通向单独立法之路》，载《民商法论丛》第 32 卷。

5. 王彦志：《非政府组织的兴起与国际经济法的合法性危机》，载《中国国际法学精萃》2003 年卷。

6. ［美］小约翰·科菲：《社会规范重要吗？来自多个国家的经验》，载《比较》第 18 辑。

7. 康荣平："无母国型跨国公司的产生"，载王志乐主编：《静悄悄的革命——从跨国公司走向全球公司》，中国经济出版社 2008 年版。

8. 余敏友：《中国和平崛起与全球治理》，载《中国的和平发展与国际法研讨会论文集》。

9. 徐崇利：《全球化时代国际立法模式的转型》，载《中国的和平发展与国际法研讨会论文集》。

10. 祁欢："国际投资协议实践中的投资定义及范围的演变和思考"，载《2011 年中国国际经济法学会年会论文集》。

六、外文类

1. Philip C. Jessup, *Transntaional law*, Yale University Press, New Haven, 1956.

2. J. M. Stophford & L. J. Wells, *Managing the Multinational Enterprise: Organization of the Firm and Ownership of the Subsidiaries*, Basic Books Inc, 1972.

3. Louis henkin, *How nations behave*, Columbia University Press, 1979.

4. Joan E. Spero, *The Politics of International Economic Relations*, 2nd, New York, St. Martin's Press Inc, 1981.

5. Laurence H. Tribe, *Constitutional Choices*, Harvard University Press, 1985.

6. D. F. Vagts, *Transnational Business Problems*, The Foundation Press, Inc. , 1986.

7. Clive M. Schmitthoff, *Clive M. Schmitthoff's Select Essays on International*

Trade Law, Amsterdam: Kluwer Academic Publishers, 1988, p. 3.

8. Phillip. I. Blumberg, *The multinational challenge to corporation*, Oxford University Press, New York, 1993.

9. Oran Young, *International governance: Protecting the Environment in Stateless Society*, Cornell University Press, Ithaca, 1994.

10. Commission on Global Governance, *Our Neighborhood*, Oxford University Press, 1995.

11. Martin Mendelsohn & Robin Bynoe, *Franchising by LAW&TAX*, Guildford and king's Lynn, 1995.

12. Commission on Global Governance, *Our Neighborhood*, Oxford University Press, 1995.

13. Max B. E. Clarkson, *A risk based model of stakeholder theory*, in Proceedings of the Second Toronto Conference on Stakeholder Theory, Toronto: Centre of Corporate Social Performance & Ethics, University of Toronto, 1995.

14. Simon Grand, *Paradoxical Organization of Multinational Corporation*, Dissertation of University of Zunch, Germany, 1997.

15. John. H. Jackson, *Law and policy of international economic relation*, MIT Press, second edition, 1997.

16. Stone, Peter, *Civil Jurisdiction and Judgments in Europe*, Longman, 1998.

17. Ignaz Seidl. Hohenveldern, *International Economic Law*, Kluwer Law International, 1999.

18. R. J. Mockler, *Multinational Strategic Alliance*, John Wiley & Sons Ltd, 1999.

19. Emercy J and M. Spence, *Administrative barrier: the red tape analysis*, Washington, D. C. FIAS, 1999.

20. John. H. Jackson, *Global Economics and international Economic law*, *The Jurisprudence of GATT& the WTO*, Higher Education Press, 2002.

21. Cynthia Day Wallace, *The Multinational Enterprise and Legal Control: Host State Sovereignty in an Era of Economic Globalization*, Martinus Nijhoff Publishers, 2002.

后　记

　　时光荏苒，从 1991 年我进入吉林大学经济管理学院学习至今，已历 26 个春秋。在吉林大学浓厚的学术氛围中，在老师的谆谆教导下，我顺利完成了本科学业，并开启了与跨国公司的不解之缘。本科毕业论文写作期间，李俊江教授对我的悉心指导，使我对跨国公司从浓厚的兴趣到开启了一扇认知的大门。在华东政法大学读博期间，我不改初衷，继续选择了跨国公司监管机制作为毕业论文，这一选择又为我打开了通向跨国公司的法律之门。博士毕业来到上海政法学院工作，在领导的鼓励下，我开设了《跨国公司法律与实务》的选修课，学生选课踊跃。2012 年在教学实践的基础上出版了《跨国公司法律与实务》一书，2013 年又在博士论文基础上出版了《跨国公司投资监管机制》一书。然而，跨国公司的发展日新月异，全球治理正日渐成为显学，这使得我深深感到有必要研究新形势下跨国公司的治理机制，这成为这本书的写作初衷。

　　本书的出版要感谢我的恩师丁伟教授，他严谨的治学精神、忘我的工作态度一直深刻地激励着我！感谢我的母亲梁大文女士！是她给了我生命又教我做人；是她和我公婆不顾自己年老体弱，帮我照顾年幼的女儿，才使我有更多的时间投入写作！感谢彭小华编辑严谨的工作，才有了这次愉悦的合作！感谢一路走来，给予我帮助的师长，同学、朋友和同事！

　　谨以此书，献给我在天上的父亲！

　　谨以此书，献给我的女儿！愿她健康快乐地成长！

贾　琳

2017 年 6 月 11 日